自然科学基金项目：基于复杂网络理论的供应链应急管理研究（项目编号：61203148）资助

王红春 / 主编

电子商务 概论

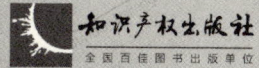
知识产权出版社
全国百佳图书出版单位

图书在版编目（CIP）数据

电子商务概论 / 王红春主编. —北京：知识产权出版社，2014.4
ISBN 978-7-5130-0332-2

Ⅰ.①电… Ⅱ.①王… Ⅲ.①电子商务—概论 Ⅳ.F713.36

中国版本图书馆 CIP 数据核字(2014)第 074373 号

内容提要

本书介绍了电子商务的基本理论、基本知识和基本技能，内容包括：电子商务概述，电子商务的应用框架与交易模式，电子商务系统的建设，电子商务安全，电子商务支付系统，电子商务网络营销，物流与供应链管理，电子商务法律规范，电子商务经济学，企业电子商务应用。本书可作为高等院校经济类、管理类、信息类专业的教材，也可作为经济类、管理类、信息类专业的硕士研究生和 MBA 的教学用书，对企事业单位从事电子商务研究与管理的人员也有一定的参考价值。

责任编辑：陆彩云　许　波　　　　　　　　　责任出版：谷　洋

电子商务概论
DIANZI SHANGWU GAILUN

王红春　主编

出版发行：知识产权出版社有限责任公司	网　　址：http://www.ipph.cn; http://www.laichushu.com
电　　话：010-82004826	
社　　址：北京市海淀区马甸南村 1 号	邮　　编：100088
责编电话：010-28000860 转 8380	责编邮箱：xubo@cnipr.com
发行电话：010-82000860 转 8101/8029	发行传真：010-82000893/82003279
印　　刷：北京科信印刷有限公司	经　　销：各大网上书店、新华书店及相关专业书店
开　　本：720mm×1000 mm　1/16	印　　张：20.75
版　　次：2014 年 8 月第 1 版	印　　次：2014 年 8 月第 1 次印刷
字　　数：350 千字	定　　价：52.00 元

ISBN 978-7-5130-0332-2

出版权专有　　侵权必究

如有印装质量问题，　本社负责调换。

前　言

电子商务是企业、商户、消费者及政府通过 Internet 实现网上购物、网上交易及在线支付等活动的新型商业运营模式。电子商务是在传统商务与计算机技术、网络通信技术的互动发展中产生和不断完善的。随着电子商务发展的不断成熟和提高，网上交易市场的市场值将会迅速增长，并成为整个商业价值的主要体现形态。

电子商务的介入使企业改变了组织结构和运作方式，提高了生产效率，降低了生产成本，最终提升了集约化管理程度，从而实现高效经营。电子商务也改变了世界。电子商务已经成为全球一体化生产和组织方式的重要工具，在掌握资源配置主动权、提升国家竞争力过程中日益发挥着重要的作用。

我国在国民经济和社会发展"十二五"规划纲要中明确提出，要积极发展电子商务，加快发展电子商务。这将有利于优化调整我国经济在全球产业中的定位和布局，有利于加快进一步融合全球化的步伐，提升国际竞争力。在电子商务引发的变革风潮中，电子商务已经成为后工业时代经济增长的强大推动力。

电子商务是一门交叉学科，它涉及社会科学的许多基础学科，如经济学、管理学、计算机科学、市场学等。本书主要从电子商务信息流、资金流、物流、网络营销、电子商务安全、电子商务法律规范、电子商务涉及的经济学问题及其应用等方面介绍电子商务的知识体系。

电子商务人才属于复合型人才，既要懂计算机网络，又要懂经营管理，电子商务专业人才是推动我国电子商务蓬勃发展的重要力量。电子商务的迅速发展使市场对电子商务人才的培养有巨大的需求，如何培养这种交叉性、边缘性和综合性学科方向的人才，对高等教育是一个新的挑战。

本书由多年从事电子商务研究并在电子商务教学岗位第一线工作的教师根据基础教学的特点精心组织和编写，适用于电子商务、经济管理等类专业的教学和培训，对实际工作和研究人员也有较高的参考价值。

本书由王红春主编。第一章、第二章由王红春编写；第三章由王红春、吕昳苗编写；第四章、第五章由王红春、李海东编写；第六章由王红春、刘新欣编写；第七章由吕昳苗编写；第八章由何佰洲编写；第九章由卢彬彬编写；第十章由王红春编写。全书由王红春统稿。

由于水平所限，疏漏之处在所难免，敬请广大读者批评指正。

目 录

第一章 电子商务概述 ... 1

第一节 电子商务的产生与发展 ... 1
一、电子商务的产生 ... 1
二、电子商务的发展状况 ... 3

第二节 电子商务的概念 ... 7
一、电子商务的定义 ... 7
二、电子商务的业务流程 ... 9
三、电子商务信息流、资金流和物流的相互关系 ... 10
四、电子商务与注意力经济 ... 12

第三节 电子商务的特点与功能 ... 13
一、电子商务的特点 ... 13
二、电子商务的功能 ... 15

第四节 电子商务所带来的变革及发展趋势 ... 16
一、电子商务给社会经济带来的变革 ... 16
二、电子商务的发展趋势 ... 18

第二章 电子商务的应用框架与交易模式 ... 20

第一节 电子商务的应用框架 ... 20
一、电子商务技术设施的三个层次 ... 20
二、电子商务应用的四个支柱 ... 21

第二节 电子商务环境 ... 22

一、网络基础环境 22
　　二、电子商务发展的外部环境 25
　　三、电子商务发展的内部环境 30
　第三节　电子商务的交易模式 31
　　一、企业和消费者之间的电子商务模式 31
　　二、企业和企业之间的电子商务模式 34
　　三、企业和政府之间的电子商务模式 35
　　四、消费者和消费者之间的电子商务模式 37

第三章　电子商务系统建设 39

　第一节　电子商务系统概述 39
　　一、电子商务系统的结构 39
　　二、电子商务系统建设的原则 40
　　三、电子商务系统的规划 42
　第二节　电子商务网站的建设 48
　　一、与电子商务有关的Internet基础知识 48
　　二、Internet的地址与域名 52
　　三、电子商务站点的策划与设计 57
　　四、电子商务站点的建设内容 60
　　五、电子商务网页设计技术 61

第四章　电子商务安全 70

　第一节　电子商务系统安全概述 70
　　一、电子商务安全威胁 70
　　二、电子商务安全要求 73
　第二节　电子商务安全技术 75
　　一、防火墙技术 75
　　二、加密技术 77
　　三、数字签名技术 81
　第三节　电子商务认证中心 83
　　一、认证中心的含义 83
　　二、电子商务认证中心 84

三、电子商务数字证书 85
第四节　主要网络安全协议 87
　　一、SSL安全协议 87
　　二、SET安全协议 90
第五节　电子商务交易安全 93
　　一、电子商务交易风险的识别 93
　　二、电子商务交易风险的防范及应对 97
　　三、遭遇网络诈骗后的应对策略 102

第五章　电子支付系统 104

第一节　电子支付系统基础 104
　　一、电子支付的特点 104
　　二、电子支付系统的构成 105
　　三、电子支付的分类 106
第二节　电子货币和电子钱包 108
　　一、电子货币的概念 108
　　二、电子货币的类型 108
　　三、电子钱包 109
第三节　银行卡 111
　　一、银行卡的种类 111
　　二、银行卡的使用过程 112
　　三、安全电子交易的银行卡支付 113
第四节　电子现金 116
　　一、电子现金概述 116
　　二、电子现金的特点 118
　　三、电子现金的应用过程 119
　　四、电子现金应用系统提供商 120
第五节　电子支票 122
　　一、电子支票的概念 122
　　二、电子支票支付方式的特点和优势 122
　　三、电子支票的使用过程 123
第六节　智能卡 124
　　一、智能卡的概念 124

  二、中国IC卡系列标准与规范······125
  三、智能卡的优点······125
  四、运用智能卡进行网上购物的过程······125
 第七节 移动支付······126
  一、移动支付的概念······126
  二、国内外移动支付业务的应用······127
  三、移动支付的优点和潜力······128
  四、移动支付的交易过程······129
  五、移动支付推广普及的关键······129
 第八节 网上银行······130
  一、网上银行概述······130
  二、网上银行安全控制······132
 第九节 第三方电子支付平台······133
  一、第三方电子支付平台概述······133
  二、第三方电子支付平台的交易流程······134
  三、常用第三方支付平台介绍······136

第六章 电子商务网络营销······138

 第一节 网络营销概述······138
  一、网络营销的产生和发展······138
  二、网络营销理论······140
 第二节 网络营销的特点与功能······148
  一、网络营销与传统营销的比较······148
  二、网络营销的特点与功能······152
 第三节 网络营销策略······156
  一、产品策略······156
  二、价格策略······161
  三、促销策略······168
  四、网络广告······171
  五、渠道策略······177
  六、客户服务策略······181

第七章 物流与供应链管理 ································· 185

第一节 物流概述 ································· 185
一、物流的概念 ································· 185
二、物流的分类 ································· 187
三、物流的效益 ································· 190
四、电子商务对物流的影响 ································· 191
五、电子商务物流的特点 ································· 194

第二节 物流系统 ································· 195
一、物流系统的组成 ································· 195
二、物流系统的目标与功能 ································· 197

第三节 物流模式 ································· 200
一、企业自营物流 ································· 200
二、第三方物流 ································· 202
三、物流联盟 ································· 205
四、第四方物流 ································· 207

第四节 供应链管理 ································· 208
一、供应链与供应链管理的概念 ································· 208
二、电子商务条件下供应链管理的特点 ································· 210
三、供应链管理的方法 ································· 211

第八章 电子商务法律规范 ································· 215

第一节 电子商务法律概述 ································· 215
一、国内建设电子商务法律制度的概况 ································· 215
二、国外建设电子商务法律制度的概况 ································· 219
三、我国构建电子商务法律制度的现状 ································· 221

第二节 电子商务交易的法律规范 ································· 223
一、电子商务重要法律介绍 ································· 223
二、数据电文的法律规范 ································· 224
三、电子签名的法律规范 ································· 226
四、电子商务认证的法律规范 ································· 228
五、电子合同的法律规范 ································· 230
六、电子商务的安全问题及应对策略 ································· 231

第三节　电子商务知识产权的法律规范..................234
　　一、网络著作权的法律保护..................234
　　二、域名的法律保护..................236
第四节　电子商务中的消费者权益保护问题..................240
　　一、在线消费者权益保护..................240
　　二、网上个人隐私保护..................244

第九章　电子商务经济学..................247

第一节　新经济下的电子商务..................247
　　一、新经济的概念..................248
　　二、新经济现象的特点..................249
　　三、新经济核心的网络经济应研究的问题..................249
　　四、电子商务网络虚拟市场分析..................251
第二节　电子商务对经济的影响..................253
　　一、电子商务对社会生产的影响..................253
　　二、电子商务对社会交易的影响..................258
　　三、电子商务对社会消费的影响..................259
第三节　电子商务经济学问题..................261
　　一、电子商务经济学与网络经济学的异同..................261
　　二、经济学关于消费者行为的假定..................262
　　三、消费者行为理论..................264
　　四、厂商理论..................266
　　五、市场理论..................274

第十章　企业电子商务应用..................284

第一节　企业电子商务应用战略..................284
　　一、企业电子商务应用的构成..................284
　　二、企业电子商务应用战略分析..................286
　　三、企业电子商务战略的选择..................288
第二节　客户关系管理..................291
　　一、客户关系管理的概念..................291
　　二、建立客户关系管理体系的主要内容..................293

  三、客户关系管理系统的构成 ·················· 293
  四、客户关系管理的实施 ······················ 295
 第三节 企业信息化与业务流程再造 ··············· 298
  一、企业信息化的含义 ························ 298
  二、企业信息化建设的重要性 ·················· 299
  三、企业信息化建设的内容 ···················· 301
  四、企业信息化建设的方法和进程 ·············· 304
  五、业务流程再造 ···························· 307
 第四节 企业电子商务实施策略与步骤 ············· 310
  一、企业实施电子商务的准备工作 ·············· 311
  二、企业实施电子商务的步骤 ·················· 313
  三、电子商务运行的管理 ······················ 314

参考文献 ··· 317

第一章 电子商务概述

第一节 电子商务的产生与发展

一、电子商务的产生

(一) 电子商务产生的原因

互联网投入商业化运营之后,电子商务应运而生,其不仅改变了商务活动的运作模式,更为社会经济的各个方面带来了根本性的变革。电子商务的产生是商务应用需求发展的必然结果,也是信息社会发展到一定阶段的产物,它的产生有着深刻的商业背景和技术背景。

1. 社会生产力发展的需求是电子商务产生的强大驱动力

社会生产力发展是电子商务产生的根本原因,具体表现在以下两个方面。

(1) 商务活动中信息流作用的日益突显催生了电子化手段的应用。商务活动中,包含了物流、资金流和信息流。自人类社会有商业活动以来,物流自始至终都存在,资金流则是随着货币的产生才出现的。随着社会分工的日益细化和贸易的发展,专门以货币为中介服务的机构(如银行)产生,使物流与资金流开始分离,人类的交易活动呈现出丰富而复杂的特性,给人们提供了方便。与此同时,也出现了新的商业风险,包括对方的商品质量信息、价格信息、支付能力及支付信誉等方面。要规避这种风险就得获取尽可能多的信息,只有掌握更多的信息,才能减少不确定因素,并监督、控制交易过程。正是随着商品所有权的转移和物流的分离,信息作为规避风险的有效手段越来越为人们所重视,信息流的作用日益重要起来。正是在这种背景下,商业活动中引入了电子手段,从而引发了新的经济模式——电子商务的产生。

(2) 电子商务是信息社会发展到一定阶段的产物,信息是继物质、能源之后现代社会又一重要的经济资源和战略资源。信息通信技术通过降低生产、货物和服务交易的交易成本，提高管理职能的效率，并使企业能够交换和获取更多的信息，已经成为提高生产能力、增强国际竞争力的重要工具，对于提高整个社会的劳动生产率起到了至关重要的作用。信息产业已成为当今世界发展最快的产业，它在社会经济、文化发展中起着举足轻重的作用，其发展已经引发了社会经济和政治生活的深刻变化，形成了经济全球化、市场国际化、社会分工国际化及产业结构在全球范围的调整。这又导致了资本的大量转移和大批跨国公司的涌现，推动了国际贸易的发展。一方面，国际贸易的迅速增长使传统的、以纸为载体的贸易单证和文件的数量激增；另一方面，市场的激烈竞争又迫使企业必须具有更快的响应速度、更快的新产品上市时间、最佳的价格和及时交付。因此，制造商、供货商和消费者之间，跨国公司与各分公司之间对商业文件、单证的传递和处理速度、空间跨度和准确度都要求更高。追求商业贸易的"无纸化"已成为所有贸易伙伴的共同需求。而传统的单证和文件采用人工处理，劳动强度大、效率低、费用高、出错率高，已成为企业谋求发展的阻碍因素。正是为了适应世界经济一体化市场中企业竞争发展的需求，电子商务应运而生。

2. 信息通信技术的快速发展是电子商务产生的坚实物质基础

从20世纪60年代末到20世纪80年代，部分大企业的计算机系统开始通过专用增值通信网络（VAN）联系在一起，越来越多的企业间交易信息开始通过电子数据交换系统（EDI）传输，企业内部局域网也得到了一定范围的应用。当时，EDI被很多企业用来实现内部单证的自动化处理，它提供了一系列标准的消息和格式，使企业能够用标准化的电子格式与供应商交换订单等商业单证，用于订购产品、接收货物和付账。EDI技术减少了文字工作量，提高了自动化水平，简化了业务流程，实现了企业的"无纸贸易"。但是受限于当时的技术背景，EDI标准缺少灵活性和可扩展性。传统EDI把业务规则写进应用程序代码，但是在实际应用中，业务规则不仅随着企业不同而不同，而且会随着市场的变化而变化。此外，传统的EDI服务是在昂贵的增值网络上进行的，其建立与维护的高成本阻碍了中小型企业对EDI的应用。这一时期的电子商务也可称为基于EDI的电子商务。

自从ARPANET诞生以来，计算机网络和互联网就在20世纪70年代得到了迅速发展，到20世纪80年代初，TCP/IP协议族在ARPANET上全面实现后，随之而来的是互联网的蓬勃发展。1991年美国政府宣布互联网向社会公开开放，可以在网上开发商业系统，一直被排斥在互联网之外的商业贸易活动正式进入到这个领域，互联网逐渐成为全球重要的信息传播工具，几乎覆盖了全球所有的国家和地区，上网用户呈级数增长趋势，其快捷、安全及低成本的特点使互联网不断地普及和成熟，为电子商务活动的全面展开奠定了基础。从此，电子商务就进入到了基于互联网的电子商务。

（二）电子商务产生和发展的条件

（1）计算机的广泛应用。近几十年来，计算机的处理速度越来越快，处理能力越来越强，价格越来越低，应用越来越广泛，这为电子商务的应用提供了物质基础。

（2）网络的普及和成熟。互联网逐步成为全球通信与交易的媒体，其快捷、安全和低成本的特点为电子商务的发展提供了应用条件。

（3）信用卡的普及应用。信用卡以其方便、快捷和安全等优点成为人们消费支付的重要手段，并由此形成了完善的全球性信用卡计算机网络支付与结算系统，使"一卡在手，走遍全球"成为可能，同时也为电子商务中的网上支付提供了重要的技术手段。

（4）电子安全交易协议的制定。1997年5月31日，美国VISA和Master-Card国际组织等联合制定了电子安全交易协议（Secure Electronic Transfer Protocol，SET协议），该协议得到大多数厂商的认可和支持，使基于互联网开放网络的电子商务具有一个关键的安全环境。

（5）政府的支持与推动。自1997年欧盟发布了欧洲电子商务协议，美国随后发布了《全球电子商务纲要》以后，电子商务受到世界各国政府的重视。同时，全球电子商务的迅速发展和普及也要求各国政府、企业和国际组织采取广泛协作的方式，以确保一个稳定而可预测的环境。这个环境将促进全球电子商务的成长，并为所有的经济体和社会带来最大限度的社会效益和经济效益。

二、电子商务的发展状况

（一）国外电子商务发展现状

（1）北美地区。美国电子商务的应用领域和规模都远远领先于其他国家。

调查显示，截至 2001 年全球所有电子交易额中，有 50%以上都发生在美国。不仅如此，美国还拥有商业网站的 90%，美国互联网产业的收入已经超过 5000 亿美元。伴随着互联网使用的增长和电子商务的飞速发展美国经济实现了持续多年的增长奇迹。美国正以各种不同方式在商业上利用互联网，其网上 B2C、B2B 销售量呈现稳步上升的趋势，涌现出一批像 Amazon、Ebay 等著名的商业网站。美国电子商务的迅速发展与美国政府的大力支持密不可分。1997 年 7 月 1 日，时任美国总统克林顿颁布了联邦政府促进、支持电子商务发展的"全球电子商务框架"，在该框架中，联邦政府提出了发展电子商务的五项原则和九项政策建议，对美国乃至世界各国电子商务的发展产生了积极影响。

加拿大政府高度重视电子商务和网络经济的发展，投入了巨资和人力，使电子商务在全国范围内迅速发展，电子商务交易额已跃居全球第二位。现在加拿大在网络基础设施、多媒体技术、全球客户服务、远程教育和医疗服务、网页工具开发等方面都已处于国际领先地位。加拿大政府推动电子商务发展的主要措施：重视网络基础设施建设；政府资助教育、鼓励研发；制定有关的电子商务政府法规等。

（2）拉美地区。近年来拉美地区电子贸易发展迅速。其中，巴西是电子贸易最大的市场，墨西哥和阿根廷居第二位和第三位，智利位居第四。一份美国波士顿咨询公司的调查报告显示，拉美电子贸易有两大特点：一是集中，其中 25 个网站的销售额占全地区电子贸易额的 83%；二是多渠道，单纯利用网络销售的状况正逐步消失，取而代之的是建立网络和常规商店相结合的多渠道销售网络。但也存在很多问题，比如商品质量、产品价格及按时交货等方面。

（3）欧洲地区。在欧盟，一些成员国在电子商务方面甚至超过了美国，芬兰和荷兰现在是属于全球最具有生机的联机市场。在技术和基础设施方面，欧洲的基础雄厚，有数家强大的电信公司；金融业方面，有超过 2000 家银行使用网上零售银行。为了改善互联网的环境，普及电子商务，欧盟还采取了一系列措施。第一，建立了一个用于欧盟内部进行研究与合作的先进的泛欧网，并大幅度提高网络传输速度；第二，试图建立一个完善可靠、以电子方式支付的金融机构和税收环境；第三，在欧盟各成员国中达成大力发展电子商务的共识。

（4）亚洲地区。亚洲地区电子商务的发展态势主要集中于东亚诸国，尽管东亚各国的经济及科技水平参差不齐，发展网络经济的基础与环境也大不相同,但从整体来看,东亚网络经济的成长势头非常明显,网络经济正在成为推动亚洲经济发展的动力。亚洲国家政府也积极地采取措施,推动电子商务的发展。如马来西亚政府草拟了电子商务大蓝图,以提升马来西亚的全球互联网实力;2006年菲律宾的《电子商务法》对网上交易的内容、方式等作出了规范;2003年4月中国国务院法制办会同信息产业部、国务院信息化工作办公室开始着手电子签名法,2004年8月28日正式通过、2005年4月1日起实施的《电子签名法》对电子商务诸多方面作了详细规定。

(二) 我国电子商务的发展现状

1. 我国电子商务发展状况

我国电子商务活动开展时间不长,但发展态势很好,我国政府和有关主管部门对电子商务给予了高度的重视和积极的支持。2004年9月由中国国际电子商务中心开发的中俄经贸合作网站正式运行,这是中国政府与外国政府合作建立的第一个经贸合作网站。

(1) 网络基础设施。2007年1月,中国互联网络信息中心(CNNIC)发布了第十九次《中国互联网发展状况统计报告》。报告显示,截至2006年12月31日,我国上网用户总数为13700万,比上年同期增长23.4%,上网计算机达到5940万台。CN下注册的域名数、网站数分别达到1803393个和843000个。网络国际出口带宽增长快速,总数达到256696MB,其连接的国家有美国、俄罗斯、法国、英国、德国、日本、韩国、新加坡等。可直接连接国际互联网的有中国公用计算机互联网、中国网络通信集团、中国科技网、中国教育和科研计算机网、中国移动互联网、中国联通互联网、中国中际经济贸易互联网、中国长城互联网和中国卫星集团互联网等。

(2) 电子商务应用。1998年3月18日,我国国内第一笔互联网网上电子商务交易成功,它是由世纪互联通讯技术有限公司和中国银行共同完成的。这标志着我国电子商务已开始进入实用阶段。

目前,从跨国企业通过网络进行大宗贸易,到尚未毕业的大学生自办网站在网上出售个性化商品,电子商务在中国商贸领域得到越来广泛的应用。众多的国有、民营、外资企业建立了企业信息化系统,实现了企业内部的ERP管理,并积极开展网络营销、网上采购、供应链管理和客户关系管理。

商务部的一项调查显示，2003年中国企业在信息化方面的投入比上一年增长了1.2倍。被调查的企业中65%的企业认为电子商务对企业的发展非常必要，其中41%的企业正在不同程度地开展电子商务，40%的企业正在通过第三方电子商务网站开展商务活动。同时，中国企业运用电子商务的方式也逐渐地增加，各类网上招商博览会、跨国项目洽谈会、交易会等电子商务网站纷纷建立。2003年11月，国家信息化评测中心举行测评，包括神州数码在内的10家企业荣获"最佳电子商务应用奖"。这一切标志着中国的电子商务已经从实践走向成熟，电子商务应用的时代已经来临。

2. 我国电子商务发展中面临的问题

（1）电子商务的搜索功能问题。当在网上购物时，用户面临的一个很大的问题是如何在众多的网站上找到自己想要的物品，并以最低的价格买到。搜索引擎看起来很简单：用户输入一个查询关键词，搜索引擎就按关键词到数据库去查找，并返回最合适的Web页链接。但根据NEC研究所与INKTOMI公司研究结果，目前在互联网上至少有10亿网页需要建立索引。而现在搜索引擎仅仅能对5亿网页建立索引，仍然有一半不能索引。这主要不是由于技术原因，而是由于在线商家希望保护商品价格的隐私权。因此当用户在网上购物时，不得不一个个网站搜索下去，直到找到价格满意的物品。

（2）电子商务的安全性问题。电子商务的安全性问题仍是影响电子商务发展的主要因素。由于互联网的迅速流行，电子商务引起了广泛的注意，被公认为未来IT最具有潜力的新的增长点。然而，在开放的网络上处理交易，如何保证传输数据的安全成为电子商务能否普及的最重要的因素之一。调查公司曾对电子商务的应用前景进行过在线调查，当问到为什么不愿意在线购物时，绝大多数人的问题是担心黑客的侵袭而导致信用卡信息丢失。因此，有一部分人或企业因担心安全问题而不愿意使用电子商务，安全成为电子商务发展中最大的障碍。

（3）电子商务管理的问题。电子商务的多姿多彩给世界带来了全新的商务规则和方式，这更加要求其在管理上要做到规范，这个管理的概念应该涵盖商务管理、技术管理、服务管理等多方面，因此要同时在这些方面达到一个比较令人满意的规范程度不是短时间内做得到的。另外，电子商务平台的前后端相一致也是非常重要的。前台的Web平台是直接面向消费者的，是电子商务的门面。后台的内部经营管理体系则是完成电子商务的必要条件，它关系到前台所承接的业务最终能不能得到很好的实现。一个完善的后台系统更能体现一个电子商务公司的综合实力，因为它将最终决定电子商务平台提供给用户的是什么样的服务，决定电子商务的管理是不是有效，决定电子商务公司最终能不能实现赢利。

（4）电子商务的税务问题。税收，是一个国家重要的财政来源。由于电子商务的交易活动是在没在固定场所的国际信息网络环境下进行，使国家难以控制和收取电子商务的税金。因此，在制定与电子商务有关的政策法规时，需要重新审视传统的税收政策和手段，建立新的、有效的税收机制。

（5）电子商务的标准问题。各国的国情不同，电子商务交易方式和手段当然也存在某些差异，而且我们要面对无国界、全球性的贸易活动，因此需要在电子商务交易过程中建立相关的、统一的国际性标准，以解决电子商务活动的相互操作问题。

（6）电子商务的合同法律问题。在电子商务中，传统商务交易所采取的书面合同已经不适用了。一方面，电子合同存在容易编造、难以证明其真实性和有效性的问题；另一方面，虽然我国在 2005 年 4 月 1 日开始实施的《电子签名法》对电子合同中的一些问题作了相关规定，但现有的技术还无法做到对数字印章和签名的唯一性、保密性进行准确无误的认定。

第二节 电子商务的概念

一、电子商务的定义

电子商务的概念是不断发展的，电子商务的先驱 IBM 公司于 1996 年提出了 Electronic Commerce（E-Commerce）的概念，1997 年该公司又提出了 Electronic Business（E-Business）的概念。但我国在引进这些概念的时候都翻译成了电子商务，事实上这两个概念及内容是有区别的，E-Commerce 应翻译为电子商业，有些人将 E-Commerce 称为狭义的电子商务，将 E-Business 称为广义的电子商务。

1997 年 11 月，国际商会在法国巴黎举行的世界电子商务会议明确了 E-Commerce 的概念。E-Commerce 是指实现整个贸易过程中各阶段贸易活动的电子化，从涵盖范围方面可以定义为：交易各方以电子交易方式而不是通过当面交换或直接面谈方式进行的任何形式的商业交易；从技术方面可以定义为：E-Commerce是一种多技术的集合体，包括交换数据（如电子数据交换、电子邮件）、获得数据（如共享数据库、电子公告牌）以及自动捕获数据（如条码）等。它的业务包括信息交换、售前售后服务、销售、电子支付、运输、组建虚拟企业、公司和贸易伙伴可以共同拥有和运营共享的商业方法等。

E-Business是利用网络实现所有商务活动业务流程的电子化，不仅包括了面向外部的所有业务流程，如网络营销、电子支付、物流配送、电子数据交换等，还包括了企业内部的业务流程，如企业资源计划、管理信息系统、客户关系管理、供应链管理、人力资源管理、网上市场调研、战略管理及财务管理等，通过内联网、外联网以及互联网将企业的业务合作伙伴充分融合。

图 1-1 显示了 E-Commerce 和 E-Business 的涵盖范围。从这里可以看出，E-Commerce 集中于电子交易，强调企业与外部的交易与合作；而 E-Business 则将涵盖的范围扩大了很多。

图1-1　E-Commerce与E-Business的区别

电子商务包含两个方面：一是商务活动，二是电子化手段。它们之间的关系：商务是核心，电子是手段和工具。这里的商务包括企业通过内联网的方式处理与交换信息，企业与企业之间通过外联网或专用网方式进行的业务协作和商务活动，企业与消费者之间的通过互联网进行的商务活动，消费者与消费者之间通过互联网进行的商务活动以及政府管理部门与企业之间通过互联网或专用网方式进行的管理以及商务活动。这里的电子化手段包括自动捕获数据、电子数据交换、电子邮件、电子资金转账、网络通信、数据库、计算机设备、网络安全和无线移动技术等各种电子技术手段。

企业电子商务和电子商务企业是两个不同的概念。电子商务企业是指那种新型的、其主营业务完全在网络上进行的虚拟企业，如新浪公司、阿里巴巴网络技术有限公司；而企业电子商务是指传统企业开展电子商务，如长虹集团、海尔集团的电子商务。

二、电子商务的业务流程

同传统的商务活动相比，电子商务活动的基本过程并没有省略，只是改变了方式和媒介。电子商务的基本业务流程如下。

1. 交易前的准备

这一阶段主要是指买卖双方和参加交易各方在签约前的准备活动。对采购方来说，应根据自己要买的商品，准备购货款，制订购货计划，进行货源市场调查和市场分析，查询市场价格行情。对招标方来说，应该公布招标信息，制定标书，在网络招标平台上研究开标、评标方案。对销售企业来说，应根据自己所销售的商品，全面进行市场调查和分析，了解产品销售目标，制订营销策略和销售方案，建立网站，利用互联网发布商品广告，寻找贸易伙伴和交易机会，扩大贸易范围和商品所占市场份额。对拍卖方来说，应该在拍卖网站登记注册，明确拍卖条件、交货方式，有的拍卖网站还要求将标的物寄存在网站并进行估价。

2. 交易谈判和签订合同

这一阶段主要是指买卖双方对所有交易细节进行谈判，将双方磋商的结果以文件的形式确定下来，即以书面文件形式和数据电文形式签订贸易合同，将双方在交易中的权利、所承担的义务以及以所购买商品的种类、数量、价格、交货地点、交货期、交易方式和运输方式、违约和索赔等合同条款作出全面详细的规定。合同双方可以利用电子数据交换进行签约，并可以通过索赔等合同条款作出全面详细的规定。合同双方可以利用电子数据交换签约，并可以通过数字签名等方式进行确认。招投标网站完成开标和评标，通知中标方与招标方签订合同。在网上商店购物，顾客应填写购物订单，确定付款方式，明确配送方式与送货地点。

3. 办理交易进行前的手续

这一阶段主要是指买卖双方签订合同后到合同开始履行之前办理各种手续的过程，也是双方贸易前的交易准备过程。交易中要涉及有关各方，如银行等。买卖双方要利用电子数据交换与有关各方进行各种电子票据和电子单证的交换、开信用证，直到办理完可以将所购商品从卖方按合同规定开始向买方发货的一切手续为止。

4. 交易合同的履行

这一阶段从买卖双方办完所有手续之后开始，卖方要根据订单将生产任务下达到每个生产及原料采购环节，组织生产、组货，然后将商品交付给运输公司包装、起运、发货；银行金融机构也按照合同进行货款结算，出具相应的银行单据等，直到买方收到自己所购商品，这就完成了整个交易过程。对于网络零售和拍卖企业，网站要根据顾客的购物订单，通过配送中心将指定货物送交客户。

5. 交易后的售后服务

这一阶段主要是指企业帮助客户解决产品使用中的问题，排除技术故障，提供技术支持，传递产品改进或升级的信息，处理客户对产品与服务的反馈信息。

三、电子商务信息流、资金流和物流的相互关系

宏观经济学理论从经济要素的社会作用出发，提出了现代社会经济系统中主要三个"流"的概念。这三个流就是信息流、资金流和物流。三个流对社会经济系统的作用各不相同，因此它们之间在功能上并非相互替代的关系，而是共生与整合、依存与互动的关系。

1. 信息流、资金流和物流的概念

信息是客观世界各种事物的变化和特征的反映，是客观事物之间相互联系的表征，它包括各种消息、情报、信号、资料等，也包括类科学技术知识。信息流是电子商务交易各个主体之间的信息传递与交流的过程。经济信息的流动是经济活动的重要组成部分，是对持续不断、周而复始的商品流通活动的客观描述，是资金流、物流运动状态特征的反映。资金流是指资金的转移过程，包括支付、转账、结算等，资金的加速流动具有财富的创造力，商务活动的经济效益是通过资金的运动来体现的。物流是因人们的商品交易行为而形成的物质

实体的物理性移动过程，它由一系列具有时间和空间效用的经济活动组成，包括包装、存储、装卸、运输、配送等多项基本活动。在信息技术高速发展的今天，物流作为物质实体从供应者向需求者的物理性移动，依然是社会再生产过程中不可缺少的中间环节。

2. 信息流、资金流和物流的相互关系

信息流、资金流和物流的形成是商品流通不断发展的必然结果。它们在商品价值形态的转化过程中有机地统一起来，共同完成商品的生产—分配—交换—消费—生产的循环。由信息流提供及时准确的信息，由资金流有计划地完成商品价值形态的转移，由物流根据信息流和资金流的要求完成商品使用价值即商品实体的转移过程，从而使三流分别构成了商务活动中不可分割的整体，共同完成商品流通的全过程。

物流进行的是一个正向的流程，即从原材料供应商到制造商，再经经销商或配送中心到客户。而资金流进行的是一个反向的流程，即从客户到经销商、制造商，再到原材料供应商。信息流进行的是双向流程，电子商务各个交易主体之间不断进行信息的双向传送与交流。三者的关系可以表述为：以信息流为依据，通过资金流实现商品的价值，通过物流实现商品的使用价值。物流应是资金流的前提和条件，资金流应是物流的依托和价值担保，并为适应物流的变化而不断进行调整，信息流对资金流和物流运动起指导和控制作用，并为资金流和物流活动提供决策的依据。

在电子商务活动中，信息流、资金流和物流本身又是互相独立的。它们无论在时间上或渠道上都是可以分离的，流动的次序也没有固定的模式。图 1-2 显示了信息流、资金流和物流的流通渠道。

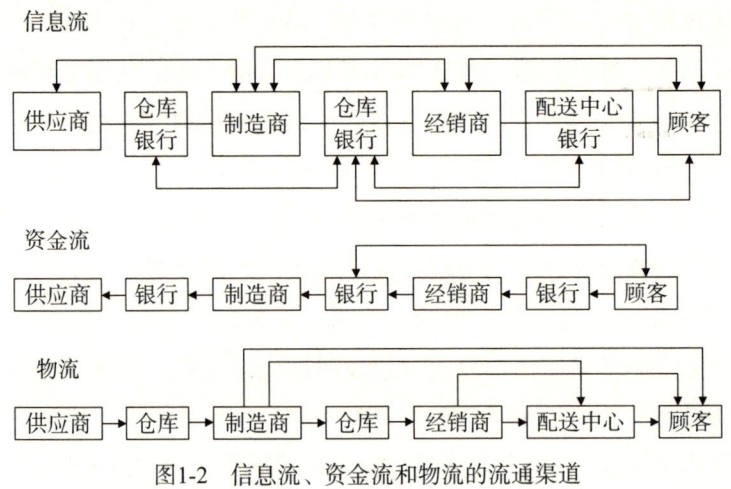

图1-2 信息流、资金流和物流的流通渠道

四、电子商务与注意力经济

"注意力经济"这一概念是随着国际互联网的发展而产生的。最早提出"注意力经济"这一概念的是美国经济学家迈克尔·戈德海伯（Michael H. Goldhaber），1997年他在美国著名的 Hot Wired 杂志发表的一篇题为《注意力购买者》（Attention Shopper）的文章中提出"注意力经济"这一概念。他指出，在以计算机网络为基础的信息社会中，面对海量的信息，对人们来说，信息已不再是一种稀缺的资源，而是相对地过剩，稀缺的是人的注意力。在新经济时代最重要的资源不再是传统意义上的货币资本，也不是信息本身，而是注意力。

所谓注意力，是指人的心理活动指向和集中于一定对象的能力，也即一个人关注一个主题、一个事件、一种行为和多种信息的持久尺度。对每一个人来说，注意力都是一种无形、有限、不可替代和不可分享的心理资源，也是人们从事任何活动都必须投入的要素。人的注意力是有限的，相对于无限的信息来说是稀缺的，因此在互联网上人们的注意力是非常有价值的。注意力具有以下基本特征。

（1）选择性。尽管一个人每天都要从各种渠道获取大量的信息，但都只能对一小部分的信息产生兴趣。

（2）集中性。对发生兴趣的事物，人们会集中注意力并对其进行关注。例如，当消费者对某种商品感兴趣时，必然会对其重点关注。

（3）排他性。人脑与电脑的显著不同是，电脑是并行的信息处理系统，可以同时执行各种程序；而人脑是串行信息处理系统，在一定时间内只能处理特定的信息。因此，假如消费者的注意力集中在某类商品时，其他的商品都被排除在外了。

注意力本身就是财富。戈德海伯说："获得注意力就是获得一种持久的财富。在新经济下，这种形式的财富使你在获取任何东西时都能处于优先的位置。财富能够延续，有时还能累加，这就是我们所谓的财产。因此，在新经济下，注意力本身就是财富。"注意力作为一种资源，有它自己的独特之处。相比较而言，信息是可以准确计量的，而注意力的计算是模糊的；信息是由信息的产生者不断创造的，而注意力对于信息的浏览者却是有限的。信息产生后能创造多少价值是不确定的，而注意力却能直接产生价值。

"注意力经济"的理论认为，公众的注意力是网站的最大资源，谁能吸引更多的关注谁就能拥有更大的价值，吸引更多的投资。英特尔公司前总裁格罗夫在一次引人入胜的演讲中提出过"争夺眼球"的观点。他认为整个世界将会展开"眼球"争夺战，谁能抓住更多的"眼球"（注意力），谁就能成为21世纪经济的主宰。但是注意力的拥有并不像传统的购买力资源那样易于保持，网站的任务不仅仅是吸引注意力，而且还需要把注意力保持住，也就是培育浏览者对网站的忠诚度。成功的电子商务企业不仅要具有知名度，同时还应该提高市场的信誉度。

第三节　电子商务的特点与功能

一、电子商务的特点

电子商务是在传统商务的基础上发展起来的，由于有了信息技术的支撑，电子商务活动的方式呈现出一些新的特点。

1. 交易电子化

通过互联网进行的商务活动，交易双方从搜集信息、贸易洽谈、签订合同、货款支付到电子报关，无须当面接触，均可以通过网络运用电子化手段进行。

2. 贸易全球化

互联网消除了时空界限，扩展了营销半径，把全球市场连接成了一个整体。在网上任何一个企业都可以面向全世界销售自己的产品，可以在全世界寻找合作伙伴，同时也要面对来自世界的竞争对手。

3. 运作高效化

由于实现了电子数据交换的标准化，商业报文能在瞬间完成传递与计算机自动处理，电子商务克服了传统贸易方式费用高、易出错、处理速度慢等缺点，极大地缩短了交易时间，提高了商务活动的运作效率以及资金的周转速度。互联网沟通了供求信息，企业可以对市场需求作出快速反应，提高产品设计和开发的速度，做到即时生产。

4. 交易透明化

互联网上的交易是透明的，极大地减少了信息不对称的现象。通过互联网，买方可以对众多企业的产品进行比较，这使买方的购买行为更加理性，对产品选择余地也更大。建立在传统市场分隔基础上，依靠信息不对称制定的价格策略将失去作用。通畅、快捷的信息传输可以保证各种信息之间互相核对，防止伪造单据和贸易欺骗行为。网络招标体现了"公开、公平、竞争、效益"的原则，电子招标系统可以避免招投标过程中的暗箱操作现象，使不正当交易、贿赂投标等腐败现象得以制止。实现电子报关与银行的联网有助于杜绝进出口贸易中的假出口、偷漏税和骗退税等行为。

5. 操作方便化

互联网几乎遍及全球的各个角落，用户通过网络可以方便地与贸易伙伴传递商业信息和文件。在电子商务环境中，人们不再受时间和地点的限制，客户能以非常简便的方式完成过去繁杂的商务活动，如可以随时上网查询信息，通过网络银行全天候划拨资金，足不出户订购商品，跨越国界进行贸易洽谈。

6. 部门协作化

电子商务是协作经济，需要企业内部各部门、生产商、批发商、零售商、银行、配送中心、通信部门、技术服务等多个部门的通力协作。网络技术的发展使企业间的合作完全可以如同企业内部各部门间的合作一样紧密，企业无须追求"大而全"，而应追求"精而强"。企业应该集中于自己的核心业务，把自己不具备竞争优势的业务外包出去，通过协作来提高竞争力。

7. 服务个性化

电子商务时代，企业可以进行市场细分，针对特定的市场生产不同的产品，为消费者提供个性化服务。这种个性化主要体现在三个方面：个性化的信息、个性化的产品、个性化的服务。个性化的信息主要指企业可以根据客户的需求与爱好有针对性地提供商品信息，也指消费者可以根据自己的需要有目的地检索信息；个性化的产品主要指的是企业可以根据消费者的个性化需求来定制产品；个性化的服务则包括服务定制与企业提供的针对性服务信息。这种情况的出现，一方面是因为消费者已经产生了个性化的需求；另一方面是因为通过互联网企业可以系统地收集客户的个性化需求信息，并能通过智能系统自动处理这些信息。

二、电子商务的功能

电子商务可提供网上交易和管理等全过程的服务。因此，它具有广告宣传、咨询洽谈、网上订购、网上支付、电子账户、服务传送、意见征询、交易管理及企业内部信息化管理等多项功能。

1. 广告宣传

企业可以在互联网上发布广告，宣传并传播各类商业信息。与其他各类广告相比，网络广告具有成本低廉、双向交流、给客户的信息量丰富等优点。

2. 咨询洽谈

电子商务可借助非实时的电子邮件、新闻组和实时的讨论组、洽谈室来了解市场的商品信息、洽谈交易，网上的咨询和洽谈能超越人们面对面洽谈的限制，实现了多种方便的异地交谈形式。

3. 商品订购

在电子商务网站上，商品的订购通常都是在产品介绍的页面上提供十分友好的订购提示信息和订购交互格式框，方便客户在线订购。当客户填完订购单后，通常系统会回复确认信息单来保证订购信息的收悉。

4. 电子交易

运用电子商务可进行多种形式的电子交易，如网络营销、电子贸易、电子采购、网络招标、拍卖等。

5. 电子支付

电子支付是电子商务中的一个重要环节，客户和商家之间可采用信用卡、电子现金、电子支票等方式实施支付。

6. 电子账户

银行、信用卡公司及保险公司等金融单位可以提供网上金融服务。电子账户管理是其基本的组成部分，信用卡号或银行账号都是电子账户的一种标志，它的可信度配以必要技术措施来保证。数字凭证、电子签名、加密等手段的应用提高了电子账户操作的安全性。

7. 供应链管理

通过电子商务的供应链管理，促进上下游相关企业的密切合作，提高原材料采购、生产、包装、配送等环节的运行效率。

8. 客户关系管理

通过用户注册，网站可以方便地得到客户的个人信息；通过一些程序，网站还可以跟踪客户的购物记录，分析了解客户的需求，挖掘出有潜力的客户。电子商务将推动企业加强客户关系管理，切实完善售后服务。

9. 企业信息化管理

企业可以加强信息化管理，如实施办公自动化、人力资源管理、财务管理、企业资源计划及战略管理等，以提高企业的经营效率。

第四节 电子商务所带来的变革及发展趋势

一、电子商务给社会经济带来的变革

电子商务的发展将给社会经济带来重大的变革。政治方面，它将要求政府提高工作效率，推动政府上网工程；经济生活方面，它会加速全球经济一体化进程；文化生活方面，网络媒体拓宽了信息渠道，使文化更加多元化。

1. 推动信息产业发展和部门的信息化

电子商务的发展推动了信息产业的发展和传统产业部门的信息化。电子商务活动范围和深度的增加，将推动信息网络的不断发展与完善，从而促进信息产业的发展。国家将加大对信息基础设施的投资，改善基础设施功能。企业将加强内部信息系统的建设。信息产业成为国民经济中具有先导性的产业，它在经济增长中的贡献份额也将逐年增加。

2. 改变企业的经营理念

随着网络的普及与发展，企业实行信息化管理、开展电子商务是必然趋

势。世界上的任何一家知名企业都有自己的网站，网站是公司的形象，是企业的无形资产。一个企业没有网站，就说明它的管理水平和通信手段还达不到一定水平。电子商务作为新的经济运行方式将带来经济社会的巨变，许多新兴行业、新型企业将被催生，经济结构调整、产业结构重组也将淘汰一批不适应网络经济要求的企业。不实行电子商务，跟不上时代的潮流，企业只能坐以待毙。

经营理念与信息技术是密不可分的，电子商务活动将引导企业转变时空的概念。第一，从时间看，电子商务活动没有营业时间的中断，没有 8 小时工作制和节假日的概念，极大地方便了消费者和合作伙伴；从空间看，商务活动主客体主要通过互联网彼此发生联系，在网络虚拟空间里距离为零，企业可以通过虚拟通道进入合作伙伴的办公室和消费者的家中。第二，在电子商务时代，注意力已成为企业互相争夺的重要资源，通过互联网进行电子商务活动，企业和消费者都是主动的，企业必须吸引足够的消费者的注意力。第三，电子商务意味着小企业和大企业之间竞争的机会均等，速度、质量、成本、服务、信用是企业在竞争中获胜的法宝。

3. 改变企业的组织结构

电子商务的发展将会导致企业组织结构的变化。传统的企业组织机构的构建是围绕权力中心，设置了不同管理层次的岗位，要求明确上下级关系，明确各个岗位的职责与权力，避免越级指挥，各部门间很少发生横向联系的"金字塔"型。在电子商务条件下，信息的传送由单向的"一对多"向双向的"多对多"转换，促进了管理层次不同岗位管理人员的横向联系。企业内部信息管理系统的运用使企业间的中间管理层变得多余，组织结构由原来的"金字塔"型转向基于信息的扁平结构。这种扁平的组织结构有利于把市场信息、技术信息和生产活动相结合，使企业管理者能够对市场作出快速反应。

4. 推动网络金融业的发展

电子商务的支付与结算需要电子化金融体系的密切配合，而目前我国金融服务业电子化水平相对落后，须加快建立银行之间、银行与企业之间的资金清算和金融管理信息系统，使企业和个人能够随时随地实施电子支付。网络时代金融服务的要求可以简单概括为：在任何时间、任何地点提供任何形式的金融服务。显然这种要求只能在网络上实现，而且这种服务需求也迫使传统金融业进行大规模调整，主要表现在更大范围内、更高程度上运用和依托网络拓展金融业务。

5. 推动电子政务的发展

电子商务的发展要求政府管理部门提高办事效率、增加政策的透明度。各级政府机关扮演着管理者和协调者的角色，为企业和社会提供服务的职能日益重要。一方面，政府部门拥有大量宝贵的信息资源；另一方面，企业对获取政府有关法规、各类统计信息的要求越来越高，电子商务的发展还给行业管理和税赋征收增加了难度。

6. 改变人们的学习、生活与工作方式

在电子商务时代，人们随时随地要借助于网络，远程教育可以使人们不必去学校就能通过网络进行学习。远程医疗可以使世界各地的著名医生共同诊治病人。网上的娱乐服务将更加丰富多彩，人们坐在家中就可以浏览网上新闻，查询资料信息，点播所喜爱的电影、歌曲，进行网上聊天、游戏，由此产生了一批网迷。知识型企业的职员可以自由选择上下班时间或选择在家工作，成为SOHO族，从而减少了交通压力，节省了上下班时间。

二、电子商务的发展趋势

1. 纵深化趋势

电子商务的基础设施将日益完善，支撑环境日趋规范，企业发展电子商务的深度进一步拓展，个人参与电子商务的深度也将得到拓展。图像通信网、多媒体通信网将建成使用，三网合一潮流不可挡，高速宽带互联网将扮演越来越重要的角色，制约中国电子商务发展的网络瓶颈有望得到缓解和解决。我国电子商务的发展将具备良好的网络平台和运行环境。电子商务的支撑环境逐步趋向规范和完善。个人对电子商务的应用将从目前点对点的直线方式走向多点的智能式发展。

2. 个性化趋势

个性化定制信息需求将会强劲，个性化商品的深度参与成为必然。互联网的出现、发展和普及本身就是对传统秩序型经济社会组织中个人的一种解放，使个性的张扬和创造力的发挥有了一个更加有利的平台，也使消费者主权的实现有了更有效的技术基础。在这方面，个性化定制信息需求和个性化商品需求将成为发展方向，消费者把个人的偏好融入到商品的设计和制造过程中去，对所有面向个人消费者的电子商务活动来说，提供多样化的比传统商业更具有个性化的服务，是决定今后成败的关键因素。

3. 专业化趋势

面向消费者的垂直型网站和专业化网站前景看好，面向行业的电子商务平台发展潜力大。一是面向个人消费者的专业化趋势。要满足消费者个性化的要求，提供专业化的产品线和专业水准的服务至关重要。今后若干年内我国上网消费人口仍将是以中高收入水平的人群为主，他们购买力强，受教育程度高，消费个性化需求比较强烈。所以相对而言，提供专业化服务及某类产品和服务的专业网站发展潜力更大。二是面向企业客户的专业化趋势，对 B2B 电子商务模式来说，以大的行业为依托的专业电子商务平台前景看好。

4. 国际化趋势

中国电子商务必然走向世界，同时也面临着世界电子商务强手的严峻挑战。互联网最大的优势之一就是超越时间、空间的限制，能够有效地打破国家和地区之间各种有形和无形的障碍，这对促进每个国家和地区对外经济、技术、资金、信息等的交流将起到革命性的作用。因此，我国电子商务企业将随着国际电子商务环境的规范和完善逐步走向世界。电子商务对我国的中小企业开拓国际市场、利用好国外各种资源是一个很好的机会，同时国外电子商务企业将努力开拓中国市场。随着中国加入 WTO，贸易中的各种障碍和壁垒逐步消除，将加速我国电子商务国际化的趋势。

第二章　电子商务的应用框架与交易模式

第一节　电子商务的应用框架

电子商务的基本框架结构是指实现电子商务从技术到一般服务层所应具备的完整的运作基础。它包括网络技术设施的三个层次和电子商务应用的四个支柱，如图 2-1 所示。

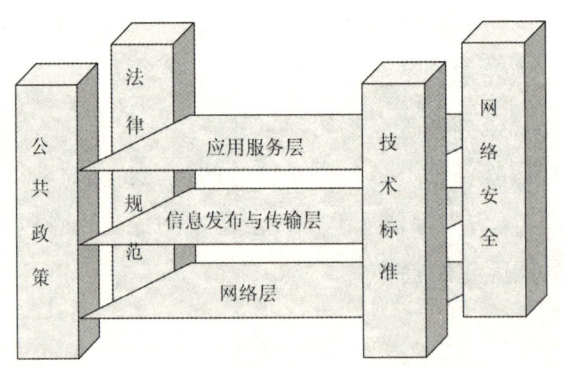

图2-1　电子商务的应用框架

一、电子商务技术设施的三个层次

1. 网络层

网络层指网络基础设施，即所谓的"信息高速公路"，是实现电子商务的最底层的硬件基础设施，它包括远程通信网（Telecom）、有线电视网（Cable TV）、无线通信网（Wireless）和互联网（互联网）。这些网络都在不同程度上提供电子商务所需的传输线路。目前这些网络基本上是独立的，研究部门正在研究将这些网络连接在一起。就现在来看，大部分电子商务的运作还是基于互联网。

2. 信息发布与传输层

该层在网络层提供的信息传输线路上，根据一系列传输协议来发布传输文本、数据、声音、图像、动画、电影等信息。最常用的信息发布应用的是 WWW、FTP、Gopher、Telnet 及 News。文件的传输一般有 E-Mail、EDI、FTP 或点对点档案传输等。

3. 应用服务层

应用服务层是为了交易而提供的通用业务服务，是所有的企业、个人做贸易时都会用到的服务，所以也称为基础设施，主要包括标准的商品目录服务、电子支付、商业信息安全传送、客户服务、电子认证等。

二、电子商务应用的四个支柱

1. 公共政策

公共政策是指政府制定的促进电子商务发展的宏观政策，包括互联网络的市场准入管理、内容管理，电信及互联网络收费标准的制定，电子商务的税收政策等。

2. 技术标准

技术标准是信息发布、传递的基础，是网络上信息一致性的保证。为了保证商务活动数据或单证能被不同国家、不同行业贸易伙伴的计算机识别处理，一定要有数据、格式的一致约定。电子商务标准体系包括公共标准、网络标准、应用平台标准和应用技术标准。我国电子商务应用标准包含了四个方面：EDI 标准、商品编码标准（HS）、通信网络标准和其他相关的标准。

3. 网络安全

如何保障电子商务活动的安全，一直是电子商务能否正常开展的核心问题。作为一个安全的电子商务系统，首先必须具有一个安全、可靠的通信网络，以保证交易信息安全、迅速地传递；其次必须保证数据库服务器的绝对安全，防止计算机病毒及网络黑客闯入盗取信息。为此制定了一系列安全标准，如安全套接层、安全 HTTP 协议、安全电子交易等，并采用了电子签名和电子认证、防火墙等比较成熟的安全手段。

4. 法律规范

法律维系着商务活动的正常运作，网络活动必须受到法律制约。法律制定的成功与否直接关系到电子商务活动能否顺利开展。电子商务的法律规范涵盖了知识产权保护、电子合同、数字签名、网络犯罪等方面。

第二节 电子商务环境

电子商务的环境在很大程度上影响到电子商务的发展。这里主要从网络基础环境、电子商务发展的外部环境和内部环境来论述。

一、网络基础环境

信息的传递、网上资金账户的认证、资金的划转等都需要数据交换的物理环境，即网络环境。网络环境是电子商务的基础。

目前有三种不同但又相互密切关联的网络环境模式：互联网、企业内联网和企业外联网。互联网是一个由无数计算机网络互联组成的网络，这些网络是物理分离的，只是在一些特殊的接点处连接在一起，它是电子商务应用的重要的通信网络基础。企业为了在网络时代具有竞争应用力，利用互联网的技术和协议，建立主要用于企业内部管理和通信的应用网络，这就是企业内联网。而各个企业之间遵循同样的协议和标准，将企业的内联网联入其业务伙伴、客户或供应商的网络，提高社会协同生产的能力和水平，就是企业外联网。计算机网络系统由硬件系统和软件系统两大部分组成。

（一）计算机网络硬件系统

计算机网络常用硬件从逻辑上看可以分为以下几个部分。

（1）网络服务器，如 WWW 服务器、数据库服务器、邮件服务器、视频服务器。

（2）工作站，如终端机。

（3）网络交换互联设备，如集线器、ATM 交换机、网关、网桥、路由器、网卡、调制解调器。

（4）网络外部设备，如打印机、大容量储存设备。

（5）不间断电源（UPS）。

（6）防火墙。

（7）布线系统。

（二）计算机网络的软件系统

1. 网络操作系统

网络操作系统是网络的核心和灵魂，其主要功能包括对服务器的管理、提供和协调网络工作站对网络的存取和对网络资源的共享服务。常用的网络操作系统有 UNIX、Windows、Netware、Linux 以及 OS/2。

2. 网络管理系统

网络管理系统是现代网络系统所必需的组成部件。通过网络管理系统，网络管理员能监视网络的运行状态，包括设备线路的好坏、网络流量及拥挤程度、可进行虚拟网络的配置等，控制网站运作参数，提高网络的性能，以便减轻网络管理维护人员的工作负担。

3. 网络应用软件

网络应用软件常常是利用应用软件开发平台开发出来的。随着网络技术的发展，网络应用软件越来越丰富，电子商务网络应用软件的功能越来越强。在企业电子商务应用方面的常用软件系统有以下几种。

（1）企业资源计划（Enterprise Resource Planning, ERP），是基于计算机技术和管理科学的最新发展，从理论和实践两个方面提供的企业整体经营管理的解决方案。ERP 超越了传统 MRP-Ⅱ 的概念，吸收了准时制生产（JIT）、全面质量管理（TQC）等管理思想，扩展了管理信息系统的范围，除财务、分销、生产管理、人力资源外，还集成了质量管理、决策支持等多种功能。

（2）办公自动化系统（Office Automation, OA），就是将当代先进的电子化工具应用到各种办公活动中，实现办公活动的自动化，从而能最大限度地提高工作质量和工作效率以及改善工作环境。办公自动化系统是一个由人控制、操作和使用的人机信息系统，其主要功能包括文字处理、数据处理、语音处理、图形和图像处理、文件处理、工作日程管理等。

（3）管理信息系统（Management Information System，MIS），主要指的是能进行信息的收集、传输、存储、加工维护和使用的人机系统。MIS 系统通常用于系统决策，例如可以利用 MIS 系统找出目前迫切需要解决的问题，并将信息及时反馈给上层管理人员，使他们了解当前工作发展的进展或不足。管理信息系统的最终目的是使管理人员及时了解公司现状，制定企业未来的发展战略。

（4）数据库管理系统（Database Management System，DBMS），是用来描述、管理和维护数据库的程序系统，是数据库系统的核心组成部分。它建立在操作系统的基础上，对数据库进行统一的管理和控制；其主要功能包括描述数据库、管理数据库、维护数据库、进行数据通信。

（5）供应链管理系统（Supply Chain Management, SCM），是在 ERP 基础上通过构筑和前端客户以及后端供应商的交互系统，来实现产品供应的通畅、合理、高效，即保证满足企业对产品供应的需求，又避免大量库存积压。

（6）客户关系管理系统（Customer Relationship Management, CRM），是企业判断、选择、发展和保持其客户所要实施的全部商业过程。它贯穿于售前、售中、售后，对客户进行快速响应，提高客户满意度并降低服务成本。

（7）电子邮件系统，是一个适用于任意两台以上计算机进行邮件传送的通用软件包。电子邮件系统的基本功能包括建立电子邮箱、编辑邮件、发送邮件及接收邮件。

（三）我国目前的网络基础设施

我国已作为第 71 个国家级网加入国际互联网。1994 年，以中国科学院、北京大学、清华大学为核心的"中国国家级计算机网络设施"（The National Computer and Network Facility of China, NCFC）与国际互联网连通，同年 5 月，一级域名服务器在中国科学院计算机网络中心设置。

1. 科学技术网

科学技术网由中国科学院主持建设，1994 年 4 月正式开通了与国际互联网的连接，1994 年 5 月 21 日完成了我国一级域名服务器的设置。其目标是将中国科学院在全国各地的分院所的局域网联网，同时连接中国科学院以外的中国科研单位。它是一个为科研、教育和政府部门服务的网络，主要提供科技数据库、成果信息服务、超级计算机服务、域名管理服务等。

2. 教育科研网

原国家教委（现教育部）主持建设的中国教育科研计算机网络，于 1995 年底联入互联网，其目标是将大部分高校和有条件的中、小学校连接起来。该网络的结构是各学校建立校园网，校园网联入地区网，地区网联入主干网，从而实现与互联网的连接。它是一个面向教育、科研和国际学术交流的网络。

3. 公用计算机互联网

邮电部于1994年投资建设的中国公用计算机互联网（CHINANET），1995年初与国际互联网连通，1995年5月正式对社会服务。公用计算机互联网的网络结构是以北京为中心，形成由全国30个城市节点组成的主干网，分别以这30个城市为核心连接各省的主要城市，形成地区网，个人和单位可联入地区网。全国各电信局均可办理入网手续，可以说公用计算机互联网是中国最大的ISP。

4. 中国网通公用互联网

中国网络通信责任有限公司（CNC，简称网通）是1999年8月成立的一家新的网络运营商，主要从事与IP有关的业务，如IP电话、数据传输。中国网通宽带高速互联网CNCNET于2000年末建成，已经包括一个全国性的高速宽带IP网络。

二、电子商务发展的外部环境

1. 计算机普及率及上网人数

网民人数、域名数、宽带用户数、网络国际出口带宽以及IP地址数等信息可以从整体上反映一个国家的互联网络发展程度与普及程度。

2012年7月19日，中国互联网络信息中心（CNNIC）在京发布《第30次中国互联网络发展状况统计报告》（以下简称《报告》）。《报告》显示，截至2012年6月底，中国网民数量达到5.38亿，增长速度更加趋于平稳，互联网普及率为39.9%。2012年上半年网民增量为2450万，普及率提升1.6个百分点。中国网民规模与普及率变化如图2-2所示

图2-2 中国网民规模与普及率

由图 2-3 可见，在近 10 年中，我国宽带发展迅速：2008 年用户规模跃升至世界第一，2009 年用户规模首次超过 1 亿户，截至 2012 年 6 月，宽带用户达 1.64 亿户。宽带网络基础设施也不断得到提升，互联网接入端口带宽以年均 63.5%的复合增长率快速增长。同时，网络光纤化快速推进，波分技术从长途逐渐向城域、接入延伸，传输网承载能力大幅提升，全国光缆线路长度达到 1205 万千米，98%的乡镇和 80%行政村开通了宽带。

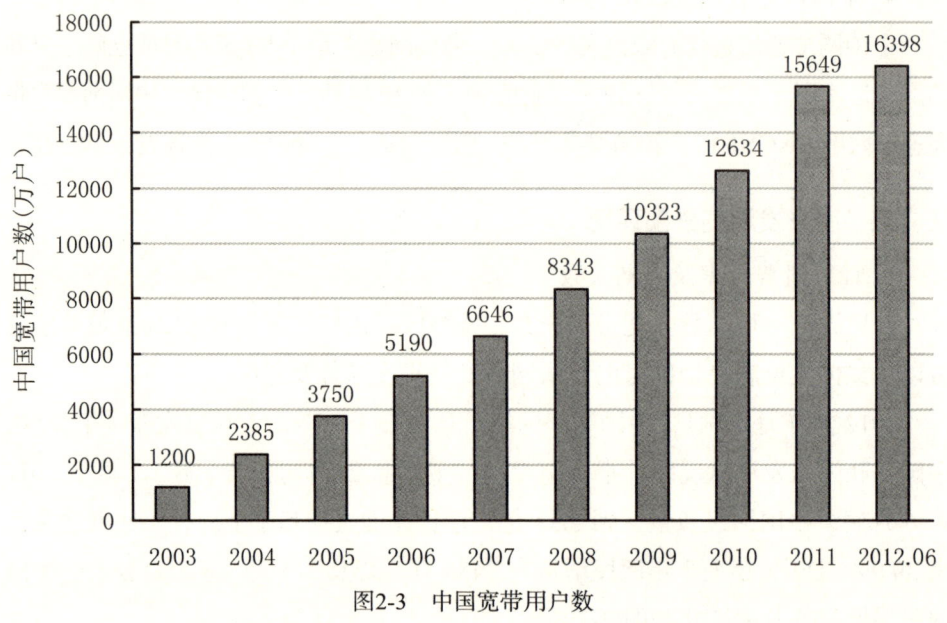

图2-3　中国宽带用户数

数据来源：工信部历年电信业发展统计公报

由于全球 IPv4 地址已分配完毕，因而自 2011 年开始我国 IPv4 地址数量基本没有变化，当前 IP 地址的增长已转向 IPv6，加快 IPv6 的应用和部署已经成为共识。中国 IPv6 地址数量在近一年内飞速增长，截至 2012 年 6 月底，我国拥有 IPv6 地址数量为 12499 块/32，相比去年年底增速达到 33.0%。在全球的排名由 2011 年 6 月的第 15 位迅速提升至目前的第 3 位，仅次于巴西（65728 块/32）和美国（18694 块/32）。IPv6 地址数的不断发展将进一步推进我国信息化建设进程，为我国下一代互联网发展奠定基础。我国互联网骨干网带宽超过 30Tbps，国际出口带宽超过 1Tbps，国内网间互联带宽超过 450Gbps。截至 2012 年 6 月我国域名总数为 873 万个，其中.cn 域名数为 398 万个，两者均出现明显增长。网站总数达到 250 万个。中国互联网国际出口带宽变化如图 2-4 所示。

市场调研公司 eMarketer 预计，到 2016 年，中国宽带渗透率将达到 60%。以上数据可以看出，中国的互联网普及率实现了飞跃，赶上并超过了全球平均水平，有着良好的发展趋势。

2. 金融电子化水平

金融电子化是电子商务的重要组成部分。金融系统在电子商务活动中承担着发行货币、制定电子支付规则、实现支付中介、创造信用流通工具、提供电子支付安全保护措施等一系列重大职责，只有加快金融机构的电子化步伐，并提供高质、高效、安全的金融服务才能确保电子商务支付和结算的顺利进行。

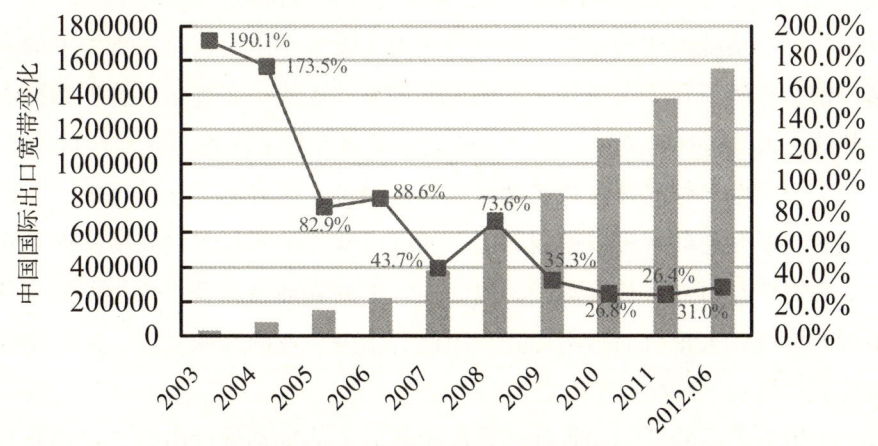

图2-4　中国互联网国际出口带宽

数据来源：CNNIC互联网报告（第20-30期）

我国金融电子化相对西方国家起步较晚，但金融电子化建设进展神速，在金融通信网络和金融业务处理等方面已发生了根本性变化，已建成的电子化金融系统对加强金融宏观调控、防范化解金融风险、加速资金周转、降低经营成本和提高金融服务质量发挥了重要作用，推进我国国民经济快速、健康和稳定发展。我国金融电子化大致分为四个阶段：第一阶段是 1970—1980 年，银行的储蓄、对公等业务以计算机处理代替手工操作；第二阶段是 20 世纪 80 年代到 90 年代中，逐步完成了银行业务的联网处理；第三阶段从 90 年代中到 90 年代末，实现了全国范围的银行计算机处理联网，互联互通；第四阶段从 2000 年开始，各行开始进行业务的集中处理，利用互联网技术与环境，加快金融创新，逐步开拓网上金融服务，包括网上银行、网上支付、手机银行等。

我国的金融电子化建设从无到有、从单一业务向综合业务发展，取得了一定的成绩，已从根本上改变了传统金融业务的处理模式，建立了以计算机和互联网为基础的电子清算系统和金融管理系统。但是国内金融企业在实施电子化建设的过程中还存在着不少问题，主要表现在以下五方面。

（1）金融电子化缺乏战略性规划。由于我国计算机硬件平台和软件依赖于国外，目前各银行机型、系统平台、计算机接口以及数据标准不统一，许多银行重复开发，都有自己的体系和应用系统，差异比较大。体系不统一，造成人力、物力的高投入，维护的高成本，而且正在运行的很多系统相互独立，难以完成系统之间的动态交互和信息共享，系统整合比较困难，标准化难以实施。近年来银行信息系统越建越复杂，越建越庞大。庞大系统运行意味着维护的巨大开销，信息分散不利于数据共享，成为发挥整体优势、实施法人管理和提供集团服务的瓶颈，迫切需要进行统一协调运作及高度集中管理。

（2）全国性支付清算体系建设面临很多困难。金融电子化建设中，金融企业之间的互联互通问题难以得到解决。如国内众多的银行卡之间要实现互联互通，似乎需要经过一番长途跋涉。因为银行卡的联通意味着小银行可以分享到大银行的资源，大银行当然不愿意。因此，金融企业的互联互通，必须找到一种市场驱动机制下的利益平衡点。

（3）服务产品的开发和管理信息应用滞后于信息基础设施的建设和业务的快速发展。目前国内金融企业的计算机应用系统偏重于柜面、核算业务处理，难以满足个性化金融增值业务的需要。同时，缺乏对大量管理信息、客户信息、产业信息的收集、储存、挖掘、分析和利用，信息技术在金融企业管理领域的应用层次较低，许多业务领域的管理和控制还处在半电子化阶段。在金融服务产品上各行其是，搞重复劳动，开发金融电子产品缺乏良好的促进机制。

（4）网上金融企业的认证中心建设速度缓慢。目前我国各金融企业的客户很多，都是网上的潜在客户，然而由于国内金融企业在建设认证中心的意见上难以统一，使网上金融的认证标准没有统一。而外资金融企业又虎视眈眈，一旦外资进入，美国标准、日本标准将在中国大行其道。分析人士认为，网上认证中心问题不解决，网上金融将不能成为真正意义上的网上金融。

（5）金融信息安全建设水平在很大程度上仍滞后于电子化水平。信息安全问题日益突出。一是新型网络金融服务拓展了金融服务的外延和范围，其安全性面临新的考验；二是金融数据处理集中后，带来了技术风险的相对集中，对安全运行提出了更高要求；三是跨部门网间互联、内部业务网与国际互联网互联的需求急剧增加，使安全控制变得更加复杂；四是引入社会第三方服务的发展趋势，带来了可管理性、可控性等新的安全课题；五是信息技术本身的新发展，引发了新的、更多形式的安全威胁手段与途径，要求不断采取新的、更高强度的安全防护措施。

3. 网络安全保障

电子商务是基于互联网的，互联网是开放的网络，所以在安全性方面，互联网被认为开放有余而安全不足。在互联网上开展电子商务，无论是报价、询价还是签约成交，都会涉及许多商业秘密，特别是有关信用卡和账号等敏感信息，一旦泄密，将会给企业带来非常大的损失。对于我国 563 家企业、大学和政府部门的调查显示，有 85%都出现过不同程度的"不安全"问题，包括病毒的入侵、欺骗、盗窃等。仅美国由于网络安全问题每年就造成超过 100 亿美元的经济损失。

目前电子商务安全体系的发展已逐步完善，防火墙技术、加密技术、电子签名和认证是网上比较成熟的安全手段。同时，人们还制定了一些安全标准，保证电子商务的安全。

4. 电子商务的法律规范

电子商务是一种全新的商业交易模式，在数字化的虚拟市场中实现交易，原有的适用于书面合同贸易方式的法律，并不能适合于电子方式的网上交易。进行电子商务活动，必须要有一套新的法律、法规、政策、道德伦理规范等来约束和管理，使之能有序进行。1996 年月 12 月联合国国际贸易法委员会推出第一部电子商务法《电子商务示范法》。我国第一部电子商务法律规范《中华人民共和国电子签名法》（以下简称《电子签名法》）于 2003 年 4 月起草，2004 年 8 月 28 日正式通过，2005 年 4 月 1 日正式实施，该法对电子商务法律涉及的电子签名、电子合同的签订等问题有了明确的规定，弥补了原有的法律规范的不足。

5. 电子商务的标准化体系建设

商品编码标准是实行电子商务的重要基础，而在中国不同行业的商品编码标准却有几十种之多。人员识别号码中，自然人的识别号的重码率高达

20%~30%，法人编号的重码率较小，有时也出现一个单位有几个编号的情况，服务的编号也没有。我国大多数企业仍然处于传统的、粗放式的和经验式的管理模式中，绝大多数企业的计量、检测体系尚需完善，定额管理和标准化管理尚待加强，统一、完整、操作性强的行业代码编制系统尚未建立，基础数据的自动采集、录入以及数据的准确、规范、实时无法保证。要开展电子商务，标准化体系建设必不可少。

6. 保证电子商务发展的物流配送系统

电子商务所服务的对象是不受地理限制的，不少客户可能远在国外，相隔万里。企业如何以最快的速度、最短的时间、最低的成本把商品从企业送到顾客手中，是吸引顾客的一个重要因素。目前我国的物流配送系统严重滞后，成为制约电子商务发展的瓶颈环节。送货不及时是广大网络用户抱怨的主要问题之一。

三、电子商务发展的内部环境

1. 企业领导的重视程度

电子商务在国内外发展的时间还不长，国内很多企业的领导对此还认识不够。作为我国企业主体的国有企业，大型企业了解的比例较高，而中型和小型企业的比例较低。在我国发展电子商务并未引起企业领导的重视，甚至有些企业领导连电子商务是什么都不知道。实行电子商务将不可避免地涉及观念、作风和习惯的转变；涉及企业的业务流程、机构体制和职责权的变革。因此要加快中国企业的电子商务，首先应该让企业的经营者们转变观念、提高认识，增强他们实施电子商务的积极性和主动性。

2. 企业信息化水平

无论是企业与企业之间的电子商务，还是企业与消费者之间的电子商务，都需要企业在业务活动和管理工作中实行信息化管理。目前我国企业信息化水平还比较低，企业对发展电子商务缺乏足够的资金投入。在企业内部信息系统的建设和整合中，国家重点企业中有 70%的企业信息化投资不足，企业用于信息技术和设备投资的累计仅占总资产的 0.3%，与发达国家大企业的 8%~10%的水平相距甚远。

3. 人员素质

开展电子商务需要有一大批具有责任心、懂业务的专业技术与管理人员，如电子商务师、电子商务项目经理、物流师、网络营销人员、网站开发策划人员、网站设计制作人员等。我国电子商务领域的专业技术人才的培养才刚刚起步，对从业人员进行电子商务知识的培训十分重要。

第三节　电子商务的交易模式

电子商务可以按照不同的标准划分为不同的类型。按实质内容和交易对象来分，电子商务主要有四类：企业和消费者之间的电子商务模式（Business to Consumer，B2C）、企业和企业之间的电子商务模式（Business to Business，B2B）、企业和政府之间的电子商务模式（Business to Government，B2G）及消费者和消费者之间的电子商务模式（Consumer to Consumer，C2C）。

一、企业和消费者之间的电子商务模式

企业和消费者之间的电子商务（B2C）是指企业以互联网为主要服务提供手段，实现公众消费和提供服务，并保证与其相关的付款方式的电子化的电子商务运营模式。B2C 电子商务有三个基本组成部分：为客户提供在线购物场所的网上商店；负责对客户所购商品进行配送的物流配送系统；负责顾客身份的确认、货款结算的银行及认证系统。

企业和消费者之间的电子商务模式主要适用于网上商店。网络消费者在不同的网上商店购物，其流程可能会略有差异，但大部分网上商店进行网上购物的操作流程是相似的。网上商店前后台业务流程如图 2-5 所示。

1. 网上商店的系统结构

网上商店也称虚拟商店、在线商店，是商家直接面对消费者的场所。网上商店中陈列着琳琅满目的虚拟商品，由精心编制的文字和图片来描述商家所提供的产品和服务，均有网络数据库，提供在线交易。一旦消费者决定购买则发出订货单，企业据此安排生产，组织送货。

网上商店可以分为两大部分：第一部分是消费者可以接触到的部分——网上商店的前台部分，即客户在网上商店中选择商品，通过购物车核对所选物品的品种数量，下电子订单，进行电子支付，选择付款方式和送货方式等一系列

过程。第二部分是网上商店的后台管理部分,包括网站的维护与更新,客户关系管理,订单管理,电子支付平台,库存管理和商品配送系统等部分。

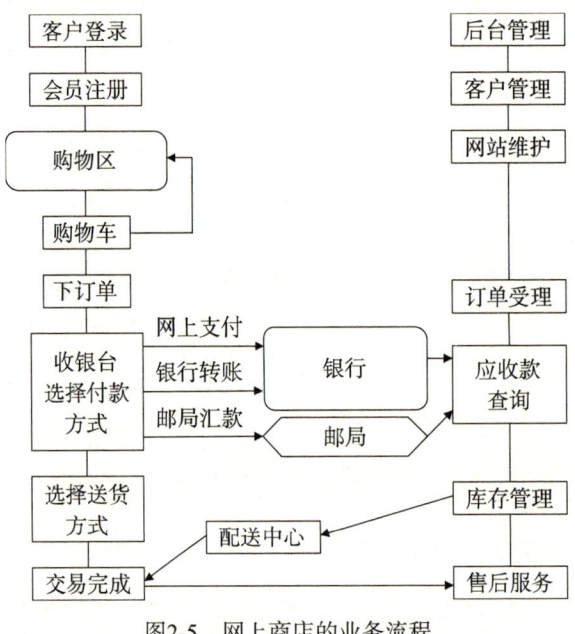

图2-5 网上商店的业务流程

2. 用户注册

网络消费者在所选定的网上商店第一次进行购物时,先要在该网上商店注册,填写姓名、地址、电话、E-Mail 等必要的用户信息,以便获得用户名和密码,然后才能在网上商店进行相关的操作。

3. 网上单证的类型及作用

网上商店的单证是商家与用户之间的交易凭证,一个设计完美的单证体系既要做到让用户能体会到该商店网上购物的方便性,也要让网上商店的管理者能够在进行订单数据处理时保持准确性。

常见的网上单证有以下几种类型:身份注册类,普通信息交流类,信息发布类,专业商务操作类等。

(1)身份注册类单证的操作完成在目标网站注册成为用户或会员,用于各网站收集用户信息和确认用户身份。一般各个网站的会员注册窗口就是身份注册类单证。

(2)普通信息交流类网上单证的操作完成向目标网站发送相关需求、建议或向该网站管理人员咨询问题，用于网站自身或为第三方客户进行需求调查或收集用户反馈信息。

（3）信息发布类单证的操作完成使用目标网站提供的信息发布服务单证发布信息，往往作为一项服务与网站相应发布空间相联系。

4. 网上购物车的功能

购物车将伴随网络消费者在网上商店进行购物，商店最后按照客户购物车的信息确定客户的订单。根据一般网上商店的单证后台处理的流程，购物车应该具备如下功能。

（1）自动跟踪并记录消费者在网上购物过程中所选择的商品，并在购物车中显示这些商品的清单以及这些商品的一些简要信息，如品名、编号、单价、数量等。购物车显示模块主要采用 Cookie 技术来实现。Cookie 被称为客户端持有数据，这是存储在 Web 客户端的小的文本文件，是 Web 服务器跟踪在网上购物的客户操作的简单而通用的方法。

（2）允许购物者可以随时更新购物车中的商品，包括修改商品的数量或者删除某种已选择的商品等，同时所涉及的相关商品的信息也应该同步被修改。

（3）自动累积客户购物的总金额，并按消费者选择的送货方式和资金结算方式计算相应订单，并检查数据的完整性和一致性。

（4）在客户确认了支付方式、送货方式和送货地点等定购信息和支付信息后，确认和支付模块完成对客户、对订单的存档和数据库更新，同时根据支付方式的不同选择是否唤醒电子钱包，完成和支付网关接口的接通。

5. 支付结算

一般网上商店常用的支付结算方式有货到付款（现金支付）、银行电汇、邮局汇款、网上在线支付、手机支付等。

6. 物流配送

网上销售无形产品与销售实物商品的物流配送有很大的不同。

（1）无形产品的物流配送。网络本身具有信息传递的功能，又有信息处理的功能，因此无形产品的服务（如信息、计算机软件、视听娱乐产品等）就可以通过网络浏览、下载等形式直接向消费者提供。无形产品和服务的电子商务模式主要有四种：网上订阅模式、付费浏览模式、广告支付模式和网上赠予模式。

①网上订阅模式，是指企业向消费者提供网上直接订阅、直接信息浏览的

电子商务模式。该模式主要用来销售报纸杂志、有线电视节目等，主要包括在线服务、在线出版、在线娱乐等。例如，国内的一些在线电影网站采用会员制的形式让消费者在线观看小电影，如华夏大学生在线的在线影视（www.1828.com.cn）。

②付费浏览模式，是指企业通过网页安排向消费者提供计次收费性网上信息浏览和信息下载的电子商务模式。付费浏览模式让消费者根据自己的需要，在网址上有选择地购买一篇文章、一本书的内容，如百万范本网（www.fanben.cn）。

③广告支付模式，是指在线服务商免费向消费者或用户提供信息在线服务，而营业活动支出是由广告收入来承担的，如新浪（www.sina.com.cn）、搜狐（www.sohu.com）等。

④网上赠予模式，是指企业借助于国际互联网全球广泛性的优势，向互联网上的用户赠送软件产品，扩大知名度和市场份额。这种模式实质是指"先试用，后购买"。用户先免费下载有关软件，试用一段时间后，再决定是否购买。适宜采用这种模式的企业主要包括软件公司和出版商，如恒物软件（www.126a.com）。

（2）实物商品的物流配送。在互联网上成交的实物商品，其实际产品和劳务的交付仍然要通过物流配送方式，不能通过计算机的信息载体来实现。一般企业所采取的物流模式有企业自营物流模式、物流联盟模式和第三方物流模式。

二、企业和企业之间的电子商务模式

尽管国内目前对消费者的网上购物大力宣传，网站和各种媒体的报道都表现了极大的热情和关注，但大多数的交易是企业之间发生的。据 eMarketer 最新研究报告，目前世界上 80%的电子商务交易额是在企业之间，而不是企业与消费者之间完成的。企业和企业之间的电子商务（B2B）比例将在未来几年内继续增长。美国波士顿 AMR 研究公司发布了一项有关在线销售的大胆预测：到 2004 年，B2B 销售额将由 1999 年的 2150 亿美元飞升至 5.7 万亿美元。因此可以看出，企业之间的电子商务有着巨大的需求和旺盛的生命力，是电子商务的主体。

B2B 是指商业企业使用互联网或专用网络向供应商订货或付款，特别是通过增值网络上运行的电子数据交换（EDI），使企业和企业之间的电子商务得到了迅速扩大和推广。企业间的电子商务模式又可以分成两种类型，即综合式的

B2B 和垂直型的 B2B。

1. 综合式的 B2B 网站

综合式网站是指这样一些网站的集合：它们为买卖双方创建起一个信息和交易的平台，买者和卖者可以在此分享信息、发布广告、竞拍投标、进行交易。之所以称这些网站为"综合式网站"，是因为它们涵盖了不同的行业和领域，服务于不同行业的从业者。综合式的 B2B 模式追求的是"全"，这一模式能够获得收益的机会很多，而且潜在的用户群落也比较大，所以它能够迅速地获得收益。但是其风险主要体现在用户群不稳定，被模仿的风险也很大。在国内 B2B 综合式网站的代表是阿里巴巴网站（www.alibaba.com）。

2. 垂直型的 B2B 网站

垂直型网站也可以将买方和卖方集合在一个市场中进行交易。之所以称其为"垂直型"网站，是因为这些网站的专业性很强，它们将自己定位在一个特定的专业领域内，如 IT、化学、钢铁、农业等。垂直型网站是将特定产业的上下游厂商聚集在一起，让各阶层的厂商都能很容易地联系到物料供应商或买主。在美国，由三大汽车厂形成的汽车零件交易网便是一种垂直型市场，汽车厂不但能很快地找到有足够货源的零件供应商，供应商也可更迅速地将产品销售出去，甚至库存品也可通过拍卖的方式售出。在国内有不少垂直型的 B2B 网站，如易创化工网（www.chempages.com）、中国粮食贸易网（www.cctn.net.cn）、中国纺织在线（www.chinatextileonline.net）、中国纸业网（www.chinapaper.net）、上海中昊化工网上交易中心（www.sccn.com.cn）等。垂直型 B2B 模式追求的是"专"。垂直型网站吸引的是针对性较强的客户，这批针对性较强的客户是这些网站最有价值的财富，是真正的潜在商家，这种市场一旦形成，就具有极大的竞争优势。所以垂直型网站更有聚集性、定向性，它较喜欢纳入团体会员，易于建立起忠实的用户群体，吸引固定的回头客。垂直型网站形成的集约化市场，拥有真正有效的客户。

三、企业和政府之间的电子商务模式

企业和政府之间的电子商务（B2G）主要包括：政府机构通过互联网进行工程的招投标和政府采购；政府利用电子商务方式为企业通过网络办理交税、报关、出口退税、商检等业务。这类电子商务可以提高政府机构的办事效率，使政府工作更加透明、廉洁。企业和政府之间的电子商务应用举例如下。

1. 政府网上招标

如招标是由采购方或主办单位发出通知，通知中说明准备采购的商品或兴办工程的要求，提出交易条件，邀请卖主或承包人在指定的期限内提出报价。投标是一种严格按照招标方规定的条件，由卖主或承包人在规定的期限内提出报价，争取中标达成协议的一种商务方式。网上招投标是通过互联网完成招标和投标的全过程，它有如下优点。

（1）网上招投标体现了"公开、公平、竞争、效益"的原则。电子招标网络系统的可靠性和安全性可以避免招投标过程中的暗箱操作现象，使不正当交易、招标人虚假招标、私泄标底、投标人串通投标、贿赂投标等腐败现象得以制止。

（2）网上招投标减轻了招投标过程中的信息发布、信息交换等方面的负担，提高了工作效率，缩短了招投标周期，降低了招投标过程中的成本，节约了资源。

（3）通过网络实行网上招投标可以实行标书审核的电子化，既可以扩大招标范围，获得更大的主动权，又充分体现了"择优录取"的原则。

例如，中国香港特区政府从2000年4月开始应用政府电子商务采购服务系统——电子投标系统（ETS），半年多时间就处理了429次投标，涉及金额5.78亿港元，占香港政府采购投标总额的79%。ETS系统使全球范围内的供应商通过互联网下载有关文件、进行查询、递交投标书以及查看投标结果。近年来，为了加强对政府采购的管理，提高财政性资金的使用效益，促进交易的公开性，我国一些地方政府的国家机关、事业单位、其他社会组织财政性资金采购物资和服务的行为都受到法律的约束和规范，不少省市已陆续开始实行"政府采购"政策。随着政府对电子商务的重视，企业与政府间的电子商务活动将越来越广泛。

目前我国已建立了一些网络招投标网站，如中国招标在线（www.into2000.com.cn）、中国招标投标网（www.cec.gov.cn）。网上招标系统包括公布招标信息、投标模块、开标评标模块等部分。

2. 电子海关

中国电子口岸运用现代信息技术，将国家各行政管理机关分别管理的进出口业务信息流、资金流、物流电子底账数据集中存放到公共数据中心，在统一、安全、高效的计算机物理平台上实现数据共享和数据交换。每个进出口企业可以在网上直接向海关、检疫、外贸、工商、税务等政府机关申办各种进出口和行政管理手续，从而彻底改变了过去企业为了办理一项进出口业务而往返于各部门的状况，实现了政府对企业的"一站式"服务。电子海关有如下优点。

（1）提高海关的管理效率，减轻工作强度，改善通关质量，减少通关时间。

（2）促进企业进出口贸易，杜绝逃税现象；如果海关和银行能够联网，就可以掌握进出口商品的真实价格和交易额，有效制止用假发票欺骗海关的行为。

（3）提高行政执法透明度，是实现政府部门行政执法公平、公正、公开的重要途径。

我国一些海关（如上海、青岛、南京、杭州、宁波、深圳、拱北、黄埔）已经率先实行了电子报关，凡是有报关权的企业并具有联网条件的，均可向海关进行电子申报。

四、消费者和消费者之间的电子商务模式

消费者和消费者之间的电子商务（C2C）的特点是，消费者与消费者讨价还价进行交易。实践中较多的是进行网上个人拍卖。网络拍卖是卖方借助拍卖网站通过不断变换的标价向购买者销售产品的行为。自1999年起，网上拍卖开始盛行，易趣（www.eachnet.com）、雅宝（www.yabuy.com）等专业竞卖网站相继开通。

网络拍卖的竞价形式有两种，即正向竞价和逆向竞价。其交易方式有三种：竞价拍卖（如易趣、网易），竞价拍买（如八佰拜 www.800buy.com.cn）和集体议价（如酷必得 www.coolbid.com.cn）。有的网站可能同时兼有几种交易方式，其中竞价拍卖为正向竞价模式，而竞价拍买和集体议价为逆向竞价模式。

在大多数拍卖网站上，未注册的客户只能在网站上浏览物品，不能参与竞标，也不可以提供物品出售。只有注册成为会员后才可以使用网站提供的所有功能与服务。其原因在于注册成为会员代表了买卖双方的基本诚意，增加了出售物品与竞价求购的可信度，防止了一人多户的情况。

（1）拍卖程序。卖方在网站上发布商品拍卖信息，如拍卖品的名称、商品属性、商品数量、拍卖价、拍卖的期限及拍卖品的图片；卖方提供结算和货运方式；在拍卖过程中，卖方可以随时检查投标情况。买方可根据卖方的 E-mail

地址来询问卖方的卖品的情况。在拍卖结束后，网站将自动用电子邮件通知卖方竞价的结果。卖方的联系电话会被转送给中标人以利于双方联系。在收到网站的通知后，卖方应在3天内和中标人联系送货事宜并付给拍卖网站手续费。

（2）竞买程序。购买者查询感兴趣的拍卖品，选用不同竞价规则出价，当竞买收到网站的中标通知后，须填写购物单、填入送货信息并实施支付、等候收货。

第三章　电子商务系统建设

第一节　电子商务系统概述

一、电子商务系统的结构

电子商务系统是建立在互联网基础之上的，该系统以提高企业的核心竞争力、增加利润为目标，在功能上要满足企业的采购、生产、销售、管理和对外企业协作的需要，并能为企业提供分析、决策及商业智能服务，其内部具有一定的层次结构，外部需要一定的环境。企业的电子商务系统由网站和企业内部信息系统构成，而采购者、供应者、物流中心、支付中心、认证中心则是企业电子商务系统的外部实体，如图 3-1 所示。

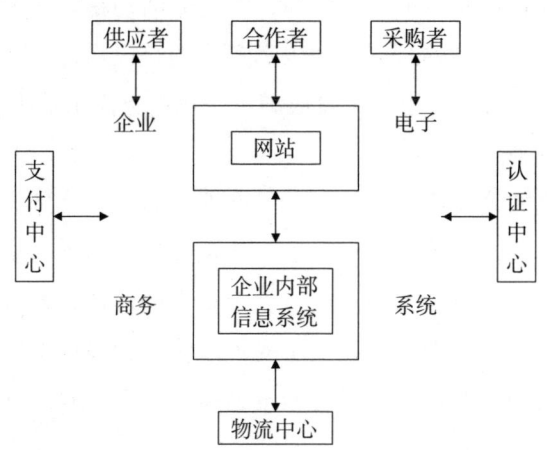

图3-1　电子商务系统的基本结构

一般来说，电子商务系统包含以下几个方面的内容。
（1）网站，是架构在互联网上的一个实体，是企业开展电子商务活动的平台，也是企业电子商务系统的重要组成部分。企业通过网络为合作伙伴、客户、采购商、供应商提供了一个访问企业内部各种资源的统一平台，它的主要功能是发布商务信息、接受客户需求、进行网上交易。

（2）企业内部信息系统，主要完成企业生产过程的信息处理和信息管理任务，并为生产和管理提供决策依据。一般包括办公自动化系统、企业资源管理系统、供应链管理系统、财务管理系统、客户关系管理系统等，它可以通过不同的技术产品来集成。

（3）CA系统，类似于网络上的"公安局"和"工商局"，给个人、企事业单位和政府机构签发数字证书——"网上身份证"，用来确认电子商务活动中各自的身份，并通过加解密方法实现网上安全的信息交换与安全交易。

（4）物流系统，主要承担供货商的送货任务，将有形商品送达采购者并跟踪商品的流向和动态。

（5）支付系统，主要实现电子交易的支付和结算，由支付网关、银行、金融专用网等组成。

二、电子商务系统建设的原则

1. 以增加利润为目标

电子商务归根到底是一种商务活动，而商务活动是以赢利为目的的，因此在电子商务系统的建设中要时刻牢记以商务为本，以增加企业的竞争力、为企业产生更大的效益为目标，把技术看成满足企业商务需求的手段。

2. 树立大系统观

电子商务系统的建设绝不是建一个网站那么简单，小的方面包括企业内部信息系统，离不开物流系统、支付系统、认证体系，离不开上、下游企业及整个行业供应链体系的配合；大的方面与整个社会的法律、政策、人才、规范、信用等因素都密不可分。因此，在电子商务系统的建设中必须全面考虑与企业电子商务系统相关的所有环节、所有因素，树立大系统观，才可能制订出比较周全的电子商务建设方案。

3. 长远规划、分步实施

电子商务是对企业的一种变革，但这种变革不是一朝一夕的事情，不像买一个设备，安装、调试好就可以运行那样简单，它要在企业正常运转的前提下实施，因此要制定一个长远的规划，分步进行。在项目建设初期，把重点工作放在那些可以立竿见影的工作上，再慢慢扩大。特别是对于那些基础比较差、信息化程度比较低的企业更应如此。

4. 领导牵头、全体参与

电子商务系统的建设是企业的战略决策和管理创新，首先，领导层要高度重视，亲自参与。其次，要发动相关的部门共同参与，这是因为电子商务的开发单凭技术人员是无法完成的，需要技术人员与企业各个部门的业务人员通力合作。电子商务的实施要涉及企业的采购、产品开发、生产、销售、服务等各个相关部门，要以提高整个企业的信息化水平为基础，这样电子商务系统的开发、实施、运转才有保障，才有可能真正提高企业的综合水平和竞争力。

5. 以需求作为驱动

电子商务系统的建设，不是赶时髦、装门面，更不是长官意志，也不能被眼花缭乱的新名词搞得不知所措，更不能被形形色色的模式、方案、产品、软件牵着鼻子走，而是一切从实际需要出发，在企业内在需求的驱动下进行。要认真分析企业的内部需求、竞争需求、市场需求、客户需求，在需求的驱动之下进行规划、设计、实施和运行，推动企业电子商务系统由低级到高级不断地发展。

6. 加强企业信息化建设

企业的信息化建设是电子商务系统建设的保障和前提，要用先进的计算机网络技术对企业进行改造。首先要对企业传统的商务流程进行改造和重新设计，对企业的组织结构进行扁平化改制，再实施企业资源规划，对企业的人力、物力、财力、信息、客户关系等一切有形、无形的资源进行整合，实现企业总价值的不断提升，这样企业开展电子商务就有了机制保证、组织保证和资源保证。

7. 前后台无缝连接

网站是企业电子商务的前台，企业内部信息系统是企业电子商务系统的后台，前台需要后台的强力支撑，否则网站就变成无源之水、无本之木，因此在进行企业电子商务系统建设时要内外兼修，要充分考虑企业内部的信息系统如何配合和支撑网站的运作，站在企业整体的高度规划电子商务系统的建设。

三、电子商务系统的规划

电子商务系统的规划是一种战术层的规划，它是以企业商务模式、模型为基础，以网络信息技术为手段，对企业未来的电子商务系统体系结构进行确定，并界定系统的基础设施环境的过程。规划阶段对电子商务系统建设至关重要，关系到整个电子商务系统建设的成败。如果不重视电子商务系统的规划，或者不能按事先的规划进行建设，那么建成的电子商务系统可能无法实现预期的功能、无法产生应有的投资效益，必须引起高度重视。

电子商务系统的规划包括以完成企业运营方式向电子商务转变为目标，设定企业开展电子商务的模式、选择合适的模型的商务策略，设计实现商务策略的企业电子商务系统结构，制订构造这一系统的技术方案，确定系统建设和应用系统开发的步骤及时间安排，提出系统建设的资源分配计划，评估系统建设的投资与回报并对整个系统的规划方案进行可行性论证等活动。

电子商务系统的规划必须建立在科学的调研和分析的基础之上，必须对企业的现状进行调查研究，包括企业的组织、资源、信息化程度，企业的客户、合作伙伴、竞争对手，企业商务活动的各个环节以及目前行业、地区、整个社会电子商务发展状况、环境及趋势等，分析企业开展电子商务的目的、要求，分析电子商务将对企业的竞争力、企业的经营战略、企业的商务活动产生的影响。只有经过这样全方位、立体化的调研和分析，电子商务系统的规划才有了坚实的基础和依据。

电子商务是对传统商务活动的一种变革，电子商务系统的规划是对企业商务活动的一种重新设计，这种设计分为商务和技术两个方面、战略和战术两个步骤。战略规划确定的是企业的商务策略，战术规划确定的是企业的电子商务体系结构，电子商务体系是实现企业商务策略的技术手段。

（一）企业需求分析

企业需求分析是一种宏观上的需求分析，是从整体和战略的高度出发，全面分析规划企业的需求，是企业规划电子商务系统的基础。其主要任务是对企业开展电子商务的外部环境和背景、企业转向电子商务的动机、企业的业务流程和信息化状态进行调查和分析。

1. 企业电子商务外部环境分析

电子商务活动的开展需要良好的外部环境，需要相应的国家和社会的配套设施支持。国家电子商务发展政策的扶持，法律制度的完善，社会信用环境的培育，本地互联网基础设施的建设，互联网上网人数的多少和构成以及国家经济发展状况等对电子商务的成功都有影响。

2. 企业电子商务内部环境分析

企业电子商务的发展必须建立在企业信息化的基础之上。企业电子商务内部环境分析主要是指企业信息化状况分析，包括企业的计算机网络硬件设施、信息化管理状况、人才状况等。

3. 企业的电子商务需求分析

企业开展电子商务具有一定的动机，必须要了解企业开展电子商务活动的真正需求，仅仅是响应国家的"企业上网工程"号召，还是企业发展的内在需要；是迫于市场竞争的压力，还是高瞻远瞩的战略决策。此外，还需要搞清楚企业开展电子商务活动要解决的问题。

4. 企业的现有业务流程和商务模型分析

要搞清楚企业生产的产品，企业的服务对象、合作伙伴，企业的利润来源，分析企业现有的业务流程、核心业务，最后规划出企业的业务流程图和商务模型图。

（二）制定发展策略

企业电子商务发展策略是在企业需求分析的基础上对企业未来开展电子商务的战略进行规划，它主要包括企业的商务模式、商务模型的设计。

1. 企业电子商务模式设计

企业的电子商务模式指的是企业利用信息网络技术开展电子商务活动的基本方式，可通过企业根据自身如何竞争和如何赢利所作的一系列选择来完成。主要包括企业核心业务确定、企业服务对象选择、企业价值收回机制的制定等。

2. 企业电子商务模型设计

企业的电子商务模型是对企业从事电子商务活动的一种抽象，是实现企业电子商务模式的逻辑框架，它涵盖了企业商务活动的各个方面，具有明确的内部组成和外部环境。设计时可以参考以下方法进行。

（1）分析电子商务手段对企业商务活动各环节的影响，确定能够通过电子化手段实现企业价值链增值的商务环节。

（2）从企业的供应链入手，分析企业与上、下游厂商的协作关系，确定支持企业电子采购、商品配送等环节的外部信息系统。

（3）从网上销售入手，分析安全电子交易过程的各个环节，确定实现安全电子交易需要的内部信息资源和外部服务系统。

（4）通过对企业服务对象特征的分析，确定提高客户满意度、建立忠诚度的客户关系管理的内容和方式。

（5）将有关的内容和结构归纳起来组成电子商务模型。

（三）确定体系结构

电子商务系统应该满足三个关键性要求：高可用性、可扩展性和安全性。高可用性是指为客户提供连续访问电子商务的能力。若想成功地提供电子商务服务，电子商务系统的各个层面都必须提供最大的可用性。可用性包括会话可用性和服务可用性，会话可用性是指出现故障时系统保持网络会话状态的能力；服务可用性是指出现故障时当前用户连接到电子商务服务的能力。可扩展性是指系统的扩展能力，当系统的业务增长时，能否在原有的基础上扩大系统的规模、提高系统的功能，通常包括纵深扩展和横向扩展两个方面。纵深扩展要求操作系统、系统设备和应用程序代码能够使用新增的硬件；横向扩展是将多台服务器作为一个逻辑单元或组成一个服务器集群。安全性是指系统抗攻击、防止或者避免非法入侵的能力，要从电子商务系统的各个层面上保障系统的安全，它是整个系统正常运行的保障。确定电子商务的体系结构的步骤如下。

（1）构成电子商务系统的体系框架。电子商务系统的框架结构是一种典型的基于互联网的多层体系结构，它将复杂的电子商务系统划分为不同的层次，每个层次解决特定和有限的问题，由下而上每向上提供服务和支持。这种层次化结构已经成为一种可复用、通用的电子商务系统的基本架构，在确定电子商务体系结构时，可以用该架构为模板进行设计。

（2）确定实现企业电子商务模型各组成部分的计算机网络技术。比如，实现企业资源管理需要 ERP 系统，实现企业供应链的集成需要 SCM 系统，实现企业客户关系管理需要 CRM 系统等，也就是将企业的电子商务活动用计算机网络技术加以改造。

（3）将实现企业电子商务模型各组成部分模块的计算机软件、硬件系统分配进电子商务系统的基本框架之中，并融合成符合该企业电子商务目标的企业电子商务体系结构。

(四) 规划人员组织

高素质的人才是电子商务系统建设的支柱和保障，在规划阶段就必须要对人员组织安排给予高度的重视。由于电子商务系统建设涉及的范围很广，需要经济、管理、商务、技术等各个方面的知识和经验，因此在进行电子商务系统规划的人员安排时要善于吸引各种类型的专业人员参加，广开言路，博采众人之长。

1. 企业经营管理人员

需求是电子商务系统规划之源，而企业经营管理人员对企业的各种业务流程、商务模式、企业的内外环境、企业的合作伙伴等情况最为清楚，因此系统规划必须重视他们的参加。

2. 外部咨询顾问

在电子商务服务企业中，有一些专门从事电子商务系统建设规划咨询服务的人员，他们具有丰富的系统规划实践经验，是电子商务系统规划领域的专家。他们能够对企业未来电子商务运作的模式和模型提出意见，对企业电子商务系统建设所需要的技术及集成给出建议。

3. 计算机专业技术人员

规划过程还应包括各种计算机专业技术人才，如负责项目进度控制的项目经理、熟悉网络工程和通信技术的技术人员、进行 Web 应用开发的软件人才等。

4. 其他人员

除了以上三种人员之外，电子商务系统规划还可能涉及法律问题、税务问题和其他问题，如文档管理等，因此这些人员都可吸收进来。

(五) 电子商务解决方案

所谓电子商务解决方案是指用于特定类型的电子商务系统或针对电子商务的某些环节的全套解决方案，通常包括开展电子商务所需的全部软件、硬件、系统集成方案及相关服务。

电子商务解决方案一般是由非常专业的 IT 厂商和网络技术公司的专业人员研究、设计和开发出来的，它建立在对相关行业的某种类型的电子商务应用的专业分析研究和成功经验的基础之上，具有很高的专业性、标准性、成熟性。

1. 电子商务解决方案的类别

由于电子商务系统内容复杂、涉及因素多、应用领域广，相应的解决方案也非常之多，按照不同的分类标准有不同的种类，如按行业分、按复杂程度分、按模式分等。

2. 电子商务解决方案的选择

首先要明确的是，选择电子商务方案的依据是企业电子商务系统总体规划方案。只有当企业根据需求制定了电子商务系统建设的商务策划并得到高层确认之后，才能进行电子商务解决方案的选择。电子商务解决方案主要是一种技术产品，这种产品必须服从企业的电子商务发展战略需要，必须经过认真的分析和科学的论证。在实践中一定要防止在电子商务解决方案提供商强大的宣传攻势之下，被解决方案牵着鼻子走，脱离企业的实际，为了购买电子商务解决方案而开展电子商务，让解决方案决定企业的电子商务战略规划。

其次，在选择电子商务解决方案提供商时，不能仅仅将其看成一种产品的提供商，而更重要的是将其作为自己开展电子商务活动的全程战略合作伙伴。因为随着电子商务系统的日益复杂，对于企业来说，与能够提供从开发到实施这一完整的电子商务基础设施的供应商建立战略伙伴关系，将对企业更加有利，能够使企业将主要精力放在企业的核心业务上，以适应更加激烈的市场竞争。

（六）电子商务系统规划报告

当电子商务系统规划完成之后，需要提交《电子商务系统规划报告》。该报告是对电子商务系统规划阶段成果的总结和记录，是电子商务系统设计的依据，主要包括以下基本内容。

1. 项目背景描述

该部分对企业的基本情况，如企业的性质、实施电子商务的范围的规模、计划的项目周期、内外部环境等进行简要介绍，对整个规划报告中涉及的一些名词和概念进行界定。

2. 企业需求描述

该部分主要对企业开展电子商务的外部环境的背景、企业开展电子商务的动机、企业的业务流程和信息化状态进行调查和分析，包括企业电子商务外部环境分析、内部环境分析、企业的电子商务需求分析、企业现有业务流程和商务模型分析。

3. 电子商务系统设计的原则和目标

该部分主要对企业进行电子商务系统建设的策略、目标、原则等进行阐述，以确定企业实现电子商务的基本思路，包括企业实施电子商务的基本策略；电子商务系统要达到的目标、规划、原则等。

4. 商务模型建议

该部分主要描述企业未来的电子商务模式的模型，包括商务模式分析和设计、商务模型分析和设计、外部信息系统接口、内部信息系统集成、未来客户服务、电子商务系统环境描述。

5. 目标系统的总体结构

该部分主要从逻辑角度说明未来企业电子商务系统的体系结构、系统各部分的组成及相互关系，为电子商务系统的设计和集成提供依据，包括系统的体系结构、系统各层次的构成及作用、企业内部网、企业外部网、企业信息门户。

6. 应用系统方案

该部分主要对电子商务应用系统软件的结构、功能、平台进行说明，包括软件体系结构、软件的功能、业务流程图、数据库系统、软件应用平台、软件外部接口。

7. 网络基础设施

该部分主要描述网络基础设施的结构、组成、特征、互联方式等，包括网络基本设施、局域网结构、互联网接入方案、企业外部网结构。

8. 网上支付与安全认证

该部分主要描述网上交易中的支付和安全认证方案，主要包括：网上支付方案，如支付手段、支付流程、支付协议和支付网关接口等；安全认证方案，如认证内容、认证过程、证书管理等。

9. 系统安全设计及管理

该部分主要说明电子商务系统的安全策略、体系和管理方式等，主要包括安全策略、安全体系、安全管理等。

10. 系统性能保障方案

该部分主要说明保证系统的高可靠性、高可用性和高性能的策略及方案，主要有系统性能优化策略、用户访问流量控制方案、系统负载平衡方案等。

11. 系统集成方案

该部分主要说明电子商务系统的平台选择、系统集成方案，主要内容有系统平台选择、数据集成方案、网络集成方案、应用集成方案、商务逻辑集成方案。

12. 系统实施方案

该部分说明电子商务系统实施的基本过程及保障措施，主要内容有系统实施计划、系统实施组织、系统实施培训、商务系统收益分析。

13. 系统投资计划

该部分主要说明电子商务系统建设中各部分的开销及资金、设备、人员等的投入计划。

14. 配套部分说明

该部分主要对电子商务系统建设的法律、人文、管理等配套措施进行说明。

第二节　电子商务网站的建设

一、与电子商务有关的 Internet 基础知识

互联网是一个全球性的计算机互联网络，中文名称为"国际互联网""因特网""国际网"或"信息高速公路"等，它是将不同地区而且规模大小不一的网络互相连接而成。对于互联网中各种各样的信息，所有人都可以通过网络的连接来共享和使用。

（一）互联网的功能

互联网实际上是一个应用平台，在它的上面可以开展很多种应用，下面从七个方面来说明互联网的功能。

1. 信息的获取与发布

互联网是一个信息的海洋，通过它可以得到无穷无尽的信息，其中有各种不同类型的书库和图书馆，杂志期刊和报纸。网络还提供了政府、学校和公司企业等机构的详细信息和各种不同的社会信息。这些信息的内容涉及社会的各

个方面，包罗万象，几乎无所不有。可以坐在家里了解到全世界正在发生的事情，也可以将自己的信息发布到互联网上。

2. 电子邮件

平常的邮件一般是通过邮局传递，收信人要等几天（甚至更长时间）才能收到信。电子邮件和平常的邮件有很大的不同，电子邮件的写信、收信、发信都在计算机上完成，从发信到收信的时间以秒来计算，而且电子邮件几乎是免费的。同时，在世界上只要可以上网的地方，都可以收到邮件，而不像平常的邮件，必须回到收信的地址才能拿到信件。

3. 网上交际

网络可以看成一个虚拟的社会空间，每个人都可以在这个网络社会上充当一个角色。互联网已经渗透到人们的日常生活中，大家可以在网上与别人聊天、交朋友、玩网络游戏，"网友"已经成为一个使用频率越来越高的名词。网上交际已经完全突破传统的交朋友方式，全世界不同性别、年龄、身份、职业、国籍、肤色的人，都可以通过互联网成为好朋友，他们不用见面就可以进行各种各样的交流。

4. 电子商务

在网上进行贸易已经成为现实，而且发展得如火如荼，例如可以开展网上购物、网上商品销售、网上拍卖、网上货币支付等。电子商务现在正向一个更加纵深的方向发展，随着社会金融基础设施及网络安全设施的进一步健全，电子商务将在世界上引起一轮新的革命。在不久的将来，我们将可以坐在计算机前进行各种各样的商业活动。

5. 网络电话

中国电信、中国联通等单位相继推出 IP 电话服务，IP 电话卡成为一种很流行的电信产品而受到人们的普遍欢迎，它的长途话费大约只有传统电话的三分之一。IP 电话凭什么能够做到这一点呢？原因就在于它采用了互联网技术，是一种网络电话。现在市场上已经出现了很多种类型的网络电话，还有一种网络电话，它不仅能够听到对方的声音，而且能够看到对方，还可以是几个人同时进行对话，这种模式也称为"视频会议"。互联网在电信市场上的应用将越来越广泛。

6. 网上事务处理

互联网的出现将改变传统的办公模式，大家可以在家里上班，然后通过网络将工作的结果传回单位；出差的时候，不用带上很多的资料，随时都可以通过网络回到单位提取需要的信息。互联网使全世界都可以成为办公的地点，实际上，网上事务处理的范围还不止包括这些。

7. 互联网的其他应用

互联网还有很多其他的应用，如远程教育、远程医疗、远程主机登录、远程文件传输等。

（二）互联网的起源与发展

1. 互联网的起源

互联网是在美国较早的军用计算机网 ARPANET 的基础上经过不断发展变化而形成的。互联网的起源主要可分为以下几个阶段。

（1）互联网的雏形形成阶段。1969 年，美国国防部研究计划管理局（Advanced Resarch Projects Agency）开始建立一个名为 ARPANET 的网络，当时建立这个网络只是为了将美国的几个军事及研究用计算机主机连接起来，人们普遍认为这就是互联网的雏形。发展互联网时沿用了 ARPANET 的技术和协议，而且在互联网正式形成之前，已经建立了以 ARPANET 为主的国际网，这种网络之间的连接模式，也是随后互联网所用的模式。

（2）互联网的发展阶段。美国国家科学基金会（NFS）在 1985 年开始建立 NSFNET。NSF 规划建立了 15 个超级计算中心及国家教育科研网，用于支持科研和教育的全国性规模的计算机网络 NFSNET，并以此作为基础，实现同其他网络的连接。NSFNET 成为互联网

上主要用于科研和教育的主干部分，代替了 ARPANET 的骨干地位。1989 年 MILNET（由 ARPANET 分离出来）实现和 NSFNET 连接后，就开始采用互联网这个名称。从此以后，其他部门的计算机网相继并入 Internet，ARPANET 就宣告解散。

（3）Internet 的商业化阶段。20 世纪 90 年代初，商业机构开始进入 Internet，使 Internet 开始了商业化的新进程，也成为 Internet 大发展的强大推动力。1995 年，NSFNET 停止运作，Internet 已彻底商业化了。

2. Internet 的发展

随着商业网络和大量商业公司进入 Internet，网上商业应用取得高速的发展，同时也使 Internet 能为用户提供更多的服务，使 Internet 迅速普及和发展起来。

现在 Internet 已发展得更为多元化，不仅仅单纯为科研服务，而是正逐步进入到日常生活的各个领域。近几年来，Internet 在规模和结构上都有了很大的发展，已经发展成为一个名副其实的"全球网"。

网络的出现，改变了人们使用计算机的方式；而 Internet 的出现，又改变了人们使用网络的方式。Internet 使计算机用户不再被局限于分散的计算机上，同时，也使他们脱离了特定网络的约束。任何人只要进入了 Internet 就可以利用网络中和各种计算机上的丰富资源。

3. 什么是 WWW

WWW 是 Internet 的多媒体信息查询工具，是 Internet 上近年才发展起来的服务，也是发展最快和目前使用最广泛的服务。正是因为有了 WWW 工具，才使近年来 Internet 迅速发展，且用户数量飞速增长。

（1）WWW 简介。WWW 是 World Wide Web（环球信息网）的缩写，也可以简称为 Web，中文名字为"万维网"。它起源于 1989 年 3 月，是由欧洲量子物理实验室 CERN（The European Laboratory for Particle Physics）所发展出来的主从结构分布式超媒体系统。通过万维网，人们只要通过使用简单的方法，就可以很迅速方便地取得丰富的信息资料。

由于用户在通过 Web 浏览器访问信息资源的过程中，无须再关心一些技术性的细节，而且界面非常友好，因而 Web 在 Internet 上一推出就受到了热烈的欢迎，走红全球，并迅速得到了爆炸性的发展。

（2）WWW 的发展和特点。长期以来，人们只是通过传统的媒体（如电视、报纸、杂志和广播等）获得信息。但随着计算机网络的发展，人们想要获取信息，已不再满足于传统媒体那种单方面传输和获取的方式，而希望有一种主观的选择性。现在，网络上提供各种类别的数据库系统，如文献期刊、产业信息、气象信息、论文检索等。由于计算机网络的发展，信息的获取变得非常及时、迅速和便捷。

1993 年，WWW 的技术有了突破性的进展，它解决了远程信息服务中的文字显示、数据连接以及图像传递的问题，使 WWW 成为 Internet 上最为流行的信息传播方式。

现在，Web 服务器成为 Internet 上最大的计算机群，Web 文档之多、链接的网络之广，令人难以想象。可以说，Web 为 Internet 的普及迈出了开创性的一步，是近年来 Internet 上取得的最激动人心的成就。

WWW 采用的是客户/服务器结构，其作用是整理和储存各种 WWW 资源，并响应客户端软件的请求，把客户所需的资源传送到 Windows95（或 Windows98）、WindowsNT、UNLX 或 Linux 等平台上。

（3）WWW 的工作原理。万维网有如此强大的功能，那 WWW 是如何运作的呢？WWW 中的信息资源主要由一篇篇的 Web 文档或称 Web 页（网页）为基本元素构成。这些 Web 页（网页）采用超级文本（Hyper Text）的格式，即可以含有指向其他 Web 页（网页）或其本身内部特定位置的超级链接，或简称链接。可以将链接理解为指向其他 Web 页的指针，链接使 Web 页交织为网状。这样，如果 Windows 上的 Web 页和链接非常多的话，就构成了一个巨大的信息网。

当用户从 WWW 服务器取到一个文件（网页）后，用户需要在自己的屏幕上将它正确无误地显示出来。由于将文件放入 WWW 服务器的人并不知道将来阅读这个文件的人到底会使用哪一种类型的计算机或终端，要保证每个人在屏幕上都能读到正确显示的文件，必须以某种各类型的计算机或终端都能"看懂"的方式来描述文件，于是就产生了 HTML——超文本语言。

HTML（Hype Text Markup Language）的正式名称是超文本标记语言。HTML 对 Web 页的内容、格式及 Web 页中的超级链接进行描述，而 Web 浏览器的作用就在于读取 Web 网点上的 HTML 文档，再根据此类文档中的描述组织并显示相应的 Web 页面。

HTML 文档本身是文本格式的，用任何一种文本编辑器都可以对它进行编辑。HTML 语言有一套相当复杂的语法，专门提供给专业人员用来创建 Web 文档，一般用户并不需要掌握它。在 UNIX 系统中，HTIX 文档的后缀"html"，而在 DOS/WINDOWS 系统中则为"htm"。

二、Internet 的地址与域名

（一）IP 地址

在 Internet 上连接的所有计算机从大型机到微型计算机都是以独立的身份出

现，我们称它为主机。为了实现各主机间的通信，每台主机都必须有一个唯一的网络地址，就好像每一个住宅都有唯一的门牌一样，才不至于在传输数据时出现混乱。

Internet 的网络地址是指联入 Internet 网络的计算机的地址编号。所以，在 Internet 网络中，网络地址唯一地标识一台计算机。

我们都已经知道，Internet 是由几千万台计算机互相连接而成的。而我们要确认网络上的每一台计算机，靠的就是能唯一标识该计算机的网络地址，这个地址就叫称为 IP（Internet Protocol 的缩写）地址，即用 Internet 协议语言表示的地址。

目前，在 Internet 里，IP 地址是一个 32 位的二进制地址，为了便于记忆，将它们分为 4 组，每组 8 位，由小数点分开，用四个字节来表示，而且用点分开的每个字节的数值范围是 0～255，如 202.116.0.1，这种书写方法叫作点数表示法。

IP 地址可确认网络中的任何一个网络和计算机，而要识别其他网络或其中的计算机，则是根据这些 IP 地址的分类来确定的。一般将 IP 地址按节点计算机所在网络规模的大小分为 A、B、C 三类，默认的网络掩码是根据 IP 地址中的第一个字段确定的。此外，还存在用途比较特殊的 D 类地址和 E 类地址。

1. A 类地址

A 类地址的表示范围为 0.0.0.0～126.255.255.255，默认网络掩码为 255.0.0.0；A 类地址分配给规模特别大的网络使用。A 类网络用第一组数字表示网格本身的地址，后面三组数字作为连接于网络上的主机的地址。分配给具有大量主机(直接个人用户)而局域网络个数较少的大型网络,如 IBM 公司的网络。

2. B 类地址

B 类地址的表示范围为 128.0.0.0～191.255.255.255，默认网络掩码为 255.255.0.0；B 类地址分配给一般的中型网络。B 类网络用第一、第二组数字表示网络的地址，后面两组数字代表网络上的主机地址。

3. C 类地址

C 类地址的表示范围为 192.0.0.0～233.255.255.255，默认网络掩码为 255.255.255.0；C 类地址分配给小型网络。如一般的局域网和校园网，它可连接的主机数量是最少的，采用把所属的用户分为若干的网段进行管理。C 类网络用前三组数字表示网络的地址,最后一组数字作为网络上的主机地址。

4. D 类地址和 E 类地址

实际上,这两类地址用途比较特殊,在这里只是简单介绍一下。D 类地址称为广播地址,供特殊协议向选定的节点发送信息时用;E 类地址保留给将来使用。

连接到 Internet 上的每台计算机,不论其 IP 地址属于哪类,都与网络中的其他计算机处于平等地位,因为只有 IP 地址才是区别计算机的唯一标识。所以,以上 IP 地址的分类只适用于网络分类。

在 Internet 中,一台计算机可以有一个或多个 IP 地址,就像一个人可以有多个通信地址一样,但两台或多台计算机却不能共用一个 IP 地址。如果有两台计算机的 IP 地址相同,则会引起异常现象,无论哪台计算机都将无法正常工作。

(二)域名系统

Internet 是一个信息的海洋,但这些信息存放在什么地方呢?实际上,这些信息是存放在世界各地称为"站点"的计算机上,各个站点由拥有该站点的单位维护,上面的信息由维护该站点的单位发布,这些信息也称为"网页"。

为了区别各个站点,必须为每个站点分配一个唯一的地址,这个地址即称为"IP 地址",IP 地址也称为统一资源定位符(Unique Resource Location,URL)。IP 地址由四个 0~255 之间的数字组成,如 202.116.0.54,但这些数字比较难记,所以有人发明了一种新方法来代替这种数字,即"域名"地址。域名由几个英文代表单词组成,如 www.bucea.edu.cn 具有一定的意义,其中 cn 代表中国(China),edu 代表教育网(Education),bucea 代表北京建筑工程学院。

域名地址和用数字表示的 IP 地址实际上是同一个东西,只是外表上不同而已,在访问一个站点的时候,可以输入这个站点用数字表示的 IP 地址,也可以输入它的域名地址,这里就存在一个域名地址和对应的 IP 地址相转换的问题。这些信息实际上是存放在 ISP 中称为域名服务器(DNS)的计算机上,当输入一个域名地址时,域名服务器就会搜索其对应的 IP 地址,然后访问到该地址所表示的站点。站点地址可以在有关计算机的杂志、报纸和书籍上找到,在 Internet 上有更多站点地址的信息。

Internet 的域名系统是为方便解释机器的 IP 地址而设立的。域名系统采用层次结构，按地理域或机构域进行分层。书写中采用圆点将各个层次隔开，分成层次字段。在机器的地址表示中，从右到左依次为最高域名段、次高域名段等，最左的一个字段为主机名。例如，在 bbs.bucea.edu.cn 中，最高域名为 cn，次高域名为 edu，最后一个域名为 bucea，主机名为 bbs。

（三）TCP/IP 协议

TCP/IP（Rransmission Control Protocol/Internet Protocol）协议是 Internet 最基本的协议，简单地说，就是由底层的 IP 协议和 TCP 协议组成的。

在 Internet 没有形成之前，各个地方已经建立了很多小型的网络，称为局域网，Internet 的中文意义是"网际网"，它实际上就是将全球各地的局域网连接起来而形成的一个"网之间的网（网际网）"。然而，在连接之前的各式各样的局域网却存在不同的网络结构和数据传输规则，将这些小网连接起来后各网之间要通过什么样的规则来传输数据呢？这就像世界上有很多个国家，各个国家的人说各自的语言，世界上任意两个人要怎样才能互相沟通呢？如果全世界的人都能够说同一种语言（世界语），这个问题不就解决了吗？TCP/IP 协议正是 Internet 上的"世界语"。

TCP/IP 协议的开发工作始于 20 世纪 70 年代，是用于互联网的第一套协议。下面就为大家介绍 TCP/IP 协议的相关内容。

1. TCP/IP 的参考模型

要理解 Internet 并不是一件非常容易的事，TCP/IP 协议的开发研制人员将 Internet 分为五个层次，以便于理解，它也称为互联网分层模型或互联网分层参考模型，如图 3-2 所示。

应用层（第五层）
传输层（第四层）
互联网层（第三层）
网络接口层（第二层）
物理层（第一层）

图3-2 互联网分层模型

（1）物理层：对应于网络的基本硬件，这也是 Internet 物理构成，即我们可以看得见的硬件设备，如 PC 机、互联网服务器、网络设备等，必须对这些硬件设备的电气特性作一个规范，使这些设备都能够互相连接并兼容使用。

（2）网络接口层：它定义了将数据组成正确帧的规程和在网络中传输帧的规程，帧是指一串数据，它是数据在网络中传输的单位。

（3）互联网层：本层定义了互联网中传输的"信息包"格式，以及从一个用户通过一个或多个路由器到最终目标的"信息包"转发机制。

（4）传输层：为两个用户进程之间建立、管理和拆除可靠而又有效的端到端连接。

（5）应用层：它定义了应用程序使用互联网的规程。

2. 国际协议 IP

Internet 上使用的一个关键的底层协议是网际协议，通常称 IP 协议，我们利用一个共同遵守的通信协议，从而使 Internet 成为一个允许连接不同类型的计算机和不同操作系统的网络。要使两台计算机彼此之间进行通信，必须使两台计算机使用同一种"语言"，通信协议正像两台计算机交换信息所使用的共同语言，它规定了通信双方在通信中所应共同遵守的约定。

计算机的通信协议精确地定义了计算机在彼此通信过程的所有细节。例如，每台计算机发送的信息格式和含义，在什么情况下应发送规定的特殊信息，以及接收方的计算机应作出哪些应答等。

网际协议 IP 协议提供了能适应各种各样网络硬件的灵活性，对底层网络硬件几乎没有任何要求，任何一个网络只要可以从一个地点向另一个地点传送二进制数据，就可以使用 IP 协议加入 Internet 了。

如果希望能在 Internet 上进行交流和通信，则每台连上 Internet 的计算机都必须遵守 IP 协议。为此，使用 Internet 的每台计算机都必须运行 IP 软件，以便时刻准备发送或接收信息。

IP 协议对于网络通信有着重要的意义:网络中的计算机通过安装 IP 软件，使许许多多的局域网络构成了一个庞大而又严密的通信系统，从而使 Internet 看起来好像是真实存在的，但实际上它是一种并不存在的虚拟网络，只不过是利用 IP 协议把全世界上所有愿意接入 Internet 的计算机局域网络连接起来，使它们彼此之间都能够通信。

3. 传输控制协议 TCP

尽管计算机通过安装 IP 软件，从而保证了计算机之间可以发送和接收数据，但 IP 协议还不能解决数据分组在传输过程中可能出现的问题。因此，若要解决可能出现的问题，连上 Internet 的计算机还需要安装 TCP 协议来提供可靠的并且无差错的通信服务。

TCP 协议被称作一种端对端协议。这是因为它为两台计算机之间的连接起了重要作用，当一台计算机需要与另一台远程计算机连接时，TCP 协议会让它们建立一个连接、发送和接收数据以及终止连接。

传输控制协议 TCP 协议利用重发技术和拥塞控制机制，向应用程序提供可靠的通信连接，使它能够自动适应网上的各种变化。即使在 Internet 暂时出现堵塞的情况下，TCP 也能够保证通信的可靠。

众所周知，Internet 是一个庞大的国际性网络，网络上的拥挤和空闲时间总是交替不定的，加上传送的距离也远近不同，所以传输数据所用时间也会变化不定。TCP 协议具有自动调整"超时值"的功能，能很好地适应 Internet 上各种各样的变化，确保传输数值的正确。

因此，从上面我们可以了解到：IP 协议只保证计算机能发送和接收分组数据，而 TCP 协议则可提供一个可靠的、可流控的、全双工的信息流传输服务。综上所述，虽然 IP 和 TCP 这两个协议的功能不尽相同，也可以分开单独使用，但它们是在同一时期作为一个协议来设计的，并且在功能上也是互补的。只有两者的结合，才能保证 Internet 在复杂的环境下正常运行。凡是要连接到 Internet 的计算机，都必须同时安装和使用这两个协议，因此在实际中常把这两个协议统称作 TCP/IP 协议。

三、电子商务站点的策划与设计

一个优秀的网站应该具备以下几大要素：网站内容丰富、页面下载速度快、功能多样、使用方便、网站品质优秀、保护个人信息。

1. 定义网站

确定网站的任务和目标是站点建设的最主要的问题。为什么有人会来到你的网站，你有独特的服务吗？人们第一次到你的网站是为了什么，还会再来吗？这一系列问题是在定义网站时必须重点考虑的。要定义网站，就必须对整个网站有一个清楚的认识，弄清楚到底要设计什么，主要的目的和任务是什么，如何对任务进行组织与规划。此外，应突显和保护网站的高品质。在众多网站的激烈竞争中,高品质的产品是保持长期竞争优势的关键。一个优秀的网站应该具备以下特点:用户访问网站的速度快、注重反馈、及时更新网站内容、首页设计合理等。

在网站的内容方面,就是要做到新、快、全。网站内容的类型有静态的、动态的、功能型的和事务处理型的。网站的内容应该根据网站的性质来决定,在设计政府网站、商业网站、科普性网站、公司介绍网站、教学交流网站时,其内容和风格应是各有不同的。

2. 定义信息结构

信息结构(IA)是大型网站设计的基础。它是建立于表格、函数、导航和界面、交互性和可视化设计基础之上的蓝图。设计网站时,要做的第一件事就是初始化 IA 过程。一个好的 IA 是建设网站非常有效的保证,从长远看,了解 IA 过程既能节省时间又能节约资金。那种认为开发 IA 所花掉的时间和技术上的需求是不切实际的传统想法,正逐渐得到改观。

做网站前,要进行前期规划,以确定整个网站的链接层次以及链接之间的关系。设计网站结构时,一般有以下几种供选择:一种是分组结构,即"树状结构",这是实际应用当中使用最多的一种。以这种结构设计的网站从主页开始,自一级结构逐渐分支,分别进入下一级,其基本的分组规则就是根据不同的内容进行不断地细分。另外,使用该结构的网站往往具有清晰的结构和层次,一目了然,非常符合浏览者的习惯。它从一个总目录开始依次进入下一个目录,最后进入实际内容的页面。另一种常见的信息结构叫"Web 结构",也就是浏览者可以从网站的任何一个页面出发,最后遍及整个网站的所有页面。这对于那些没有任何目的的读者是最适合的。当然,以这种结构设计的网站容易使浏览者迷路,所以一般在每个网页的适当位置添加导航条,以便使浏览者能够快速地返回某个主题起始网页中,这样就可以使用户在访问该站点时,很容易地从一个地方到另一个地方,不会"走丢"。

总之,网站的整体链接不能过于复杂,要尽量使网页浏览起来比较轻松。整个网站的结构要设计得易于维护和及时修改,便于随时增加或删除页面。

3. 确定网站内容

在明确了网站目的和任务以及定义了信息结构之后,下一步的工作是确定网站内容,也就是确定网站要包含哪些内容和放弃哪些内容。这些工作不但涉及内容的取舍问题，还包含了创造性的因素。

要想确定网站内容和功能，可以先建立网站内容和功能清单，然后讨论内容的分组和命名的规则，当这项工作完成后，所得到的是内容清单和详细目录。最后根据网站信息结构的定义，将内容清单和详细目录组织成网站的结构。网站的结构清单是全局导航系统最好的候选者，它能使用户很方便地在不同部分之间跳转。此外，全局导航也有不同的形式，它可以是主题列表，也可以是选择菜单的形式或者是一些相关条目的列表。

建立网站内容和功能清单是一个从混乱走向有序的过程，要将已经收集的所有信息根据目标清单和访问者需求转化为网站的内容要素和功能清单，并为每个清单添加潜在的页面和内容。页面内容包括静态内容和功能性内容。静态内容包括版权信息、独家声明、成员规则等。此外，针对每项内容和功能还要作竞争性分析，通过浏览竞争对手的网站，将可以借鉴的内容功能添加到自己的站点。

组织内容和定义网站的结构是个细致的工作，这项工作可以通过建立索引方式来完成。利用索引卡片，在每个卡片上记下内容清单中的一项，然后将这些卡片以不同的方式分组，给每组卡片命名，最后将每组的名字和每组中的元素记录下来形成网站结构。

4. 探索装饰风格

在试图确定网站结构时，试试不同的装饰风格。好的装饰风格会在帮助用户使用和导航方面做得更好。设计网站有三种常用的装饰风格：组织性装饰风格、功能性装饰风格、可视性装饰风格。当然，不存在所谓的完美无缺的装饰，所以不必坚持一种风格，几种装饰风格融合到一起，效果或许会更好。

5. 可视化设计

网站的可视化设计的主要目的是使用户明确自己的位置，不至于迷失在网络中。浏览网站的用户需要知道他们当前所处的位置，访问过哪里，如何访问想访问的下一个部分。一个好的网站结构能在用户的脑海中形成一个完整的景象，使用户能按照一定的路径毫不费力地找到自己感兴趣的信息。

可视化设计的第一步是制作网站在页面一级上的结构和组织的布局网格，然后建立一般表现的框架，最后根据布局网格和设计框架构造页面模型，即要实现的网站原型。

布局网格是描述网页的模板，每页的焦点内容应该放在第一位或者显著位置。同时应该尽量缩减全局导航和局部导航的空间，并把可能不是网站结构的其他方面集成到此空间中。这是一个反复的过程，可能需要几次修改布局网络。如果有必要，可以为整体布局设计多种风格。

设计框架是用来建立对网站的直观感受的，它可以与修饰风格或网站结构基本原理结合起来。通常情况下，此项工作可以与其他信息结构过程同时进行。当然，通过把设计框架和布局网格结合起来实现真正的网站，设计者也可以使用图形软件建立网站的框架。就网页设计而言，可以采用将构思好的结构利用图形表现出来，然后将图形转化成网页，也可以用 HTML 做页面模型，把设计框架的组件作为图形。页面模型是基于 Web 原型建立实际网站的基础，此项工作需要图形设计人员、艺术指导、创作指导和产品工作人员协同完成，在实际操作中，页面模型的确认还需要得到用户的同意。

四、电子商务站点的建设内容

作为电子商务站点，一方面要把站点建设得更好、内容更丰富、形式更多样；另一方面还应制定切合实际的网络营销策略，广泛听取用户意见，及时改进站点工作。为此，电子商务站点的建设工作除了要解决一般站点建设过程中都应注意的问题外，还应该重点解决好以下几个方面问题。

1. 系统账号管理

电子商务站点管理系统负责整个站点所有资料的管理，因此管理系统的安全性就显得格外重要。系统账号管理应该限制所有使用电子商务站点管理系统的人员与相关的使用权限，给每个管理账号分配一个专属的代码和确认密码，以确认各管理者的真实身份。此外，也有账号等级的设定，依据不同的管理需求设定不同的管理等级，让各管理者能分工管理自己分内的工作，且不会改动其没有权限去改动的资料。其他还有密码有效天数、账号有效期限的设定等，让账号管理的安全性得到进一步的提高。而账号进入首页则可让拥有不同的管理账号等级的人员看到不同的管理网页样式，使用不同操作界面的管理网页，让管理工作更加方便。

2. 站点及商品资料管理

站点及商品资料管理部分的功能，应该提供电子商务站点管理者对整个站点各商店及与商店内的商品相关的管理功能，让管理者可以很方便地新增、删除和修改各种资料，并可针对各商店不同的需求设定不同的商品属性和商品管理功能。除此之处，还应有对特价商品的管理功能，使站点内特价商品能在特别明显的位置出现，让顾客选购时更为方便。

3. 订单资料管理

这部分的功能应包含所有对于站点订单的相关管理功能，可以统计出目前站点中各项商品的销售情况，依据销售数量和销售金额等来排名，使结果更为一目了然；也可查询站点中各订单目前的处理状态，有多少新订单进来，同时能够列出订单、设定订单出货以及进行线上清款和顾客退货等相关信用卡交易行为。

4. 会员资料管理

电子商务站点通常对顾客采用会员制度，可让顾客登录为会员，以保留顾客的基本资料。除了可借此了解顾客并与其取得联系外，同时系统将记录下顾客的相关资料，需要时可以直接从资料库中取出，不需要顾客重新输入繁杂的个人信息。管理系统也应提供相关的功能，让站点管理者能够简单地管理会员资料，根据需要随时查询会员个人和购买信息，了解消费群等情况，以此作为销售商品的一个有力参考。

5. 留言板管理

站点留言板是为了增加站点与顾客进行良好的互动而设定的，顾客可以在留言板上留下各种与其他顾客或站点分享的意见和想法。对于留言板管理部分，系统应提供多种功能，以协助管理者新增、删除和修改留言板上的留言内容，并对部分留言进行及时回复。

6. 最新消息管理

最新消息管理应该提供对站点最新公告事项的相关管理功能，包括新增、删除和修改等功能，使电子商务管理者能够方便地发布要告知顾客的各项最新消息。

五、电子商务网页设计技术

以 HTML 为代表的标记语言是静态页面的表达基础；Frontpage 等软件是制作静态页面的有效工具；XML 语言在处理机器之间的相互交流和信息传递等方面所表现出来的技术优势，使其日益受到关注。

（一）静态页面设计技术

1. 静态网页的特征

静态页面的构筑是 Web 最基础的技术特征，虽然今天不会有任何电子商务系统采用纯粹的静态页面体系结构，但其技术原理是学习和应用 Web 技术的根本保障。

静态网页是指网页的内容对访问者而言是单向的、固定不变的，即访问者不能通过自己的操作来改变网站的内容。对于静态网页，若要更新上面的内容，必须通过网站管理者手动更新存放在 Web 服务器上的 HTML 文件数据。与之相比，动态网页的内容对访问者来说是双向的、动态变化的，即访问者可以通过自己的操作获取不同的显示内容，以及有限度地更新网站服务器上的内容。

制作静态网页只需要利用相关工具进行图文编辑就可以了，而动态网页的开发必须进行程序设计。静态网页设计技术是动态网页技术的基础，或者说，大多数动态网页是通过在静态网页中插入相关程序，或动态生成静态网页的方式实现的，因此静态网页技术是商务信息表达技术的基础保障。

2. 静态页面的体系结构

静态网页的内容存储于 Web 服务器上，包括 HTML 文件、图像和视频等多媒体文件。这些文件通常由各种页面设计、图形制作等相应工具制造而成，事先存放在 Web 服务器的文件系统中，当客户在浏览器页面中点了某个超链接时，浏览器就会发出相应的请求，并通过 Internet 发送到 Web 服务器，Web 服务器识别所请求的文件后，将复制文件通过 HTTP 发送回浏览器，由浏览器解释并显示在界面之上。

客户端向 Web 服务器发出的请求以及服务器返回给客户端的应答都遵循 Internet 的标准协议：HTTP 协议。HTTP 传送客户端的请求，把它打包成 Web 服务器理解格式，服务器应答时，返回给客户端的页面信息同样采用 HTTP 协议。Web 服务器的核心就是向请示浏览器传送文件，Web 服务器并不对文件进行任何处理，这就是"静态"名称的核心思想。

电子商务系统的商务信息是通过统一的浏览器界面进行表达的，由客户端设备完成与用户的交互工作，由客户端与 Web 服务器共同承担交互过程的实现。物理上，Web 服务器属于后台设施，逻辑上主要用于商务表达信息的完成，是商务表达平台的重要组成部分。从商务信息，即静态网页的内容编制上讲，标记语言（Markup Language）是静态网页的技术基础。

3. 超文本标记语言 HTML

超文本标记语言 HTML 是 Web 上的信息出版语言，是设计制作 Web 页面的基础。与程序设计语言相比，超文本标记语言 HTML 缺少编程语言所需的变量定义、流程控制等功能，它只是通过一系列的标记和属性对超文本的语义进行描述，这些描述经过浏览器解释后才成为日常所见到的 Web 页面。

HTML 文件实际上是 HTML 语言组成的一种纯文本文件，可以利用普通的记事本进行编辑。HTML 文件也常常称为超文本文件，这是因为该文件中嵌入了一些特定的标记，用以描述如何显示标题、字体、颜色及段落等，特别是如何利用锚点链接其他文件以及如何在页面上显示图像、声音、视频等。浏览器根据该文本的描述进行相应的解释及操作，最终将多姿多彩的 Web 页面显示在计算机上。

HTML 文档既包括文档的内容也包括文档的标记，文档内容是在计算机屏幕上显示的所有信息，包括文字、图片和图像；标记是插在文档中的 HTML 编码，它规定一个文档的格式及在屏幕上的显示方式。HTML 定义了相当多的标记，标记类型及其用法可以参考这方面的专著。

真正使 Web 有意义的是 HTML 超链接，超链接将当前文档链接到同一文档的另一位置、同一主机的其他文档或 Internet 上其他地方的文档里，它使 Web 不再局限为存储很多单独文档的电子存储设施。当然，HTML 提供的链接机制也是 Web 的本质特性之一。Web 网站上存储有大量的页面信息，超链接是主要的信息组织方式，通过网页之间的链接，实现网页之间的信息共享。两种常用的链接组织结构是线性结构和分层结构。

线性超链接结构类似于传统的纸制文档，浏览者从第一页开始，单击"下一页"按钮进入下一个页面，除此，页面几乎不提供其他路径，这种结构用于顾客填写订单或其他协议的表格。这种情况下，浏览者能从第一页开始阅读和响应，然后依次进入到下一页，直到整个表格全部完成为止，用户可以选择的 Web 页面漫游方式只有"后退"和"前进"两种。

另一种常用的链接方式是分层结构。在该结构中，主页通常包括一个或多个连入其他页面的链接，这些页面链接更多的页面，这种分层结构类似于一棵自上而下的树，树根在上，树枝在下。分层结构特别适用于引导浏览者从基本介绍或主页开始，逐步访问到目标页面。类似的链接有帮助内容、公司历史、公司员工、订单处理、常见问题和产品目录等。

当然，同时包含两种结构的页面也是可以的。

4. 网页的制作

HTML 语言为静态网页的制作提供了丰富的多媒体显示、页面布局处理等功能，有效地丰富和美化了页面外观。然而，美观、友善的页面不仅需要网页设计者充分了解 HTML 的设计技巧，还需要学会在 Web 的技术环境中发挥艺术的创造力，借用电子化的"绘笔"实现电子商务的展示窗口。可以说，技术与艺术的结合是网页设计的一个重要的要求，了解技术和媒体因素是网页设计的基本前提。

（1）Web 的设计环境。在网页的设计和制作中，了解相关的技术和外在条件是非常重要的，它们直接影响设计文件的大小和设计的复杂程度，进而影响文件的下载时间和访问者的感受。此外，当信息分布在不同的页面时，Web 的非线性阅读方式需要很好的导航设计才能让人不"迷路"。

（2）Web 的技术环境。网页设计应该尽可能从用户的角度出发，满足用户的需求。例如，如果用户是普通的冲浪者，则应该采用通用的技术；如果用户主要是高级技术人员，则可采用较高的分辨率和连接速度；如果是企业内部的站点，那么也许可以精确地知道用户的操作系统和浏览器版本。无论哪种情况，都应确保在合适的层次上进行设计，充分考虑用户的技术环境，适应不同的浏览器、操作系统和计算机平台，否则就有可能失去部分用户。

网页设计者面临的最大挑战之一就是如何使网页在不同的浏览器下都能正常显示。由于浏览器对 HTML 等标记的解释不同，导致在许多情况下显示方式存在差异，而且可供选择的浏览器类型和版本非常多，用户也不可能总是使用最新的版本。因此，在网页设计过程中，既要考虑使新老客户都可以访问，又需要慢慢地增加一些增强特性，不断向最新版本靠近。

大多数显示器至少都有三种分辨率，常用的有：800×600、1024×768、1280×800。如果按高分辨率设计，在低分辨率的窗口会出现滚动条，用户在阅读时需要频繁地从左向右滚动屏幕，使用户厌烦。因此应按较低分辨率设计，保证页面的正常显示。当然，也可以采用可变的分辨率来设计，随着屏幕分辨率改变，网页一些内容之间的空白自动扩展或收缩，以适应不同的分辨率。可以用百分比为单位来设定表格的宽度，以达到这种效果。

当有些用户不能稳定高速地连入 Internet 时，设计网页观感就必须得考虑这部分用户的低带宽连接。如果页面包含庞大的、详细的图形或复杂的动画而导致下载速度缓慢，用户会在内容显示之前转而访问其他站点。影响网页显示速度最主要的因素是页面上图形的大小和数量，设计时应尽量简化页面，除非知道用户都有高速接入手段。

（3）Web 的媒体环境。通常计算机屏幕是网页的最终目的地，与传统的基于纸张媒体完全不同。大多数纸张媒体是纵向的，而屏幕是横向的，即宽大于高；纸张是反射光线，屏幕则是由后向前发光，改变了颜色和对比的特性；屏幕的分辨率比印刷品要低得多，这就要求网页设计者必须针对计算机屏幕进行设计，考虑布局、颜色及它们如何显示。

此外，设计者必须考虑超链接的非线性特点，把合适的链接和相关内容有机地结合起来，通过提供对相关主题的链接，使用户可以自主地选择访问信息的途径，要让用户在站点中感到舒适，让他们知道自己在哪儿，可以到什么地方去。

5. 网页制作工具

网页的制作工具大致包括三类：第一类是简单的文档编辑工具，主要应用于 HTML 等纯文本文件的编辑；第二类是功能齐全的专用工具，可以以图形化界面完成所见即所得的静态网页，包括基本的网页文本、网页外观、超链接丰富的多媒体和动画处理工具，此外，这些工具还提供了更多的网站开发和管理工具；第三类是包含在集成开发环境中的网页制作工具，如 IBM Web Sphere 集成开发环境中的 Page Designer，它们能够完成专用工具中的网页设计功能，而且提供更多创建专业 Web 应用的工具，可以交互地调试客户端和服务器端代码，在无须或较少编程的情况下构造数据驱动的网页，简化开发过程。

Frontpage 是 Microsoft 公司开发的一体化 Web 设计工具，利用它可以方便地创建、维护和管理 Web 站点，并完成各种静态网页的编辑设计工作。Frontpage 还提供网页设计与制作、站点管理、自动链接更新等多种功能，同时提供很多的服务器脚本程序和 Java 载入程序，能够自动产生脚本程序，或者加入其他的组件并简化来自数据表格的存储。

除 Microsoft 之外，多媒体软件行业的 Macromedia 公司也推出了自己的设计多媒体动态网页的组合套件：Dreamweaver、Fireworks 和 Flash。其中 Fireworks 是一款简化了网页图形编辑过程的图形处理工具软件，Flash 是一个用来制作网上交互矢量动画的工具，Dreamweaver 则是类似于 Frontpage 的用来编辑网页和网站管理的软件。如果 Frontpage 是一种大众化的网页编辑工具的话，Dreamweaver 则是一个专业级的网页设计工具，通过它，用户可以方便地制作出跨系统、跨浏览器的网页，而且 Dreamweaver 具有动态网页设计功能，用户无须编写代码就可以生成动态十足的网页。

同 Frontpage 一样，Dreamweaver 也具有丰富的网页模板功能，使开发者可以加快网页的设计速度。当用户网站上的网页都具有类似的样式或结构时，用户就可以创建一个模板，然后将网站上的所有网页都指定为基于该模板创建，这样用户就不用在每个网页中重复进行同样的编辑操作，而且模板被改变后，Dreamweaver 会自动更新网站上所有使用了该模板的网页。

Frontpage 所具有的功能，Dreamweaver 几乎都可以实现，而且它还有一些自己独特的优势，比如清洁代码、兼容效果好等。但它也有一些不足，比如设计界面上的浮动面板较多，使初学者难于入手等，因此比较适合技术水平较高的专业设计人员，而 Frontpage 更适用于网站设计的初学者。

6. 网站（网络信息）的发布

站点发布就是将本地硬盘上的站点通过一定的传输协议传送到远程服务器上的过程。站点发布的复杂性在于脚本编程、专有特性和超级链接这些问题，故在发布时应该注意两个问题：

（1）服务器必须处理脚本和专有特性。

（2）主要的发布问题是超链接，跟踪站点内的超链接索引是具有一定难度的。开始建立站点的人都知道如何极力保证每个网页上的链接都指向正确的文档位置。如果指向网站自己站点内部的文件的链接无法工作，站点的可信性就会受到影响。当然，对于外部链接，需要定期检查，并在出现问题时与外部站点的管理员联系。

目前网站发布中最常用的传输协议是 HTTP 和 FTP。HTTP 主要用于下载数据，但是也可以使用 HTTP 来上载数据。FTP 是古老的传输协议，主要用于上载文件和从 Internet 上下载文件。和 HTTP 相比，FTP 的传输速度明显要快得多，同时它可以向没有安装服务器扩展的服务器上发布站点。使用 FTP 作为传输协议时，可以使用专门的 FTP 软件来传输，如 Cute FTP；也可以选择类似 Frontpage 中的站点发布功能，以使其用 FTP 协议来发布站点。

（二）动态页面设计技术

与静态网页设计相比，动态网页的设计不仅仅是文字、图形、音像的编排和组织，更重要的是交互功能的实现。要产生动态网页，一定要选择一种程序语言编写程序，程序的可执行端可分成 Web 服务器端和浏览器端，也由此形成了不同的界面体系结构和不同的应用开发技术。

动态页面的核心在于提供更丰富的用户交互能力，特别是将业务数据处理、存储与 Web 页面进行集成，能够将来自不同用户的数据用于业务处理，并存储到企业的数据库中，也能够将处理结果和企业数据库内容显示在用户的网页上。需要强调的是，这里的"动态"重点不在于如何获得数据（数据层技术），更不在于如何构建复杂的业务逻辑（逻辑层技术），而是实现用户与程序的通信，以及如何将所获得的数据显示在网页中，主要目标仍然在网页上，在信息的表达上。这种技术上的区别，也正反映了电子商务网站和电子商务系统设计思路与技术基础的不同。

（1）脚本。Web 技术发展的早期，Web 服务器只能返回在 URL 里指定的文件的内容，网页也只能显示静态内容，随着 Web 应用的广泛，对 Web 交互功能的需求也不断提高。最初的动态内容是由 CGI 技术实现的，通过使用编程语言开发的应用程序在服务器端来产生，这对于访问数据库或服务器上其他的大型或不同的信息资源是适用的。

脚本语言的特征在于允许在 Web 页面的 HTML 中插入一些程序（脚本），这些脚本可以控制在浏览器窗口内显示当天的日期，这显然要比直接使用 HTML 要灵活得多。脚本语言的出现，使客户端具有一定的逻辑处理能力，Web 页面的交互性大大提高。随着脚本语言的广泛使用和脚本语言编写的简易性，人们逐渐将这种开发思想应用到服务器端的应用系统开发中，也由此诞生了服务器端脚本语言。

（2）客户端脚本与服务器端脚本。服务器端脚本具有几大优势：①不存在浏览器的兼容问题，PHP 脚本由 Web 服务器解释，所以不必担心所使用的语言是否能被访问者的浏览器所支持；②可以访问服务器端的资源；③简化了客户端的装载，JavaScript 会明显降低 Web 页面的显示速度，因为在显示这个 Web 页面之前，浏览器首先要运行 JavaScript 脚本，而对于服务器端脚本来说，这种负担将由 Web 服务器独自承担。

（3）客户端应用体系结构。除了 JavaScript 等客户端脚本程序外，在客户端加入逻辑体系的另一个体系结构是提供一个运行在客户端的功能完全的应用程序。用户可以下载这些程序，此后由它控制与用户的交互和内容构造。当服务器上的业务逻辑的执行必须初始化时，通信才成为必要。这种通信是通过内嵌在 HTTP 中的协议来完成的，并且只传输必要的网络数据，而不需要传输 HTML 数据内容，因此，在客户端和服务器端均需要附加的通信逻辑。这种体系结构的好处是，将用户界面和业务逻辑（特别是与用户的交互逻辑）的区别去掉了；和用户交互时与服务器的通信很少；Web 页面可以离线浏览；不需要很多服务器资源。支持这种体系结构的技术包括 Java Applet、可下载的 Java 应用程序和 ActiveX。

（4）客户端应用程序。Java 应用程序是运行在客户端系统上的独立应用程序，这种客户端系统与浏览器无关。这些应用程序通过某种途径部署在终端用户系统上。例如，从网上下载或从 CD 装入。Java 应用程序需要客户机上装有 JVM，它可能是安装程序的一部分，也可能不是。Java 应用程序与 JavaApplet 不同，Java 应用程序只需在客户机上安装一次，而后者却每次都必须从站点上下载（除非在客户机上有调整缓存机制）。因此，可下载要大得多，功能也就强得多。在某种程度上讲，这种应用方式与传统的客户/服务器模式非常相像，其优缺点也基本相同，因此，这种模式主要适合在企业内部网系统中和客户逻辑比较多的应用系统中应用。

5. 客户端脚本体系结构。这是一种向客户端提供动态内容的有效途径，脚本作为 HTML 页面的一部分从服务器传送给客户端，脚本通常包括一些不需要与服务器应用程序通信就能在客户端执行的应用逻辑，如数据域检查。这些应用逻辑通常比较简单有限，不要求显示新的内容，不作页面切换。通常情况下，复杂逻辑仍由服务器执行，它们需要客户端给服务器新的指令，服务器处理后，将结果返回给客户端，最终还是由脚本进一步处理。在这种结构中，程序在浏览器上执行，Web 服务器必须把程序代码下传给浏览器，而浏览器也要能够执行服务器所传下来的程序代码。这种体系结构的好处是服务器与用户的通信比较少，需要的服务器资源也较少（由于在客户端执行一些业务逻辑），可以对用户动作作出更多的响应（如鼠标移动）。

6.服务器端逻辑体系结构。服务器端逻辑体系结构完全依靠服务器提供用户界面内容，客户端由浏览器显示从服务器上得到的页面，每个用户动作，如单击一个按钮，都产生一个对服务器的请求，服务器处理请求并计算结果，生成一个新的页面发送到客户端。服务器端的操作可以分为三部分：第一，控制逻辑。服务器收到客户端的请求，取出传递的参数并确定相应的"业务对象"，并且进行适当的"业务动作"。第二，业务逻辑。业务逻辑属于应用逻辑的一个部分（对各种特定应用处理的总和），处理特定业务知识，并且与几乎所有的相关技术代码相分离,这些技术代码包括分析和生成数据格式,数据库和I/O处理,或内存和进程处理。第三，内容构建。执行业务逻辑之后的结果会被格式化，并且可以辅之以布局和其他一些客户端显示所需要的信息。这种体系结构的好处是所需的客户端资源很少，应用逻辑不用装入，启动用户交互所需的网络通信量很少，动态内容完全由服务器端的可执行代码完成，仅仅将HTML页面返回客户端，这样服务器端的应用程序就不必考虑浏览器和客户平台的差异。

第四章　电子商务安全

第一节　电子商务系统安全概述

一、电子商务安全威胁

电子商务给人们带来方便、快捷、廉价、高效的商务活动的同时，由于互联网的开放性、共享性和无序性，使电子商务面临着多种风险和威胁。计算机诈骗、计算机病毒等造成的商务信息被盗窃、篡改、破坏以及机器失效、程序错误、误操作、传输错误等造成的信息失误给电子商务带来严重的威胁。美国密歇根大学一个调查机构通过对 23000 名因特网用户的调查显示，超过 60%的人由于担心电子商务的安全问题而不愿进行网上购物。据报道，中国国防部网站在正式开通的第一个月内受到 230 万次攻击，意味着平均 1.1 秒就受到一次攻击，攻击如此频繁，可见电子商务安全问题是多么重要。

（一）常见的威胁

电子商务是卖方（客户机）和买方（服务器）通过互联网进行信息交换的过程。在考察电子商务链中，客户机—互联网—服务器的每个环节都存在着风险和威胁。

1. 对客户机的安全威胁

客户机是指一台连接远程服务器的本地机，通常就是个人计算机（PC），也是 B/S 结构中的浏览器那一段。客户机必须加以保护，使其不受载入的软件和数据的安全威胁。客户机安全性可分为两段：客户机上网前的安全和客户机上网时面临的安全。

客户机上网前的安全主要是硬件、软件安全问题。硬件方面的安全，比如计算机的各种插卡有没有问题，是否做到功能统一、相互匹配，以及对意外事件的抵御能力等。软件方面的安全问题，比如操作系统是否及时更新了漏洞，各种应用软件有没有被入侵的风险等。

客户机上网面临的安全，是指客户机和服务器进行信息往来传送时面临的被攻击问题。客户机连接到网络上，在浏览网页、网上冲浪时，都会受到病毒或客户端应用程序的威胁，如 JavaScript、VBScript、Cookie、Active 控件、插件等都是在客户机上运行的程序或脚本。

如何来保护上网的客户机呢？首先，对活动页面的内容要有所限制，设置好用户的浏览器安全选项。其次，对活动内容喜欢访问的 Cookie，用户要加以控制。再次，对用户有意下载的文件、软件和电子邮件等，需要进行签名消息或签名代码的检查，同时利用杀毒软件查杀病毒。

2. 对互联网的安全威胁

互联网是将客户机（卖方）和电子商务服务器（买方）连接起来的电子通道。安全威胁的第二个环节就是将客户机连到服务器上的传输信道，即互联网。巨大的互联网不属于任何组织或部门，无人能控制信息在互联网上的传输。在互联网上传输的信息，从起始点经由若干中间节点到目标节点之间的路径是随机选择的。在同一起始点和同一目标节点之间发送信息，每次所用的路径也是不一样的，所以根本无法控制信息的传输路径，也不知道信息包曾经到过哪里，从而无法保证信息传输时所经过的每台计算机都是安全、无恶意的。具体表现在以下几个方面。

（1）窃取信息。电子商务传递信息时最大的安全威胁就是敏感信息或个人真实信息被窃。在互联网上，有种叫作"嗅觉器"的特殊软件能够记录下通过某个网关或路由器的信息。它可以截获并阅读电子信息，也可以记录下敏感信息或个人真实信息，用来攻击相邻计算机，并且不留痕迹。

（2）篡改、假冒信息。当用户机与目标服务器建立了 TCP 连接后，通过双方信息包的不断交互取得用户机/服务器的信息。入侵者猜测出信息包的序列号后，就能向用户机/服务器发出伪造的数据包，从而造成安全威胁。

（3）拒绝服务。计算机软件、硬件的缺陷和漏洞，如操作系统的安全漏洞、网络协议的缺陷、缓冲区溢出等，为攻击者提供了入侵的手段。他们通过蠕虫、病毒、网络僵尸等攻击系统，使用合法接入的信息欺骗其他用户。

3. 对服务器的安全威胁

企业借助各种服务器软件设置自己的 WWW 服务器、FTP 服务器、E-mail 服务器等。对企图破坏或非法获取信息的人来说，服务器有很多弱点可被利用。主要的攻击对象是针对 WWW 服务器、数据库服务器、公共网关接口（CGI）程序以及服务器所运行的程序等。

（1）对 WWW 服务器的安全威胁。WWW 服务器软件是用来响应 HTTP 请求并传送 HTML 格式的页面的，其主要设计目标是支持 WWW 服务和方便使用。常见的 WWW 服务器攻击有拒绝服务攻击、分布式拒绝服务攻击、更新 Web 页面等。

（2）对数据库的安全威胁。数据库除了存储产品信息以外，还可能保存有价值的信息或隐私信息，一旦信息被泄露或篡改将会带来严重的损失。

数据库的安全威胁主要包括事物内部的故障、系统范围内的故障、计算机病毒与黑客、介质故障等。

数据库的安全是通过权限控制来实现的。如果有些数据库没以安全方式存储用户名或口令，或没有对数据库进行安全保护，仅仅依赖 WWW 服务器和安全措施，那么攻击者一旦得到某用户的认证信息，就能够伪装成合法用户访问并下载机密信息。此外，隐藏在数据库中的木马程序通过改变或降低数据访问的权限，把敏感程序发布到未保护的区域，这样所有用户都可以访问这些信息，造成了严重威胁。结构化查询语言（SQL）的注入是专门攻击数据库的，在此种攻击下，攻击者利用数据库或 Web 页面设计的缺陷从数据库提取信息，进而对数据库中的信息进行破坏。

（3）对公共网关接口（CGI）程序、ASP 等工具程序的安全威胁。公共网关接口（CGI）程序可实现从 WWW 服务器到另一个程序（如数据库程序）的信息传输。同 WWW 服务器一样，CGI 脚本是能以高权限运行的程序，并且运行起来不受 Java 运行程序安全的限制，如果滥用就会带来安全威胁。活动服务器页面（ASP）是微软推出的可以在服务器端运行脚本语言 VbScript 和 JavaScript 编写的程序。通过 ASP 可以入侵 WWW 服务器，能够窃取服务器上的文件，捕获 Web 数据库等系统的用户口令，从而删除服务器上的文件，甚至造成系统损坏。

（二）常见的攻击类型

1. 非技术性攻击

非技术性攻击也称为社会工程攻击（Social Engineering Attack），是指用诡计或其他游说的形式骗取人们暴露敏感信息或执行一个危及网络安全的行为。这种攻击主要是利用人们的心理因素，如好奇心、渴望得到帮助、恐惧、信任、贪便宜等。防范非技术性攻击主要方法是加强安全管理和安全意识培训。

2. 技术性攻击

技术性攻击指的是利用软件和系统知识或专门技术实施的攻击。

（1）拒绝服务攻击。拒绝服务属于技术性攻击，它是指攻击者使用某特定的软件向目标计算机发送大量的数据包，使资源过载而无法提供正常服务。

（2）恶意代码攻击。恶意代码攻击也属于技术性攻击，它是通过一定的传播途径将非法的、具有一定破坏性的程序安放在个人计算机或某个网络服务器上，当触发该程序运行的条件满足时，如果打开个人计算机或访问该网络服务器，就会使该程序运行，从而产生破坏性结果。主要的恶意代码有蠕虫、病毒、特洛伊木马等。

二、电子商务安全要求

1. 信息的保密性

商务信息的保密性（Confidentiality）是指信息在网络上传输或存储的过程中不被他人窃取、不泄露给未经授权的人或组织，或者经过加密伪装后，使未经授权者无法了解其内容。

2. 信息的完整性

商务信息的完整性（Integrity）是指保护数据的一致性，防止数据被未授权者修改、建立、嵌入、删除、重复发送或因其他原因被更改。

3. 信息的抗抵赖性

商务信息的抗抵赖性或称不可否认性（Non-repudiation）是指信息的发送方不能否认已发送的信息，同时接收方也不能否认已收到的消息。

4. 交易双方身份的真实性

交易双方身份的真实性（Authenticity）是指交易双方确实是存在的，不是假冒或伪装的。传统的纸介质贸易通过在双方的合同、契约或单据等书面文件上手写签名或盖章来鉴别。在电子商务方式下，要确保交易双方身份的真实性，防止伪装攻击，需要参与实体提供可靠的标识。这常常需要第三方的介入，认证性用数字签名和身份认证技术来实现。

5. 系统的可靠性

系统的可靠性（Reliability）是指系统能够在规定的条件和规定的时间内完成规定的功能的特性。衡量系统的可靠性主要有三个方面：抗毁性、生存性和有效性。这三个方面指的是系统在受到人为破坏、随机破坏和系统部件失效情况下的性能。可靠性主要表现在硬件可靠性、软件可靠性、人员可靠性和环境可靠性等方面。

6. 访问的可控性

访问的可控性（Access Control）是指对网络信息的传播及内容具有控制能力的特性。不允许不良内容通过公共网进行传输。可控性规定了主体访问客体的操作权力限制，以及限制进入物理区域（出入控制）和限制使用计算机系统及计算机存储数据的过程（存取控制），包括人员限制、数据标识、权限控制、控制类型和风险分析等。

目前，电子商务的安全机制主要是从技术上、管理上、法律上进行分析、设计和讨论，直至形成一个国际行业规范。所以，一个完整的电子商务系统的安全性，至少应包括以下几个方面。

（1）技术途径：包括计算机网络技术，如访问控制、防火墙技术、入侵检测技术、网络病毒防范技术等；密码学技术，如消息加密、完整性认证、身份认证、交易的不可否认性认证、安全电子商务协议的设计与分析。

（2）管理途径：建立电子商务安全管理体系，培训一批合格的电子商务管理人才。

（3）法律途径：形成安全电子商务的国际规范，如发展公钥基础设施（PKI）技术，SSL 和 SET 协议。为了电子商务的安全性，必须加快电子商务立法，如建立与 PKI 有关的法律，机密性和数字签名的法律，消费者权益保护的法律，网络知识产权保护的法律等。

真正的电子商务的实现，需要一定的交易标准作保证。只有形成了一整套电子商务交易的标准体系，才能有效地保证电子商务安全、可靠、顺畅地进行。

第二节　电子商务安全技术

一、防火墙技术

（一）防火墙综述

在现实生活中,防火墙是用阻燃材料砌筑的墙,用来防止火灾蔓延。在网络中,防火墙(Firewall)是指设置在内部网和外部网之间界面上构造的保护屏障,通过预先制定好的安全规则检查进入内部网络的信息,允许经过授权的信息通过,阻断未经授权的通信,从而保证内部网络的安全。在与互联网连接时,防火墙是保护内部网络中信息系统安全保密的第一道屏障。但电子商务的这一道屏障对电子商务系统的安全所起的作用,仅仅相当于一个单位门卫的作用,如同门卫对到访单位的可疑人员进行初步过滤一样,它仅仅对进出电子商务系统的信息进行初步过滤。防火墙的目的就是使入侵者要么无法进入内部系统,要么即使进入也带不走有价值的东西。其工作原理如图4-1所示。

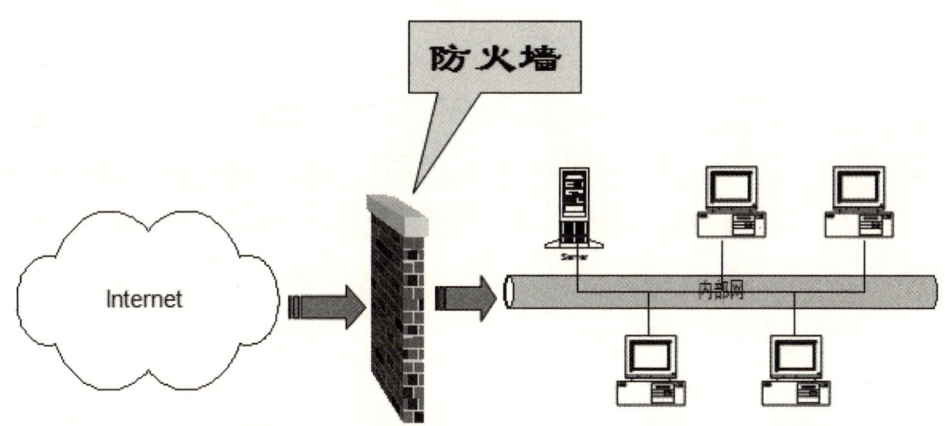

图4-1　防火墙的工作原理

从安全的角度出发,网络可分成两种:可信任网络(内部网络)和不可信任网络(外部网络)。防火墙主要从以下三个方面保护内部网络。

（1）禁止不可信网络的用户进入内部网络。

（2）允许可信任网络的用户进入内部网络,并以规定的权限访问网络资源。

（3）允许/禁止内部网络的用户访问某些外部网络/网站。

（二）防火墙的功能

1. 保护有缺陷和易受攻击的网络服务

由于只有经过精心选择的应用协议才能够通过防火墙，因此，防火墙能够通过过滤不安全的服务而降低风险。如防火墙可以禁止不安全的 NFS 协议进出受保护网络，这样外部的攻击者就不能利用这些脆弱的协议来攻击内部网络。

2. 集中化的安全管理

使用防火墙可以将所有的安全软件（如口令、加密、身份认证和审计等）配置在防火墙上统一集中管理，若不使用防火墙，则必须将所有软件分散到各个主机上。因此，对于一个企业而言，使用防火墙比不使用防火墙可能更加经济一些。

3. 记录和统计网络访问

防火墙能处理完整日志。防火墙规定了对于符合条件的报文做日志，提供日志信息管理和存储方法，并能够进行日志的分析，提供智能统计结果并用图表显示。当发生可疑动作时，防火墙能进行适当的报警。此外，防火墙还具备自动报表和日志报告功能。

4. 防止内部隐私的外泄

内部网络中非常关键的问题就是隐私。一个内部网络中不引人注意的细节可能包含了安全方面的线索而引起外部攻击者的兴趣，可能因此而暴露了内部网络中的某些安全漏洞。使用防火墙可以隐藏那些内部细节，如 Finger、DNS 等服务。

（三）防火墙的安全策略

1. 一切未被允许的都是禁止的

这就意味着需要确定所有可以被提供的服务以及他们的安全特性，开放这些服务，并将所有其他未列入的服务排斥在外。这种策略是比较安全的，因为允许访问的服务都是经过筛选的，但是却限制了用户使用的方便性，用户不能随心所欲地使用网络服务。

2. 一切未被禁止的都是允许的

这就意味着首先确定那些被禁止的、不安全的服务，以禁止他们被访问，而其他服务则被认为是安全的、允许访问。这种策略比较灵活，可为用户提供更多的服务，但安全性稍差一些，因为未被禁止的服务中可能存在着安全漏洞和隐患。

二、加密技术

加密技术是实现电子商务安全的一种重要手段，目的是防止合法接收者之外的人获得机密信息，这就产生了一门学科——密码学。

1. 密码学概述

密码学分为两类，密码编码学和密码分析学。密码编码学研究设计出安全的密码体制，防止被破译，而密码分析学则研究如何破译密文。密码学就是在破译和反破译的过程中发展起来的。

密码包含两个元素：加密算法和密钥。加密算法就是用基于数学计算方法与一串数字（密匙）对普通文本（信息）进行编码，产生不可理解的密文的一系列步骤。密钥是用来对文本进行编码和解码的数字。将这些文字(称为明文)转成密文的程序称作加密程序。发送方将信息在发送到公共网络或互联网之前进行加密，接收方收到信息后对其解码（或称为解密），所用的程序称为解密程序，这是加密的逆过程。加密算法和密钥对保护安全至关重要，在各国都有专门的机构控制加密算法的发布，美国政府甚至禁止公布有些加密算法的细节，也禁止出口这些算法。加密的另一个属性是，即使有人知道加密的方法，没有消息加密所用的密钥也无法解开加密的信息。加密信息的保密性取决于加密所用的密钥的长度，40位密钥是最低的要求，密钥更长的（如128位）能提供更高程度的加密保障。

2. 加密和解密的示范

下面以一个简单的实例来看看加密和解密的过程。一个简单的加密方法是把英文的字母按字母表的顺序编号作为明文，将密钥定为17，加密算法为将明文加上密钥17，就得到一个密码表，如表4-1所示。

表4-1 加密算法

字母	A	B	C	…	Z	空格	,	.	/	:	?
明文	01	02	03	…	26	27	28	29	30	31	32
密文	18	19	20	…	43	44	45	46	47	48	49

例如，将英文信息"This is a secret"加密后得到密文。解密算法则是将密文减去密钥17，得到明文，再翻译成对应的字母和符号，如表4-2所示。

表4-2 加密算法

信息	T	h	i	s		i	s		a		s	e	c	r	e	t	.
明文	20	08	09	19	27	09	19	27	01	27	19	05	03	18	05	20	29
密文	37	25	26	36	44	26	36	44	18	44	36	22	20	35	22	37	46

3. 加密的分类

按密钥和相关加密程序类型可把加密分为两类：对称加密和非对称加密。

（1）对称加密，它用且只用一个密钥对信息进行加密和解密，由于加密和解密用的是同一密钥，所以发送者和接收者都必须知道密钥。

对称加密方法对信息编码和解码的速度都很快，效率也很高，但需要细心保存密钥。如果密钥泄露，以前的所有信息都失去了保护性，致使以后发送者和接收者进行通信时必须使用新的密钥。将新密钥发给授权双方是很困难的，关键是传输新的密码的信息必须进行加密，这又要求另一个新的密钥。对称加密的另一个问题是其规模无法适应互联网这类大环境的要求。想用互联网交换保密信息的每对用户都需要一个密钥，这时密钥组合就是一个天文数字。如果每两个人要求一个密钥，n 个人彼此之间进行保密通信就需要 $n(n-1)/2$ 个密钥。尽管对称加密在很多情况下都很有效，但也有比较大的局限性。所有各方都必须互相了解，并且完全信任，而且每一方都必须妥善保管一份密匙。如果发送者和接收者处在不同地点，就必须当面或在公共传送系统（电话系统、邮政服务）中无人偷听偷看的情况下交换密钥。在密钥的交换过程中，任何人一旦截获了它就可以用它来读取所有解密信息。因为密钥必须安全地分发给通信各方，所以对称加密的主要问题就出现在密钥的分发上，包括密钥的生成、传输和存放。在网络上进行密钥的发布非常麻烦，如果企业有几千个在线客户，那么密钥的发布就很难满足要求。此外，对称加密不适合同以前互不认识的交易方在公共网络上交换信息。例如，企业如果想安全地与在线客户交易，每个客户就都必须有企业分派给他的独特密钥，这个密钥也必须通过独立的安全通道（如电话）传送给客户，整个成本很高。所以，由于提供安全密钥管理的难度很大，对称加密也就很难成为电子商务中占主导地位的加密方法。对称加密技术可见图4-2所示。

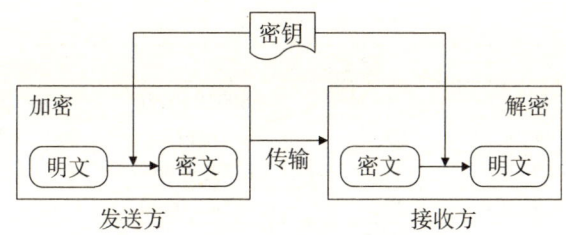

图4-2 对称加密技术示意图

（2）非对称加密，也叫公开密钥加密，它用两个数学相关的密钥对信息进行编码。1997年麻省理工学院的三位教授（Rivest、Shamir和Adleman）发明了RSA公开密钥密码系统。他们的发明为敏感信息的交换带来了新的途径。在此系统中有一对密码，给别人用的叫公钥，给自己用的就叫私钥。这两个密钥可以互换并且只能为对方加密或解密，用公钥加密后的密文，只有私钥能解。RSA的算法如下：

①选取两个足够大的质数 P 和 Q；

②计算 P 和 Q 相乘所产生的乘积，$n=P\cdot Q$；

③找出一个小于 n 的数 e，使其符合与（$P-1$）·（$Q-1$）互为质数；

④另找一个数 d，使其满足（$e\cdot d$）MOD[（$P-1$）·（$Q-1$）]=1，其中MOD（模）为相除取余，（n,e）即为公钥，（n,d）为私钥。

加密和解密的运算方式为：明文 $M=C^d$（MOD n）；密文 $C=M^e$（MOD n）。这两个质数无论哪一个先与明文密码相乘，对于文件加密，均可由另一个质数来相乘再解密。但要用一个质数来求出另一个质数，则是非常困难的，因此将这一对质数称为密钥对。

举例来说，假定 $P=3$，$Q=11$，则 $n=P\cdot Q=33$，选择 $e=3$，因为3和20没有公共因子。（$3\cdot d$）MOD（20）=1，得出 $d=7$，从而得到（33,3）为公钥；（33,7）为私钥。加密过程为将明文 M 的3次方MOD（模）33得到密文 C，解密过程为将密文 C 的7次方MOD（模）33得到明文。表4-3显示了非对称加密和解密过程。

表4-3 非对称加密和解密过程

明文 M		密文 C		解密	
字母	序号	M^3	M^3（MOD33）	C^7	C^7（MOD33）	字母
A	01	1	01	1	01	A

续 表

明文 M		密文 C			解密	
E	05	125	26	8031810176	05	E
N	14	2744	05	78125	14	N
S	19	6859	28	13492928512	19	S
Z	26	17576	20	128000000	26	Z

比如，张三想给李四发信息，可以从公开渠道取得李四的公钥，然后用李四的公钥对自己的信息加密；由于密钥对是唯一的，信息加密后，只有李四才能用其私钥解密信息后阅读。同样，李四也可以向张三发一条私人信息，用张三的公钥对信息加密。张三收到李四的信息后可以用自己的私钥解密信息后阅读。一旦信息从服务器下载并解密后，就以明文的形式保存在接收者的计算机上，这时接收者就可以阅读了。

与对称加密相比，非对称加密有若干优点：第一，在多人之间进行保密信息的传输所需的密钥组合数量很小。在 n 个人彼此之间传输保密信息，只需要 n 对密钥，远远小于对称加密系统需要 $n(n-1)/2$ 的要求。第二，公钥的发布不成问题，它没有特殊的发布要求，可以在网上公开。第三，非对称加密可以实现电子签名。这就意味着将电子文档签名后发给别人，而签名者无法否认。也就是说，采用非对称加密技术，除签名者外他人无法以电子方式进行签名，而且签名者事后也不能否认曾以电子方式签过文档。非对称加密系统也有缺点，例如，加密解密的速度比对称加密的速度慢得多。当商家和客户在互联网上进行商务活动的时候，加密解密累计的时间会很多。非对称加密系统并不是要取代加密系统，恰恰相反，它们是相互补充的。如可用非对称加密在互联网上传输对称加密的密钥，从而实现更有效的安全网络传输。非对称加密技术图可参见图 4-3。

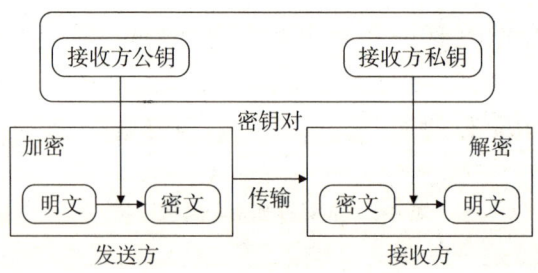

图4-3 非对称加密技术图

三、数字签名技术

对数字进行加密只解决了信息的保密问题，而在电子商务活动中，我们经常遇到的问题是电子文件信息的易复制性和易更改性，要防止他人破坏信息传输的数据，确定发送信息人的身份，就需要借助数字签名技术。数据签名是指数据电文中以电子形式所含、所附，用于识别签名人身份并表明签名人认可其中内容的数据。数据电文是指以电子、光学、磁或者类似手段生成、发送、接收或者储存的信息。

人们已经找到了许多能够满足上述要求的数字签名方法，主要的数字签名方法有 RSA 数字签名算法、DSA 数字签名算法、离散对数数字签名算法等。

1. 数字签名的特点

在传统的书面商务活动中，签名盖章和识别签名是一个重要的环节，如银行业务、挂号邮件、合同、契约和协议的签订等都离不开签名。这里的签名是确认文件的一种手段，其基本作用有三点：一是因为签名难以否认，从而可确认文件已签署这一事实；二是因为签名不易仿冒，从而可确定文件的真实性这一事实；三是如果对签名有争议，可以请专家分析、辨认笔迹的真伪。

在电子商务活动中，数字签名技术与传统的书面文件签名有着类似的作用：一是信息是由签名者发送的；二是信息自签发后到收到为止未曾作过任何修改；三是如果一方否认对信息的签名，可以通过仲裁来解决双方的争议。如果具备以上三点，数字签名就可以用来防止电子信息因易被修改而有人作伪，或者冒用别人的名义发送信息，或者发送（收到）信件后又加以否认等情况发生。

数字签名与传统的手写签名又有着区别：一是数字签名随着文本的变化而变化，而手写签字反映某个人个性特征，是不变的；二是数字签名与文本信息是不可分割的，而用手写签字是附加在文本之后的，与文本信息是分离的。因此，完善的数字签名应具备签字方不能抵赖、他人不能伪造、在公证面前能够验证真伪等功能。

2. 数字签名的使用原理

安全的数字签名使接收方可以确认文件确实来自声称的发送方。鉴于签名私钥只有发送方自己保存，他人无法作出一样的数字签名，因此发送方不能否认他参与了交易。

数字签名的加密解密过程和私有密钥的加密解密过程正好相反，使用的密钥对也不同。数字签名使用的是发送方的密钥对，发送方用自己的私有密钥进行加密，接收方用发送方的公开密钥进行解密。这是一个一对多的关系：任何拥有发送方公开密钥的人都可以验证数字签名的正确性。而私有密钥的加密和解密则使用的是接收方的密钥对，这是多对一的关系：任何知道接收方公开密钥的人都可以向接收方发送加密信息，只有唯一拥有接收方私有密钥的人才能对信息解密。在实际应用过程中，通常一个用户拥有两个密钥对，一个密钥对用来对数字签名进行加密解密，另一个密钥对用来对私有密钥进行加密解密。这种方式提供了更高的安全性。

在实际运用中，直接用公开密码的私钥对文件进行签字并不完全可行，如须对相当长的文件进行签名认证怎么办？若将文件按比特分成一块一块，用相同的密钥独立地签每一个块，这样速度太慢。通常的解决办法是引入可公开的密码散列函数（Hash Function，也叫摘要函数、哈希函数）。它将取任意长度的消息做自变量，结果产生规定长度的消息摘要，如数字签名标准 DSS 中的消息摘要为 160 比特，然后签名消息摘要。它发生在签名后、加密前，对邮件传输或存储都有节省空间的好处。

3. 数字签名的使用模式

目前使用的数字签名主要有以下三种模式。

（1）智慧卡式。使用者拥有一个像信用卡一样的磁卡，储存有自己的数字信息。使用时只需在计算机扫描，然后输入自己设定的密码即可。

（2）密码式。它是由使用者设定一个密码，通过特定的硬件，使用者利用电子笔在电子板上签名后将信息存入计算机。电子板不仅记录下签名的形状，而且对使用者签名时使用的力度、写字的速度都有记载，以防他人盗用签名。

（3）生物测定式。它是以使用者的身体特征为基础，通过特定的设备对使用者的指纹、面部、视网膜或眼球进行数字识别，从而确定对象是否与原使用者相同。目前很多公司的计算机程序实际都是将两种或三种技术结合在一起，这样可以大大提高数字签名的安全性。

第三节　电子商务认证中心

一、认证中心的含义

认证是电子商务交易最重要的环节,是通过某些成熟的技术,保证在电子商务活动中某个实体的身份,确保不发生欺骗的过程。在网上建立一个公正的第三方认证中心机构,用来负责颁发前面所述的数字证书和检验网上商家身份真实的工作,这个就是我们要讲的网上认证中心。

在电子商务中,公钥加密体制(如 RSA 数字签名就是一种典型的签名算法)在信息加密和数字签名中被广泛采用。公钥可以向网络公开,私钥由用户自己保存。公钥加密过的数据只有其本人的密钥能解开,这样就保证了数据的安全性。经私钥加密过的数据可被所有持有对应公钥的人解开。由于私钥只有用户一人保存,这样就证明了该信息发自密钥持有者。这种特性可用作签名,具有不可替代性及不可抵赖性。使用公钥加密体制面临以下两个问题。

(1)虽然公钥/私钥提供了一种认证用户的方法,但它并不能保证公钥实际上属于声称的拥有者。如何确定该公钥拥有者的真实身份?

(2)在哪里能找到对方的公钥?

解决这两个问题就需要一个可信的第三方认证机构。正如我们日常生活中的交易一样,企业的有效身份必须由工商管理部门认证。在电子商务中,这样的授权机构称为电子商务认证中心(Certificate Authority)。

认证中心(CA)就是这样的第三方,它是一个权威机构,专门验证交易双方的身份。验证方法是接受个人、商家、银行等涉及交易的实体申请数字证书,核实情况,批准/拒绝申请,颁发数字证书。认证中心除了颁发数字证书外,还具有管理、搜索和验证证书的职能。通过证书管理,可以检查所申请证书的状态(等待、有效、过期等),并可以废除、更新证书;通过搜索证书,可以查找并下载某个持有人的证书;验证个人证书可帮助确定一张个人证书是否已经被其持有人废除。

这些认证方法主要有口令认证、物理认证、生物认证、数字认证等。不管采用什么认证方法,认证都是基于三种事实,即利用自己所知道或者所拥有的东西进行认证,或者针对自己的生物特征进行认证。

二、电子商务认证中心

一个完整安全的电子商务活动，必须要有认证中心的参与。因此，为促进电子商务的发展，必须在社会建立具有绝对权威性的认证中心，电子商务参与各方如客户、商家、银行、政府机构等实体应上网注册，加入到已有的认证中心中。这样，认证中心就能确保所有电子商务过程与各方的安全性，从而开展安全的电子商务。

1. 认证中心的主要功能

认证中心在整个公共密钥加密体制中以及安全的网络支付过程中的地位是至关重要的，其主要职责可以表述为如下几个方面。

（1）生产密钥对及认证中心证书。

（2）验证申请人身份。

（3）颁发数字证书。

（4）证书以及持有者身份在线认证查询。

（5）证书管理及更新。

（6）吊销证书。

（7）制定相关政策。

（8）有能力保护证书服务器的安全。

2. 认证中心的技术基础

认证中心的技术基础是 PKI 体系。所谓 PKI（Public Key Infrastructure）体系，中文意思为"公开密钥体系"或"公开密钥基础"，是一种遵循既定标准的密钥管理平台，它能够为所有网络应用服务提供加密和数字签名等密码服务及所必需的密钥和证书管理体系。

PKI 的基础技术应该包括加密、数字签名、数字摘要、数字信封、双重数字签名等。一个完整的 PKI 系统的基本构成包括具有权威的认证中心、数字证书库、密钥备份及恢复系统、证书作废系统、应用接口等。

3. 国内外主要的认证中心

美国的 Verisign 公司是目前世界上最著名的认证中心，该公司发展到现在，已经有超过 2700 万 Web 站点提供认证服务，个人客户就更多了。世界 500 强的绝大多数企业的网上业务特别是网络支付业务都已经应用了 Verisign 提供的安全严格的认证服务。

近年来中国电子商务发展迅猛,商业银行的网络银行服务也蓬勃发展起来,信用卡的网络支付、网络银行网上转账等业务已为越来越多的客户接受与应用,越来越多的认证中心也在我国建立起来,如北京数字证书认证中心 BJCA 就是经北京市政府批准成立的数字证书认证机构,致力于为北京乃至全国的电子商务和电子政务发展提供可靠的安全保障。

三、电子商务数字证书

(1)数字证书(Digital ID)也叫数字凭证、数字标识。它是一个担保个人、计算机系统或者组织的身份和密钥所有权的电子文档。数字证书含有证书持有者的有关信息,以标识他们的身份。大多数普通用途的证书基于 X.509v3 证书标准,它包括以下内容。

①使用者的公钥值。

②使用者的标识信息(如名称和电子邮件地址)。

③有效期(证书的有效时间)。

④颁发者标识信息。

⑤颁发者的数字签名,用来证明使用者的公钥和使用者的标识信息之间的绑定关系是否有效。

(2)证书只是对其指定的时间段内有效。每个证书都包含"有效起始日期"和"有效终止日期",这两个值设置有效期的期限。一旦到了证书的有效期,到期证书的使用者就必须申请一个新的证书。

(3)电子商务数字证书有三种类型,即客户数字证书、企业(服务器)证书、认证中心数字证书。

①客户数字证书。这种证书证实客户(如一个使用浏览器的个人)身份和密钥所有权,以帮助某个人在网上进行安全交易操作,访问需要客户验证安全的 Internet 站点。在某些情况下,服务器可能在建立 SSL 连接时要求客户证书来证实客户身份。为了取得个人证书,用户可向某一信任的 CA 申请,CA 经过审查后决定是否向用户颁发证书。

②企业(服务器)数字证书。这种证书证实服务器的身份与公钥。当与客户建立 SSL 连接时,服务器将它的证书传送给客户。当客户收到证书后,客户

检查证书是由哪家 CA 发行以及这家 CA 是否被客户信任。如果客户不信任这家 CA，浏览器会提示用户接受或拒绝这个证书。

③认证中心数字证书。认证中心作为证书的颁发机构，其身份的证明需要用其自己的数字证书。

（4）证书的格式是由 ITU 标准来定义的。证书包括申请证书个体的信息和证书发行机构（CA）的信息。《电子签名法》第二十一条规定，认证证书应当准确无误，并应当载明下列内容。

①电子认证服务提供者名称。

②证书持有者名称。

③证书序列号。

④证书有效期。

⑤证书持有人的电子签名验证数据。

⑥电子认证服务提供者的电子签名。

⑦国务院信息产业主管部门规定的其他内容。

（5）可以将证书信息分成证书数据和发行证书的 CA 签名两部分。

①证书数据：包括证书序列号、版本信息，每一个由 CA 发行的证书必须有一个唯一的序列号；CA 使用的签名算法；发行证书 CA 的名称；证书的有效期限；证书主题的名称；被证明的信息，包括公钥算法、公钥的位字符串表示；包括额外信息的特别扩展。

②发行证书的 CA 签名：包括发行证书的 CA 签名和用来生成数字签名的签名算法。任何人收到证书后都能使用签名算法来验证证书是由 CA 的签名密钥签发的。

（6）只有下列条件均为真时，数字证书才有效。

①证书没有过期。证书必须在有效期之内才有效。

②密钥没有修改。密码一旦被修改，就不应该再使用，密钥对应的证书就应当收回。

③用户有权使用这个密钥。例如，雇员离开了所在的公司，雇员就不能再使用公司的密钥，密钥对应的证书就需要收回。

④证书必须不在无效证书清单内。认证中心负责回收证书，发行无效证书清单。

第四节　主要网络安全协议

网络安全是实现电子商务的基础，而电子商务的安全协议是保证电子商务网上交易的数据完整性、机密性、身份的合法性和不可否认性的基础。

经过多年的发展，已经产生了诸多的电子商务安全协议，包括安全套接层协议（Secure Sockets Layer, SSL）、安全电子交易协议（Secure Electronic Transaction, SET）、安全交易技术协议（STT, Secure Transaction Technology）协议、安全超文本传输协议（Sdcure Hypertext Transfer Protocl, S-HTTP）、电子数据交换协议（Electronic Data Interchange, EDI）协议和IP安全协议（IP Security, IPSec）等。其中最具有代表性的是SSL安全协议和SET安全协议。

一、SSL安全协议

（一）SSL安全协议概述

安全套接层协议（SSL）最早是由Netscape Communication公司设计开发的，主要目的是提高应用程序之间的数据安全系数，应用标准认证证书和数据加密技术确保私密性或机密性。所谓SSL就是在和另一方通信前讲好一套方法，这个方法能够在它们之间建立一个电子商务的安全性秘密通道传送给对方，即使通过公共线路传输，也不必担心别人的偷窥。SSL为快速架设商业网站提供了比较可靠的安全保障，并且成本低廉，容易架设。绝大多数的浏览器都支持SSL，很多Web服务器也支持SSL。SSL使用的是RSA电子签名算法，可以支持X.509证书和多种保密密钥加密算法。本质上，SSL协议是在持有数字证书的客户端浏览器和远程的WWW服务器之间，构造安全通信通道并传输数据的一种协议。SSL协议主要提供以下三方面的服务。

（1）认证用户和服务器，使它们能够确信数据将被发送到正确的客户机和服务器上。

（2）加密数据以隐蔽被传送的数据。

（3）维护数据的完整性，确保数据在传输过程中不被改变。

（二）SSL 协议的工作过程

1. SSL 协议的运行步骤

（1）接通阶段。客户通过网络向服务器打招呼，服务器回应。

（2）密码交换阶段。客户与服务器之间交换双方认可的密码。一般选用 RSA 密码算法，也有的选用 Diffie-Hellman 和 Fortezza-KEA 密码算法。

（3）协商会话密码阶段。客户与服务器之间产生的彼此交谈的会话密码。

（4）检验阶段。检查服务器取得的密码。

（5）客户认证阶段。验证客户的可信度。

（6）结束阶段。客户与服务器之间相互交换结束的信息。

当上述动作完成之后，两者间的资料传送就会加上密码，等到另外一端收到资料后，再将加密资料还原。即使盗窃者在网络上取得加密的资料，如果没有原先编制的密码算法，也不能获得可读的有用资料。

SSL 协议分为两层，即 SSL 握手协议和 SSL 记录协议。SSL 协议与 TCP/IP 间的关系如图 4-4 所示。

| HTTP、FTP、TELNET、IMAP等 |
| SSL握手协议 |
| SSL记录协议 |
| 传输控制协议 |
| 互联网协议 |

图4-4　SSL协议与TCP/IP间的关系图

SSL 握手协议用于在通信双方建立安全传输通道，具体实现的功能有如下：在客户端验证服务器，SSL 协议采用公钥方式进行身份认证；在服务器端验证客户（可选）；客户端和服务器之间协商双方都支持的加密算法和单向散列算法，可选用的加密算法包括 IDEA、RC4、DES、3DES、RSA、DSA、Diffie-Hellman、MD5、SHA 等；产生对称加密算法的会话密钥；建立加密 SSL 连接。一般的握手过程分为以下四个阶段。

（1）初始化逻辑连接，客户方先发出 Client Hello 消息，服务器方也应返回一个 Server Hello 消息，这两个消息用来协商双方的安全能力，包括协议版本、随机参数、会话 ID、交换密钥算法、对称加密算法、单向散列算法等。

（2）服务器方应发送服务器证书（包含了服务器的公钥等）和会话密钥，如果服务器要求验证客户方，则要发送 CertificateRequest 消息。最后服务器方发送 ServerHelloDone 消息，表示 Hello 阶段结束，服务器等待客户方的响应。

（3）如果服务器要求验证客户方，则客户方先发送 Certificate 消息，然后产生会话密钥，并用服务器的公钥加密，封装在 ClientKeyExchange 消息中，如果客户方发送了自己的证书，则再发送一个数字签名 CertificateVerify 来对证书进行校验。

（4）客户方发送一个 ChangeCipherSpec 消息，通知服务器以后发送的消息将采用先前协商好的安全参数加密，最后再发送一个加密后的 Fininshed 消息。服务器在收到上述两个消息后，也发送自己的 ChangeCipherSpec 消息和 Finished 消息。至此，握手全部完成，双方可以开始传输应用数据。

2. SSL 提供的安全服务

SSL 采用对称密码技术和公开密码技术相结合，提供了如下三种基本的安全服务。

（1）秘密性。SSL 客户机和服务器之间通过密码算法和密钥的协商，建立起一个安全通道。以后在安全通道中传输的所有信息都经过了加密处理，网络中的非法窃听者所获取的信息都将是无意义的密文信息。

（2）完整性。SSL 利用密码算法和 Hash 函数，通过对传输信息特征值的提取来保证信息的完整性，确保要传输的信息全部到达目的地，可以避免服务器和客户机之间的信息内容受到破坏。

（3）认证性。利用证书技术和可信的第三方 CA，可以让客户机和服务器相互识别对方身份。为了验证证书持有者是其合法用户（而不是冒名用户），SSL 要求证书持有者在握手时相互交换数字证书，通过验证来保证对方身份的合法性。

（三）SSL 协议的主要缺点

SSL 协议在电子商务中使用的最大缺陷是对电子商务的交易应用层不进行数据签名，所以不能解决交易的不可抵赖等问题。SSL 协议不能自动更新证书，认证机构编码比较困难，浏览器的口令具有随意性，不能自动检测证书撤销表，用户的密钥信息在服务器上是以明文方式存储的。此外，SSL 虽然提供了信息传递过程中的安全性保证，但是信用卡的相关数据应该是银行才能看到，然而这些数据到了商店端都被解密，客户的数据完全暴露在商家的面前。

二、SET 安全协议

（一）SET 安全协议概述

安全电子交易协议（SET）最早是由两大信用卡组织 VISA 和 MasterCard 联合开发的。在世界范围内实现网上支付最有效的方法是用信用卡支付，正是基于这样的思想，两大组织开发了在互联网上进行在线交易的、开放的以电子货币为基础的电子付款系统规范。

SET 协议目前广泛使用的是一种网络银行卡付款机制，是进行在线交易时保证银行卡安全支付的一个开放协议。它是保证在开放网络上进行安全支付的技术标准，是专为保护持卡人、商家、发卡银行和收单银行之间，在 Internet 上进行信用卡支付的安全交易协议。目前，SET 协议已经成为电子商务交易领域事实上的工业标准。

（二）SET 交易的主要参与者

SET 协议交易过程中，需要六个角色的参与，分别是持卡人、商家、信用卡发放银行、收款银行、支付网关和认证中心。

1. 持卡人

持卡人，即信用卡持有者，指的是使用信用卡进行电子商务交易的买主。在电子商务环境中，持卡人通过计算机访问商家，购买商品。持卡人使用发卡行发行的支付卡，并从认证中心获取数字签名证书。

2. 商家

商家是向持卡人提供商品或服务的个人或者组织。通常商家将自己提供的商品和服务的详细信息通过 Web 网页等形式展示给客户（信用卡持有者），客户可以任意挑选所需的商品。商家必须与相关的收款银行达成协议，确保能够接收信用卡持有者的信用卡付款，实现商家和信用卡持有者之间的安全电子交易。

3. 信用卡发放银行

信用卡发放银行是为持卡人发放信用卡的金融机构。它为信用卡持有者建立账户，并能够向信用卡持有者发行支付卡。信用卡发放银行必须保证只对经过授权的交易进行付款。

4. 收款银行

它能够为参与电子商务交易的信用卡持有者和商家建立相关账户，处理付款授权和付款结算。

5. 支付网关

支付网关是由收款行或者指定的第三方维护的、处理商户支付信息的功能设备。网关是现有银行卡支付网络的中介，负责认证和支付，其主要作用是将不安全的 Internet 上的交易消息传送给安全的银行专网，起到隔离和保护银行专网的作用。它通过一组服务器设备和相应的系统，将 Internet 上传输的数据转换为金融机构内部的数据，这些数据是处理电子交易时的支付数据及买主的支付请求。

6. 认证中心

认证中心是一个为持卡人、商户和支付网关颁发公钥证书的可信赖的实体。它通常采用一种多层次的分级结构，各级的认证中心类似于各级行政机关，上级认证中心负责签发和管理下级认证中心的证书，最下一级的认证中心直接面向最终用户。在 SET 协议中，认证中心负责发放和撤销信用卡持有者、商家和支付网关的数字证书，让信用卡持有者、商家和支付网关之间通过证书相互认证。

（三）SET 的交易流程

SET 协议解决了信用卡持有者、商家和银行之间通过信用卡支付的交易问题。采用 SET 协议的电子商务交易分为以下三个阶段。

（1）信用卡持有者与商家协商交易商品列表及所用的支付方式。

（2）信用卡持有者发送支付货款指令，商家与银行核实付款。

（3）商家向银行出示所有交易细节，而后银行以适当方式向商家转移货款。其具体的交易流程，如图 4-5 所示。

①信用卡持有者先确认商家的合法性，然后浏览商品明细清单，并选择要购买的商品。

②信用卡持有者填写订单，并选择付款方式，而后将完整的订单及要求付款的指令发送给商家。其中，订单和付款指令由持卡人进行数字签名。同时利

用双重签名技术保证商家无法获得信用卡持有者的账号信息,并且银行无法获得持卡人的订单消息。

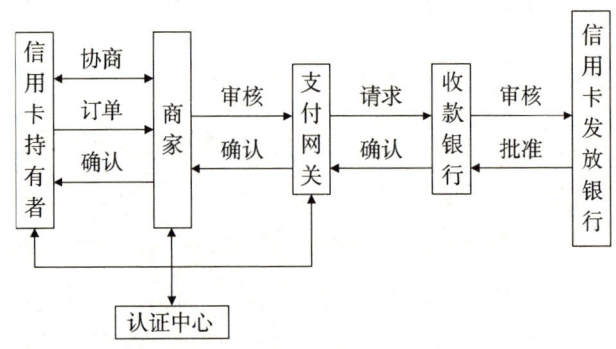

图4-5 SET协议交易流程

③商家接到订单后,向信用卡持有者的收款银行发送支付请求。支付请求通过支付网关到达银行,再到信用卡发放银行确认,批准交易。然后返回确认消息给商家。

④商家向信用卡持有者发送订单确认消息。

⑤商家给信用卡持有者交付货物。

⑥商家向银行请求支付。

(四)SSL协议与SET协议的比较

SSL 协议和 SET 协议都提供了在 Internet 上进行电子交易支付的手段,两者都被广泛采用,但是它们都有着各自的特点,下面简单对比介绍。

(1) SSL 协议实现简单、使用方便、成本较低,它对立于应用层协议,大部分内置于浏览器和 Web 服务器中,运行机制简单灵活,易普及推广。而 SET 协议实施成本较高,要依赖于可信赖的第三方认证机构,运行机制复杂。

(2) SSL 协议和 SET 协议处在网络协议的不同层次的位置。SSL 协议是基于传输层的通用安全协议,而 SET 协议主要位于应用层。由于两协议所处的网络层次不同,为电子商务提供的服务也不相同,所以在实践中可以根据具体情况来选择两种协议配合使用。

(3) SSL 协议是一个面向连接的协议,可以通过数字签名和数字证书来实现浏览器和 Web 服务器双方的身份验证,不能实现多方认证。而 SET 协议能够对所有参与成员进行身份认证。

（4）SET 协议规范了整个商务活动的流程，对各个参与者之间的信息流必须采用的加密、认证都制定了严密的标准，从而最大限度地保证了安全性、商务性、服务性、协调性和集成性。而 SSL 只对客户端和服务器之间的信息交换进行加密保护，可以看作用于传输的技术规范。

（5）由于 SET 安全机制接近完美，网络和计算机处理要求较高，所以其性能不及 SSL 协议。SSL 配置简单，传输性能较高。

（6）在应用领域方面，SSL 协议主要是应用在 Web 应用上，能够胜任只是通过 Web 或电子邮件就可完成的电子商务应用。而 SET 协议能够为信用卡交易提供更为广泛的安全。

第五节　电子商务交易安全

一、电子商务交易风险的识别

随着电子商务的发展，安全问题显得越来越突出。从本质上说，维护安全就必须要进行风险管理。一个组织者如果不了解其信息资产的安全风险，很多资源就会被错误地使用。风险管理是提供信息资产评估的基础。通过风险识别可以知道一些特殊类型的资产价值以及包含这些信息的系统的价值。

（一）风险的概念

风险具有普遍性并与人们的自身利益紧密相关。虽然风险还没有明确的定义，但是人们在研究风险时通常都有以下两种认识。

第一种是将风险定义为不确定性事件。这种学说是从风险管理与保险关系的角度出发，以概率的观点对风险进行定义，其代表人物是美国学者威力特，他将风险定义为"风险是关于不愿发生的事件发生的不确定性之客观体现"。哈迪则将风险定义为"风险是费用、损失或与损失有关的不确定性"。哈迪认为，对于不确定性的程度，可以用概率来描述，当概率在 0~50%之间时，随着概率的增加，不确定性随之增大，概率为 50%时不确定性最大；当概率在 50%~100%之间时，随着概率的增加，不确定性随之减小。显然，当概率为 0 或 1(100%)时，不确定性事件就变成了确定事件。

第二种是将风险定义为预期与实际的差距。典型的代表人物就是威廉斯姆和汉斯。他们认为"风险是在一定条件下一定时期内可能产生结果的差异与偏离"。

有人把以上两种定义结合起来，既强调不确定性，又强调不确定性带来的损害。我国的风险管理学界主流的风险定义就是分为两个层次，首先强调风险的不确定性，其次强调风险对人们所带来的损害。对于这两个方面，可分别用不同的指标来衡量。对于风险的不确定性可以用概率来衡量；对于风险的损害性可以用风险度来衡量，风险的各种结果差异给风险承担主体带来多大的损失。

（二）电子商务风险的特点

电子商务中出现的风险虽然多为传统经济中所固有，但它无论在表现形式、强烈程度还是在影响范围上，与传统经济中的风险都不相同。概括来说，电子商务经济风险具有全球性、传染性、成长性、隐蔽性、复杂性等重要特征。

1. 全球性

电子商务风险具有全球性特征。风险既可能来自国内，也可能来自世界任何一个地方，其根源在于网络经济的虚拟性。四通八达的通信网络，把世界各地都紧紧地联系在一起。而传统经济可以通过自然距离、关税或非关税壁垒、互不兼容的法律制度，制造一道道牢固的屏障，以回避可以预料到的风险。

2. 传染性

电子商务风险可以在全球范围内迅速传播，具有很强的传染性和广泛的影响力，使人们很难进行有效防范。实时性和交互性是网络经济的两个基本特征。一旦风险产生，它就会借助信息的实时传递和市场交易主体之间的交互关系而迅速扩散。

3. 成长性

在一定条件下，网络经济风险会迅速成长和壮大，具有一股强大的、摧毁一切的力量。这种异乎寻常的成长性来自电子商务中所持有的不稳定均衡和正反馈效应。电子商务中的均衡是不稳定均衡，如果企业正处于成长过程中，它就会在正反馈效应的刺激作用下，成长得越来越快、越来越强大，直至成为市场主流，占有决定性的市场份额。反之，一个企业即使是市场的主流，如果受到一些致命的打击，则有可能在正反馈效应的作用下迅速衰退，甚至在很短时间内消失得无影无踪。

4. 隐蔽性

电子商务风险具有很强的隐蔽性。风险初期可能不容易觉察,当风险变得清晰可辨时,危机就无法避免了。这种隐蔽性,来自信息的非对称性。在电子商务中,信息的非对称性又是由网络经济的虚拟性所派生出来的匿名性和机器化而得以强化。

5. 复杂性

在电子商务中,风险不是单一的,而是综合的。多种风险往往交叉在一起,它们相互影响和助长,使风险防范的难度大大增加。

(三) 电子商务风险的识别

对于一个组织而言,识别风险除了要识别漏洞和威胁以外,还应当考虑已有的对策和预防措施,如图4-6所示。

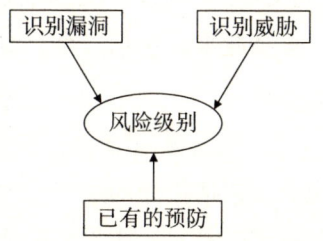

图4-6 一个组织风险评估的组成

1. 识别漏洞

识别漏洞时,从确定对该组织的所有入口开始,也就是寻找组织内的系统和信息的所有访问点。这些入口包括 Internet 的连接、远程访问点、与其他组织的连接、设备的物理访问以及用户访问点等。对每个访问点识别可访问的信息和系统,然后识别如何通过入口访问这些信息和系统。应该包括操作系统和应用程序中所有已知的漏洞。

2. 识别威胁

威胁评估往往是十分困难的。真正的威胁往往是非常隐蔽的,在攻击事件发生以前,真正的目标威胁经常没有暴露出来。一个目标威胁是对一个已知的目标具有已知的代理、动机、访问和执行已知的事件的组合。例如,有一个不满意的员工(代理)希望得到正在该组织进行的最新设计的知识(动机),该员工能访问组织的信息系统（访问），并知道信息存放的位置（知识）。该员工正窥测新设计的机密并且企图获得所需文件。

3. 检查对策和预防措施

在分析评估攻击的可能途径时，必须同时检查是否真正存在漏洞，要采取的对策及预防措施。这些预防措施包括前面提到的防火墙、防病毒软件、访问控制、双因子身份鉴别系统、仿生网络安全程序、用于访问设备的卡读出器、文件访问控制、对员工进行安全培训等。

4. 识别风险

一旦对漏洞、威胁、预防措施进行了识别，就可以确定该组织的风险，问题也就变得简单了，即给出具有已存在的预防措施下识别的访问点。

（四）电子商务风险的测量

电子商务风险的测量是必须识别出在受到攻击后该组织需要付出的代价。这种代价是多方面的，总结起来，包括资金、时间、资源、信誉以及丢失生意等。

1. 资金

资金是最常见的风险代价，包括损失的生产能力、设备或财务被盗、调研的费用、修理或替换系统的费用、专家费用、员工加班时间等。除此之外，还有很多资金风险代价，由此可见资金风险代价之巨大。其中，最困难的资金代价估计是损失的生产能力这一项。有的生产能力损失是永远不可恢复的，有的生产能力损失可在付出一定费用恢复系统后恢复，有些则是难以估计的。

2. 时间

时间的代价很难量化。例如，如果一个技术人员由于安全事件不能执行其正常的任务，或许可以按照时间的综合来计算，但这样的话也不能计算出其他人员等待计算机修复所付出的时间代价。时间或许也可以以关键系统当机时间来计算，如一个组织的网站受破坏了，该系统只能离线并修复，那么如何计算该网站当机所造成的影响呢？

3. 资源

资源可以是人、系统、通信线路、应用程序或访问权限。资源代价指的是攻击得逞，需要多少资源来恢复正常。很显然，对于一些能用资金来计算的资源是可以计算出来的，但对于一些不可以用资金来计算的资源就难以估算了。

4. 信誉

信誉就是诚信度和可信度。一个组织的信誉损失是十分关键的损失，然而这类损失的代价也难以测量。例如，一个慈善机构的信誉就是能否合理地使用捐款，这决定了它是否能募集到资金。

二、电子商务交易风险的防范及应对

（一）电子商务的威胁

电子商务的主要威胁源有以下几点。

1. 人为差错和设计缺陷

最大的威胁来源是操作中人为的疏忽行为。据统计，造成信息系统在经费和生产力方面损失的一半原因是由于人为的差错，另一半原因则是有意的、恶意的行为。这些人为差错包括不适当地安装和管理软件、设备，不小心地删除文件，升级错误的文件，将不正确的信息放入文件，忽视口令更换或做硬盘后备等行为，从而引起信息的丢失、系统的中断等事故。

2. 内部人员

内部人员的入侵行为包括复制、窃取或破坏信息，然而这些行为又难以检测。根据统计，内部人员的侵犯占所有严重安全侵犯事件的70%~80%。

3. 临时员工

外部的顾问、合同工、临时工应和正式员工一样，必须有同样的基本信息安全要求和信息安全责任，但还须有一些附加的限制。例如，应和正式员工一样，需要签订一个信息安全遵守合同，接受相应的安全意识培训。除此之外，临时员工还必须有一个专门的协议，只允许访问那些执行其委派的任务所需的信息和系统。

4. 黑客和其他入侵者

非授权的黑客，为了获得钱财、产业秘密或纯粹是破坏系统的入侵攻击行为近年来呈上升趋势。这些群体经常雇用一些攻击高手并进行耸人听闻的报道。

5. 病毒和其他恶意软件

病毒、蠕虫、特洛伊木马以及其他恶意软件通过磁盘、预包装的软件、电子邮件和连接到其他网络进入信息系统内部。这些危害也可能是由于人为差错、内部人员或入侵者引起。

6. 自然灾害和环境危害

自然灾害如风暴、龙卷风、雨、火灾以及地震等，环境危害如温度、湿度、照明等，都能破坏主要的信息设施及其后备系统。应制订灾难恢复计划，预防和处理这些灾害。

（二）风险的防范和应对

1. 系统管理过程（社会过程）

系统管理过程攻击采用伪装的方法或电子通信的方法，假冒已知授权的员工，具体情况如下。

（1）攻击者发出一封电子邮件，声称是系统的根，通知用户改变口令以达到暴露用户口令的目的。

（2）攻击者打电话给系统管理员，声称自己是企业经理，丢失了 Modem 池的号码、忘记了口令。

（3）攻击者谎称是计算机维修人员，谋求进入机房，并访问系统控制台。

（4）当所有机密信息的固定存储介质（软盘、硬盘）被丢弃或不合适地标号，被非授权者假装搜集废物获得。

以上四种威胁都可以使攻击得逞。系统管理过程的保护措施大多是非技术的方法，以下列出的每种保护措施都可以在一定程度上防御上面提到的攻击。

（1）培训所有系统管理员的安全意识，并有完善的过程、处理、报告文本。

（2）培训所有企业用户的安全意识。

（3）对外访人员进入要严格限制，区域的负责人要进行安全意识培训。

2. 电子窃听

Internet 协议集在设计时并未考虑安全。TELNET、FTP、SMTP 和其他基于 TCP/IP 的应用易于从被动的线接头获取。攻击者易于从网络中探测到用户鉴别信息（如用户名和口令），并伪装成授权员工使用。

防止窃听的保护措施包括鉴别和加密。使用双因子鉴别提供强的鉴别，其典型的做法是授权用户持有一个编码信息的物理标记再加上一个用户个人标识号（PIN）或口令。若要保护传输中的口令和 ID，可以采用加密的措施。可链路加密（SSL 和 IPv6）保护直接物理连接或逻辑通信通路连接的两个系统之间传输的信息。也可应用加密提供报文保护，在源端加密，只在目的地解密。数字签名可认证发送者的鉴别信息，如伴随用哈希算法可保护报文的完整性。

3. 软件缺陷

目前两个最大的软件缺陷是缓冲器溢出和拒绝服务攻击。当写入太多的数据时，就会发生缓冲器溢出，通常是一串字符串写入固定长度的缓冲器。缓冲器溢出是对数据缓冲器的输入没有足够的边界检查，使输入超过缓冲器的容量。一般情况下，系统崩溃是由于程序试图访问一个非法地址。然而，也有可能用一个数据串来代替声称可检测的差错，从而造成攻击者希望的特定系统的漏洞。

4. 信任转移（主机之间的信任关系）

转移是把信任关系委托给可信的中介。一旦外部人员破坏了中介信任的机器，其他的主机或服务器也易于破坏。

信任转移的主要措施主要是非技术方法。大部分 UNIX 环境不提供信任转移的自动机制。因此，系统管理员在映射主机之间的信任关系时必须特别小心。

5. 数据驱动攻击（恶意软件）

驱动攻击是由嵌在数据文件格式中的恶意软件引起的。这些数据文件如 PS 编程语言（PostScript）文件、在文本中的 MS Word 基本命令、shell 命令表，下载的病毒或恶意程序。

6. 拒绝服务

Dos 攻击并不利用软件的缺陷，而是利用实施特定协议的缺陷。这些攻击会中断计算平台和网络设备的运行，使特定的网络端口、应用程序和操作系统内核超载。

保持计算平台和网络设备的及时更新能避免大多数这些攻击，防止有些攻击需要诸如网络防火墙这类网络过滤系统。

7. 域名系统欺骗

域名系统（DNS）是一个分布式数据库，用于 TCP/IP 应用中，映射主机名和 IP 地址，并提供电子邮件路由信息。如果 Internet 地址值到域名的映射绑定过程被破坏，域名就不再是可信的。

对 DNS 攻击的保护措施包括网络防火墙和过程方法。网络防火墙安全机制依靠双 DNS 服务器，一个用于企业网络的内部，另一个用于外部，即对外公开的部分，这是为了限制攻击者了解内部网络主机的 IP 地址，从而加固内部 DNS 服务。Internet 工程任务组（Internet Engineering Task Force, IETF）正致力于标准安全机制工作以保护 DNS。反对这些攻击的方法是对关键的安全决定不依赖于 DNS。

8. 源路由

通常 IP 路由是动态的，每个路由器决定将数据包发往下面哪一个站。但 IP 的路由也可事先由发送者来确定，称源路由。

源路由攻击的保护措施包括网络防火墙和路由屏幕。路由器和防火墙能拦阻路由分组进入企业网络。

9. 内部威胁

内部威胁包括前面提到的由内部人员作恶或犯罪的威胁。大多数计算机安全统计表明，70%~80%的计算机欺骗来自内部。这些内部人员通常有反对公司的动机，能对计算机和网络进行直接物理访问，并熟悉资源访问控制。

针对内部威胁的防护应运用一些基本的安全概念：责任分开、最小特权、对个体的可审性。责任分开是将关键功能分成若干步，由不同的个体承担，如财务处理的批准、审计、分接头布线的批准等。

（三）风险的应对

风险控制是根据风险分析结果进行风险决策并采用成本效益法选择安全措施、实施控制、制订维护计划。按照风险控制措施的作用方式，可以分为风险回避（Risk Avoidance）、风险预防（Risk Prevent）、风险抑制（Risk Restrain）、风险转移（Risk Transfer）、风险承受（Risk Acceptance）。在风险管理实践活动中，风险回避、风险预防、风险抑制、风险转移和风险承受是相互结合、相互补充来减少风险发生的可能性和损失，如图 4-7 所示。

1. 风险回避

风险回避是一种事前控制。通过事前对风险因素识别、分析估计风险发生的可能性，决定放弃或改变计划和行动。它是一种彻底的、消极的消除风险影响的方法，但同时也不会为组织带来效益。

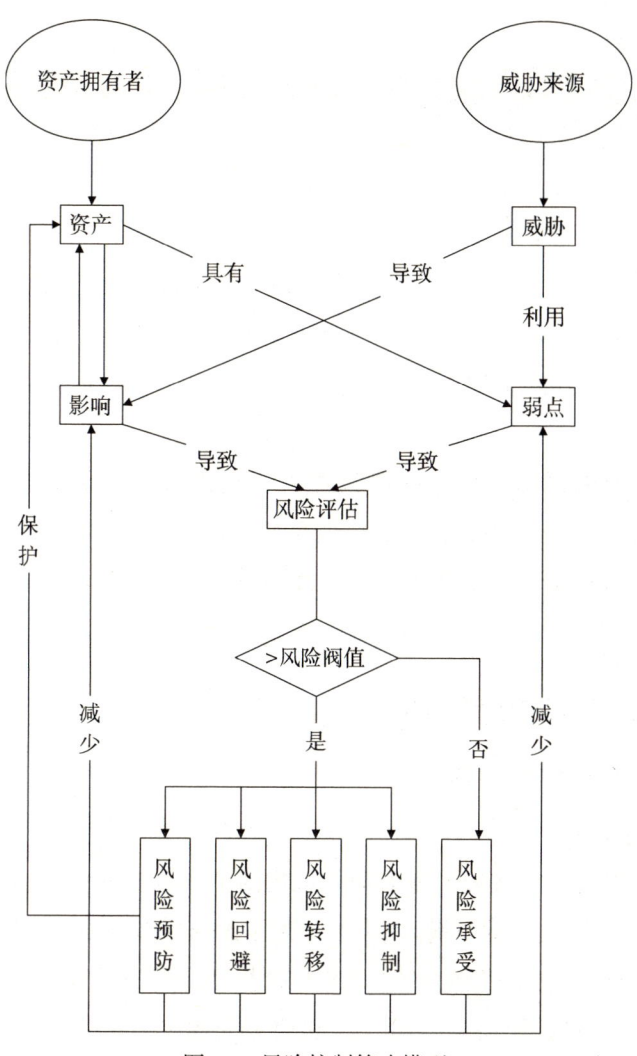

图4-7 风险控制策略模型

2. 风险预防

风险的预防也属于一种事前控制。通过事前的安全控制措施消除或减少引发风险事件发生的各种因素，防止漏洞受到利用，减少风险发生的可能性。可以通过信息安全策略的强制实施、员工安全意识教育培训、实施技术控制或保护一起结合使用，预防风险。

3. 风险抑制

风险抑制是一种事中控制。在风险事件发生时，通过计划或筹备，尽可能快速探测和反应，缩小风险发生的范围、减少风险损失程度。

4. 风险转移

风险转移是把风险应对的权力和责任转移给第三方承担的风险控制方法。风险转移不同于风险回避，它不是放弃或改变计划或活动，而是通过购买保险、履行与供应商的合同或外包等方式将风险转移到其他方承担。风险转移是组织为了避免承担较大的损失或付出巨大的控制成本，以一定的成本将风险转移出去，风险承接方为了获取由此带来的收益而愿意承担可能的损失。在风险转移的过程中，对承接方的资质选择和合同如果不能很好地控制和管理，或是承接方不能履行合同条款，容易引入第三方风险，或者引发法律纠纷。

5. 风险承受

风险承受指的是组织对一些风险比较小或者风险控制成本过高的残余风险，在不影响组织根本利益的情况下，承受风险发生的任何后果。而对于不可承受的残余风险则需要采取其他的安全控制措施，来减小风险的发生和后续损失。

三、遭遇网络诈骗后的应对策略

（一）常见的电子诈骗手段

1. 网店购物

伴随着网店实名制管理力度的加强，当前消费者在网络店面上购物遭遇诈骗的情况已经有了大幅的下降。但是消费者在选择网购的时候仍不能掉以轻心，当前也出现了利用假链接使消费者在打款时误以为付钱给了商家，而实际上消费者付的钱却到了不法分子手上，最终蒙受损失的情况。

2. 中奖信息

当前许多读者在上网的时候都遇到过被告知中奖的情况，实际上这些都是骗局。像利用 QQ 以及 CCTV 某些娱乐节目传播虚假中奖信息的情况是较多的，腾讯及 CCTV 已经在众多网站发布过"从未在网络上组织过中奖活动"的声明，因此网络上弹出的中奖信息基本都是骗局。

3. 冒充熟人

近期还出现了一种网络诈骗形式，就是不法分子冒充网友的亲人或朋友骗取钱财。实施这种骗局的人经常会以家有急事，并且提出音箱坏了，只能截图等诸多借口隐藏真实身份，从而让消费者在慌乱中误以为就是自己的亲人或朋友,而将金钱打到骗子的账户当中。

4. 节日购票

在节日期间,许多消费者都急于购买回家或旅游的车票、飞机票,这也是虚假网站、钓鱼网站对消费者进行诈骗的高发时段。它们以各种手段进行伪装,同时利用消费者急切的心情来骗取钱财。

作为旁观者而言,一眼就能看穿事件是骗局,而居然就会有人上当受骗。这种现象主要是两种因素造成的,一种是消费者自身占便宜的心态导致的;另一种就是不法分子利用人们对亲人及朋友的关爱进行诈骗。 针对如何防骗,有专家这样总结:

执法办案面对面,电话办案定是骗;
安全账户是陷阱,听闻此话要当心;
刷卡消费心自明,提醒欠费莫相信;
熟人遇难老骗术,搞清对方再帮助;
真假网站细分辨,网络转账留心眼;
绝对低价要小心,货到付款硬道理。

(二)被诈骗后的应对策略

如果已经遭受到网络诈骗,必须采取相对的措施,如保留诈骗证据,并且及时报案、投诉等。

1. 搜集保留诈骗证据

及时采取措施,尽可能地保留电子商务中的一切资料。诈骗的证据包括合同、聊天记录、往来的邮件、汇款凭证、账号信息、发货凭证、联系方式等。

2. 及时报警

及时到当地公安机关去报警,并将公安机关的立案证明(受理案件回执)或者法院的立案通知书签字盖章的复印件提供给相关交易平台(如阿里巴巴)。

3. 进行投诉

可以到相关交易平台进行投诉。例如,在淘宝网站上购买商品受骗,可以向阿里巴巴投诉,告知事情发生的经过,网站相关服务人员会联系对方要求对此事作出合理的解释。如对方有解释则可能会封号,会在阿里巴巴永远留下差评,并供其他会员搜索和浏览。

第五章　电子支付系统

第一节　电子支付系统基础

在电子商务活动中，作为重要环节的电子支付方式愈发显示出其重要性。虽然电子商务亦可通过传统的支付方式进行清算，如银行支票、旅行支票或汇款单等，但是电子钱包、数字现金、网上电子资金划拨、信用卡等电子支付方式显然有着更大的优越性。因为它们比传统的支付方式更加快捷，成本更加低廉，而且实现了对网上购物者来说更加方便的网上支付。这些优势使传统支付方法正日益被电子支付所替代。

一、电子支付的特点

电子支付方式的出现要早于互联网，银行进行电子支付的五种形式分别代表着电子支付发展的不同阶段。

第一阶段是银行间采用安全的专用网络进行电子资金转账（EFT），即利用通信网络进行账户交易信息的电子传输，办理结算。

第二阶段是银行计算机与其他机构计算机之间资金的结算，如代发工资，代交水费、电费、煤气费、电话费等业务。

第三阶段是利用网络终端向用户提供各项银行服务，如用户在自动柜员机（ATM）上进行取款、存款操作等。

第四阶段是利用银行销售点终端（POS）向用户提供自动扣款服务，这是现阶段电子支付的主要方式。

第五阶段是最新发展阶段，电子支付可随时随地通过互联网络进行直接转账结算。这一阶段的电子支付称为网上支付。

与传统的支付方式相比较，电子支付具有以下特点：

（1）电子支付是采用先进的信息技术来完成信息传输的，其各种支付方式都是采用数字化的方式进行款项支付的，而传统的支付方式则是通过现金的流转、票据的转让及银行的汇兑等物理实体的流转来完成款项支付的。

（2）电子支付的工作环境是基于一个开放的系统平台（如互联网）之上，而传统支付则是在较为封闭的系统中运作。

（3）电子支付使用的是最先进的通信手段，如互联网、外联网，传统支付使用的则是传统的通信媒介。电子支付对软、硬件设施的要求很高，如联网的计算机、相关的软件及其他一些配套设施，而传统支付则没有这么高的要求。

（4）电子支付具有方便、快捷、高效的优势。用户只要拥有一台联网的计算机，足不出户便可在很短的时间内完成整个支付过程。电子支付可以完全突破时间和空间的限制，可以满足 7×24（每周7天，每天24小时）的工作模式，其效率之高是传统支付望尘莫及的。

当然电子支付仍然存在一些问题，如安全一直是困扰电子支付发展的关键性问题。在大规模地推广电子支付之前，必须解决防止黑客入侵、防止内部作案、防止密码泄露等涉及资金安全的一系列问题。此外还有一个支付的条件问题，用户所选用的电子支付工具必须满足多个条件，要由用户账户所在的银行提供，有相应的支付系统和商户所在银行的支持、被接收单位所认可等。如果用户的支付工具得不到各方的认可，或者说缺乏相应的系统支持，电子支付也还是难以实现。

二、电子支付系统的构成

人们在利用互联网进行商务活动的同时也在呼吁尽快实现网上支付。目前在互联网上出现的支付系统模式已有十几种，这些大多包含信息加密措施的系统大致可以划分为三类：第一类是数字化的电子货币系统；第二类是使用已有的安全清算程序对互联网的网上支付提供信息中介服务；第三类是针对银行卡主攻加密算法，使银行卡支付信息通过互联网向商家传递，利用金融专用网络提供独立的支付授信，或者采用智能卡技术实现联机支付。

1. 电子货币系统

这是一种允许以匿名方式直接完成支付的支付系统，支付行为的完成是通过代表等量数字化货币的加密信息完成的，其目的主要是无须通过中介就可以使交易双方直接实现支付。在这类系统的开发进程中，具有代表性的公司是DigiCash公司。

2. 支付清算系统

可以通过建立电子清算系统来克服在互联网上处理支付时所涉及的安全问题。本质上这类系统提供的服务都会涉及一种信息安全体系，它允许交易双方自由地通信，同时也允许支付指令通过支付清算所发送，通常是利用现有的金融专用网络。近年来我国的支付清算系统发展迅速，中国国家现代化支付系统（CNAPS）建设取得了很大进展，五大全国性电子资金转账系统也已建成。国有商业银行的电子资金汇兑系统已覆盖了主要的营业网点，大大加快了异地支付交易的处理，银行间的资金转账能够当天结算。业务量大的城市已成立了票据清算系统。

3. 银行卡支付系统

在国家"金卡工程"的推动下，中央银行组织各商业银行，按照联合共建的原则，努力为用户提供方便的用卡环境，使银行卡的使用环境不断改善。到2002年底，国内已有9家银行发行了信用卡，信用卡信息交换系统现在已进入扩展阶段，银行卡支付交易增长迅速。目前我国的银行卡已经成为网上支付的主要工具，多家银行发行的银行卡都已经具有了网上支付功能，如中国银行的长城卡、招商银行一卡通、工商银行牡丹卡、浦发银行东方卡和建设银行龙卡等。

三、电子支付的分类

1. 在线支付

在线电子支付是电子商务的关键环节，也是电子商务得以顺利发展的基础条件。没有实时的电子支付手段相配合，电子商务的优势和效率就体现不出来。因此，实时电子交易和在线电子支付是电子商务的两个基本组成部分。互联网上的在线支付必须具有高度的安全性，这种安全性包括完整认证客户，信息完整传输，无拒付支付，有效的查账机制，隐私权保护，可靠的信息服务。公共网络系统的安全性可依靠用户认证、商家认证、数据的加密及交易请求的合法性验证等多方面措施来保证。电子交易过程中必须确认用户、商家及所进行的交易本身是否合法可靠。一般要求建立专门的电子认证中心（CA）以核实用户和商家的真实身份以及交易请求的合法性。

金融服务的电子化将促进电子商务的发展，电子支付是电子商务发展的核心工程，它使人们可随时、随地完成购物消费活动，进行货币支付。它将带动网络经济的新兴市场的形成与发展。电子商务环境下使用的在线电子支付方式主要有电子现金、银行卡、电子支票、智能卡和移动电子支付。

2. 电话支付

电话支付是电子支付的一种线下实现形式，是指消费者使用电话（固定电话、手机、小灵通）或其他类似电话的终端设备，通过银行系统就能从个人银行账户里直接完成付款的方式。

3. 移动支付

移动支付是使用移动设备通过无线方式完成支付行为的一种新型的支付方式。移动支付所使用的移动终端可以是手机、PDA、移动 PC 等。

由于电子支付的理论研究尚未成熟，所以对于电子支付的分类有不同的观点，下面仅将现在普遍认同的一些分类方式予以综合浅释。

（1）根据交易主体的不同组合，可以将电子商务分成 B2C、B2B、C2C 等几种模式。B2B 型支付方式主要在企业与企业之间进行交易时采用。这种商务模式中涉及的金额一般较大，对支付系统的安全性要求很高；B2C 型支付方式一般指企业与个人消费者之间的支付，B2B 型支付方式的界限也并不绝对；C2C 即指消费者与消费者之间的交易支付行为，一般数额较小，流量频繁，需要资金流转的灵活变通性高。

（2）根据支付信息形态分类，可以将电子支付分为电子代币支付和指令支付。电子代币支付是指消费者使用电子代币支付时，网络中传输的数据流本身就是货币，和现实中的人民币、美元的意义一样，只不过是将其用特殊的数据流表示。指令支付是指将包含币种、支付金额等信息的数据指令通过网络传输给银行，银行根据此指令在支付双方的账户间进行转账操作，完成支付。

（3）根据支付时间分类，可将电子支付分为预支付、即时支付和后支付三种。预支付就是先付款，然后才能购买到产品和服务，如中国移动公司的"神州行"业务。后支付是消费者购买一件商品之后再进行支付。在现实生活的交易中，后支付比较普遍，和我们平时所说的"赊账"类似。即时支付指交易发生的同时，资金也从银行转入卖方账户。随着电子商务的发展，即时支付方式越来越多，它是"在线支付"的基本模式。

（4）根据对纸币的依附关系，我们可以将电子支付工具分为两大类，一类是对法定货币（纸币）存在直接依附关系的电子化支付工具，包括银行卡（分为信用卡和借记卡）、电子支票等；另一类是对法定货币存在间接依附关系的电子货币。

（5）根据载体的不同，电子支付工具又可以分为"卡基"型电子支付工具和"数基"型电子支付工具。所谓"卡基"电子支付工具，其载体是各种物理卡，包括银行卡、IC卡、电话卡等，消费者在使用这种支付工具时，必须携带卡介质；"数基"型电子支付工具完全基于数字的特殊编排，依赖软件的识别与传递，不需要特殊的物理介质。

第二节 电子货币和电子钱包

一、电子货币的概念

所谓电子货币是指以金融电子化网络为基础，以商用电子化机具和各类交易卡为媒介，以电子计算机技术和通信技术为手段，以电子数据（二进制数据）形式存储在银行的计算机系统中，并通过计算机网络系统以电子信息传递形式实现流通和支付功能的货币。

电子货币是随着电子交易的发展而产生的，是比各种金属货币、货币以及各种票据更为方便快捷的一种支付工具。人们花了数百年时间来接受纸币这一支付手段，而随着基于纸张的经济向数字式经济的转变，货币也由纸张类型演变为数字类型，在未来的数字化社会和数字化经济浪潮中，电子货币将成为主宰。电子货币的种类包括电子现金、银行卡和电子支票等。

二、电子货币的类型

我国流行的电子货币主要有以下四种类型。

1. 储值卡型电子货币

一般以磁卡或IC卡形式出现，其发行主体除了商业银行之外，还有电信部门（普通电话卡、IC电话卡），IC企业（上网卡），商业零售企业（各类消费卡），政府机关（内部消费IC卡）和学校（校园IC卡）等。发行主体在预收客户资金后，发行等值储值卡，使储值卡成为独立于银行存款之外的新的"存款账户"。同时，储值卡在客户消费时，以扣减方式支付费用，也就相当于存款账户支付货币。支付卡中的存款目前尚未在中央银行征存准备金之列，因此，储值卡可使现金和活期储蓄需求减少。

2. 信用卡应用型电子货币

信用卡应用型电子货币指商业银行、信用卡公司等发行主体发行的贷记卡或准贷记卡。可在发行主体规定的信用额度内贷款消费，之后于规定时间还款。信用卡的普及使用可扩大消费信贷，影响货币供给量。

3. 存款利用型电子货币

存款利用型电子货币主要有借记卡、电子支票等，用于对银行存款以电子化方式支取现金、转账结算、划拨资金。该类电子化支付方法的普及使用能减少消费者往返于银行的费用，致使现金需求余额减少，并可加快货币的流通速度。

4. 现金模拟型电子货币

现金模拟型电子货币主要有两种：一种是基于 Internet 网络环境使用的且将代表货币价值的二进制数据保管在计算机终端硬盘内的电子现金；另一种是将货币价值保存在 IC 卡内并可脱离银行支付系统流通的电子钱包。该类电子货币具备现金的匿名性，可用于个人间支付，并具有可多次转手等特性，是以代替实体现金为目的而开发的。该类电子货币的扩大使用，能影响到通货的发行机制，减少中央银行的铸币税收入，缩减中央银行的资产负债规模等。

三、电子钱包

电子钱包是一个可以由持卡人用来进行安全电子交易和储存交易记录的软件，就像生活中随身携带的钱包一样。

1. 电子钱包的功能

（1）电子安全证书的管理，包括电子安全证书的申请、存储、删除等。

（2）安全电子交易，进行 SET 交易时辨认用户的身份并发送交易信息。

（3）交易记录的保存，保存每一笔交易记录以备日后查询。

例如，持卡人在使用长城卡进行网上购物时，卡户信息（如账号和到期日期）及支付指令可以通过电子钱包软件进行加密传送和有效性验证。电子钱包能够在 Microsoft、Netscape 等公司的浏览器软件上运行。持卡人要在互联网上进行符合 SET 标准的安全电子交易，必须安装符合 SET 标准的电子钱包。

2. 电子钱包的起源

英国国发西敏寺（National-Westminster）银行开发的电子钱包 Mondex 是世界上最早的电子钱包系统，于 1995 年 7 月首先在有"英国的硅谷"之称的斯温顿市（Swindon）试用，很快就在斯温顿打开了局面，被广泛应用于超级市场、酒吧、珠宝店、宠物商店、餐饮店、食品店、停车场电话间和公共交通车辆之中。这种电子钱包使用起来十分简单，只要把 Mondex 卡插入终端，三五秒之后，卡和收据条便从设备取出，一笔交易即告结束，读取器将从 Mondex 卡中所有的钱款中扣除本次交易的花销。Mondex 卡终端支付只是电子钱包的早期应用，从形式上看，它与智能卡十分相似。而今天电子商务中的电子钱包则已完全摆脱了实物形态，成为真正的虚拟钱包了。

网上购物使用电子钱包，需要在电子钱包服务系统中进行。电子商务活动中的电子钱包软件通常都是免费提供的。用户可直接使用与自己银行账号相连接的电子商务系统服务器上的电子钱包软件，也可以通过各种保密方式利用互联网上的电子钱包软件。目前世界上有 VisaCash 和 Mondex 两大电子钱包服务系统，其他电子钱包服务系统还有 MasterCard Cash、EuroPay 的 Clip 和比利时的 Proton 等。

3. 电子钱包的使用

目前深圳金融电子结算中心（http://www.flink.net.cn/pgw/pgw/pgw.htw）提供网上电子钱包，该电子钱包是深圳"金融联"支付网关的配套工具，通过电子钱包，消费者可以用"金融联"入网银行的任意一张银行卡完成网上付款。在申请使用电子钱包时，消费者要将有关的应用软件安装到电子商务服务器上，用户利用电子钱包服务系统就可以把自己的各种电子货币或电子金融卡上的数据输入进去。为保证网上支付的安全，用户需要下载和安装电子证书，并存放在电子钱包中。

消费者成功申请电子钱包后，系统将在电子钱包服务器为其开立一个属于个人的电子钱包档案，消费者可以在此档案中增加、修改、删除个人资料。"金融联"电子钱包用户的个人资料存储在服务器端，通过技术手段确保安全，不在个人计算机上存储任何个人资料，从而避免了资料泄露的危险。用户在申请电子钱包成功后，即在服务器端拥有了自己的档案。电子钱包内只能装电子货币，在电子商务服务系统中设有电子货币和电子钱包的功能管理模块，叫作电子钱包管理器，用户可以用它来改变密码。当外出旅游或办理公务时，用户不用再随身携带电子钱包资料，即可进行网上支付。用户在网上选择商品后，登录到电子钱包，选择入网银行卡，向"金融联"支付网关发出付款指令来进行支付。用户可对通过"金融联"电子钱包完成支付的所有历史交易记录进行查询，还可通过"金融联"电子钱包查询个人银行卡余额。图5-1 显示了电子钱包开户的业务流程。

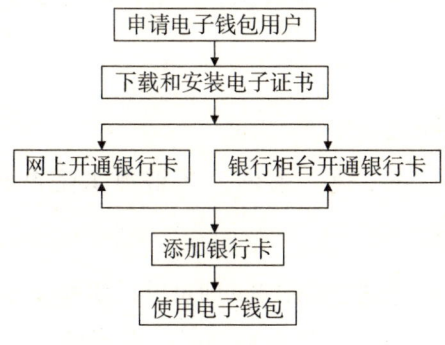

图5-1　电子钱包开户的业务流程

第三节　银行卡

一、银行卡的种类

目前，在线购物大部分是用信用卡和借记卡来进行支付的。信用卡和借记卡是银行或金融公司发行的，是授权持卡人在指定的商店或场所进行记账消费的凭证，是一种特殊的金融商品和金融工具。用户通过提供有效的卡号和密码，商店就可以通过银行计算机网络与客户进行结算。信用卡可以透支一定的额度，借记卡不可以透支，只能在卡上存有的金额内支付。本节用一个共同术语"银行卡"来指代这两种卡。

信用卡和借记卡都是比较成熟的支付方式，在世界范围内得到了广泛的应用。银行卡的最大优点是持卡人可以不用现金，凭卡购买商品和享受服务，其支付款项由发卡银行支付。银行卡支付通常涉及三方，即持卡人、商家和银行。支付过程包括清算和结算，前者指支付指令的传递，后者指与支付相关的资金转移。

信用卡又分为贷记卡和准贷记卡。贷记卡是指发卡银行给予持卡人一定的信用额度，持卡人可在信用额度内先消费、后还款的信用卡。准贷记卡是指持卡人先按银行要求交存一定金额的备用金，当备用金不足支付时，可在发卡银行规定的信用额度内透支的信用卡。

借记卡按功能不同分为转账卡、专用卡、储值卡。借记卡不能透支。转账卡具有转账、存取现金和消费功能。专用卡是在特定区域、专用用途（百货、餐饮、娱乐行业以外的用途）使用的借记卡，具有转账、存取现金的功能。储值卡是银行根据持卡人要求将资金转至卡内储存，交易时直接从卡内扣款的预付钱包式借记卡。

二、银行卡的使用过程

（一）现以招商银行"一卡通"为例，了解网上使用银行卡的过程

1. 网上支付申请

只要是招商银行"一卡通"的用户，即可登录招商银行网站www.cmbchina.com，点击"个人银行"进入"支付卡申请"，开通网上支付功能，亦可携带本人身份证和"一卡通"到招商银行营业点申请办理本项服务的开通手续，取得网上支付卡和专用密码。

2. 专户转账

在成功申请网上购物功能后，招商银行即为用户在活期人民币储蓄账户下设立了"网上支付"专户，用户在进行网上消费前须将资金通过招商银行的电话银行或网上"支付卡理财"自助转入此专户。用户随时可以通过"支付卡理财"查询账户及明细、挂失、修改密码及网上购物。

3. 选购商品

用户可向任何提供招商银行"网上支付"服务的网上商户选购商品和服务，当选购完商品和服务并确认后，使用鼠标轻击"一卡通付款"栏，就会自动被引导到招商银行的网站并进入支付程序。

4. 网上支付

依次输入用户的网上支付卡号及网上专用密码，客户终端显示操作结果。

5. 交易确认

为避免由于商户库存不足等原因以致无法供货等情况，所有购物交易均须经商户确认后方告成立。客户可随时通过招商银行网页"支付卡理财"查询历

史交易的成交状况。

（二）通过第三方代理的银行卡支付

通过第三方代理的银行卡支付过程：用户在第三方代理人处开账号；第三方代理人持有用户账号和信用卡号；用户用账户从商家订货；商家将用户账号提供给第三方代理人；第三方代理人验证商家身份，给用户发送电子邮件，要求用户确认购买和支付后，将信用卡信息传给银行，完成支付过程。

通过第三方代理的银行卡支付特点：用户账号的开设不通过互联网；信用卡信息不在开放的网络上传送；使用 E-mail 来确认用户的身份，防止伪造；商家自由度大，无风险；支付是通过双方都信任的第三方代理人完成的。

现以 CyberCash 公司安全互联网信用卡支付系统为例，介绍通过第三方代理的加密银行卡支付流程。CyberCash 公司提供一种软件，用户在商家订货后，通过电子钱包将信用卡信息加密后付给商家服务器；商家服务器验证接收到的信息的有效性和完整性后，将用户加密的信用卡信息传给 CyberCash 服务器，商家服务器看不到用户的信用卡信息；CyberCash 服务器验证商家身份后，将用户加密的信用卡信息转移到非互联网的安全地方解密，然后将用户信用卡信息通过安全专用网传送到商家银行；商家银行通过银行之间的电子通道从用户信用卡发行银行得到证实后，将结果传送给 CyberCash 服务器，CyberCash 服务器通知商家服务器交易完成或拒绝，商家通知用户，如图 5-2 所示。

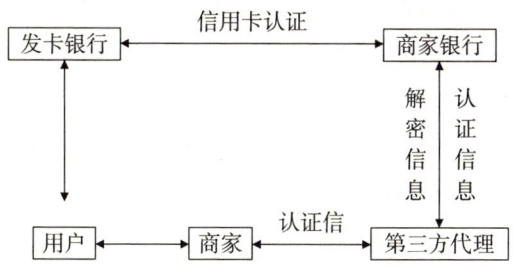

图5-2　通过第三方代理的银行来支付流程

三、安全电子交易的银行卡支付

网上支付与网络安全是孪生兄弟，提到网上实时传输完成在线支付就一定要提到网络安全协议。目前通用的网络安全协议有 SET 与 SSL 两种。

1. 安全电子交易的概念

安全电子交易（SET）是 VISA、MASTER 两大国际卡组织和多家科技机构共同制定的进行在线交易的安全标准。SET 主要是为了用户、商家和银行通过信用卡交易而设计的，用以保证支付信息的机密、支付过程的完整、商户和持有人的合法身份以及互可操作性。

由于 SET 提供用户、商家和收单银行的认证，确保交易各方的身份的合法性和交易的不可否认性；同时银行与商家之间是"背对背"的，商家只能得到用户的订购信息，而银行只能获得有关支付的信息，确保了交易数据的安全、完整和可靠。

2. SET 的安全技术

SET 中的核心技术主要有对称加密、非对称加密、消息摘要、电子签名、数字信封、双重签名和认证等技术。双重签名技术是指 SET 要求将订单信息和个人信用卡账号信息分别用商家和银行的公钥进行电子签名，保证商家只能看到订货信息，而看不到持卡人的账户信息，并且银行只能看到账户信息，而看不到订货信息。

3. 使用 SET 进行银行卡支付交易的流程

（1）购物者在支持 SET 的网站上购物，选择好商品并填写订单后，商家会用一份自己的数字证书副本作为客户的答复。

（2）购物者选择用 SET 方式进行付款。购物者发送给商家一个完整的订单及要求付款的指令，用哈希加密法对订单和付款指令生成"消息摘要"，由购物者进行电子签名，如图 5-3 所示。

（3）SET 对信用卡号码使用银行的公钥进行加密（商家永远不会见到信用卡号码），用商家的公钥加密，生成"数字信封"，将其发送给商家。

（4）商家用私钥打开"数字信封"，解密订单、验证"消息摘要"。商家的服务器将 SET 加密的交易信息连同订单副本一起转发给结算卡处理中心。

（5）由银行对此交易信息进行确认和批准交易。

（6）银行将此交易信息发到购物者信用卡的发行机构，请求批准划拨款项。

（7）商家收到购物者开户银行批准交易的通知，交易金额从购物者的信用卡账户里划给商家账户。

（8）商家将订单确认信息通知购物者，发送商品或完成订购的服务。

（9）购物者的终端软件记录交易日志，以备将来查询。

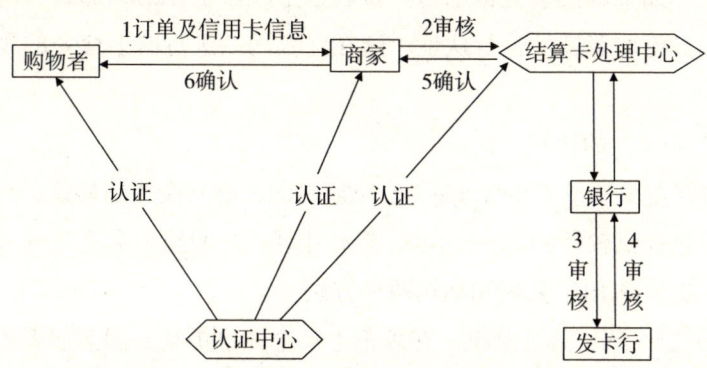

图5-3　使用SET进行银行卡网上支付交易流程

4. SSL 安全技术

Netscape公司在推出Web浏览器首版的同时，提出了安全通信协议SSL，SSL采用公开密钥技术。它能使客户/服务器应用之间的通信不被攻击者窃听，并且始终对服务器进行认证，还可以选择对客户进行认证。其目标是保证两个应用间通信的保密性和可靠性，可在服务器和客户机两端同时实现支持。

（1）SSL 数据传输的步骤如下。

①建立一个虚拟的通信信道。

②加密方式和压缩方式的选择。

③双方的身份识别。

④确定会话密钥。

⑤秘闻的传输。

⑥关闭网络连接。

（2）SSL 可用于网站身份认证和数据加密。

①网站将域名和IP地址等信息作为个人信息到CA中心申请数字证书。

②网民输入将访问的网络域名后自动到可信任的 CA 中心下载和安装该网站的数字证书。

③网站得到网民的信息包后，随机产生一个对称密钥，并使用自己的私钥对该密钥进行加密（使用数字签名）后发给网民。

④网民收到对称密钥后，用 CA 中心提供的网站数字证书中公钥验证签

名，并得到对称密钥。在随后的数据交换中，双方使用该对称密钥进行数据的加密和解密。如果网民事先也申请并安装了个人数字证书，那么，网站同时也可以对网民身份的真实性进行认证。这在证券网站进行网上交易的股民中已普遍使用。

5. SET 与 SSL 的比较

SSL 协议是由网景（Netscape）公司提出的一种安全通信协议，它能对信用卡和个人信息提供较强的保护。SSL 是对计算机之间整个会话过程进行加密的协议，在 SSL 中采用了公钥和私钥两种方法。

SET 协议比 SSL 协议复杂，在理论上安全性也更高，因为前者不仅加密两个端点间的单人会话，还可以加密和认定三方的多个信息，而这是 SSL 协议所未能解决的问题。SET 标准的安全程度很高，它结合了数据加密标准（DES）、RSA 算法和安全超文本传输协议（S—HTTP），为每一项交易都提供了多层加密。

SET 也有自己的缺陷，例如目前大多数基于 SET 的交易都要通过信用卡进行处理。一般借记卡和各种形式的电子现金今后会逐渐添加到这一协议中去。SET 能够处理的交易类型也有限，直接购买和退货还应付得了，但是它无法处理分期付款等比较复杂的结算形式。此外，SET 过于复杂，所以对商户、用户和银行的要求都比较高，推行起来遇到的阻力也比较大。

第四节　电子现金

一、电子现金概述

电子现金（Electronic Cash，E-cash）又称为数字现金（Digital Cash），是一种表示现金的加密序列数，可以用来表示现实中各种金额的币值，是一种以数据形式流通的，通过网络支付时使用的现金。电子现金带来了纸币在安全和隐私性方面所没有的计算机化的便利，它的应用开辟了一个全新的市场，电子现金正在尝试取代纸币作为网上支付的主要手段之一。

（一）电子现金的属性

电子现金是纸币现金的电子化，它具有以下四个属性。

1. 货币价值

电子现金必须有一定的现金、银行授权的信用或银行证明的现金支票进行支持。当电子现金被一家银行产生并被另一家所接受时不能存在任何不兼容性问题。如果失去了银行的支持，电子现金会有一定风险，可能存在支持资金不足的问题。

2. 可交换性

电子现金可以与纸币、商品或服务、网上银行卡金额、银行账户存储金额、支票或负债等进行互换。电子现金的发行商倾向于电子现金在一家银行使用，但事实上不是所有的买方会使用同一家银行的电子现金，他们甚至不使用同一个国家银行的电子现金。因而电子现金就面临多银行的广泛使用问题。

3. 可存储性

可存储性将允许用户在家庭、办公室或途中对存储在一个计算机的外存、IC卡或者其他更易于传输的标准或特殊用途的设备中的电子现金进行存储和检索。电子现金的存储是从银行账户中提取一定数量的电子现金，存入上述设备中，由于在计算机上产生或存储现金，因此复制电子现金非常容易，这种设备应该有一个友好的用户界面便于通过口令或其他方式的身份验证，以及对于卡内信息的浏览显示。

4. 重复性

必须防止电子现金的重复使用，因为买方可能用同一个电子现金在不同国家、地区的网上商店同时购物，这就造成电子现金的重复使用。一般的电子现金系统会建立事后检测和惩罚机制。

（二）电子现金支付方式的特点

1. 协议性

电子现金的应用要求银行和商家之间应有协议和授权关系，电子现金银行负责消费者和商家之间资金的转移。

2. 对软件的依赖性

消费者、商家和电子现金银行都需使用电子现金软件。

3. 灵活性

电子现金具有现金特点，可以存、取、转让；它可以申请到非常小的面额，所以电子现金适用于小额交易。

4. 可鉴别性

身份验证是由电子现金本身完成的，电子现金银行在发放电子现金时使用了电子签名，卖方在每次交易中，将电子现金传送给电子现金银行，由银行验证买方支付的电子现金是否有效，排除伪造及重复使用等情况。

二、电子现金的特点

1. 电子现金的优点

（1）匿名性。电子现金用于匿名消费。买方用电子现金向卖方付款，除了卖方以外，没有人知道买方的身份或交易细节。如果买方使用一个很复杂的匿名系统，甚至连卖方也不知道买方的身份。

（2）不可跟踪性。电子现金不能提供用于跟踪持有者的信息，不可跟踪性可以保证交易的保密性，也就维护了交易双方的隐私权。除了双方的个人记录之外，没有其他关于交易已经发生的记录。因为没有正式的业务记录，连银行也无法分析和识别资金流向，如果电子现金丢失了，就会同纸币现金丢失一样无法追回。

（3）减少实物现金的使用量。电子现金的应用推进了货币电子化的发展趋势，方便了消费者网上购物。

（4）支付灵活方便。电子现金的使用范围比信用卡更广，银行卡支付仅限于被授权的商户，而电子现金支付却不受此限制。

2. 电子现金存在的问题

（1）目前的使用量小。只有少数几家银行提供电子现金开户服务，也只有少数商家接受电子现金。

（2）成本较高。电子现金对于硬件和软件的技术要求都较高，需要一个大型的数据库存储用户完成的交易和电子现金序列号以防止重复消费。

（3）存在货币兑换问题。由于电子货币仍以传统的货币体系为基础，因此各国银行只能以各国本币的形式发行电子现金，从事跨国贸易就必须使用特殊的兑换软件。

（4）可丢失性。电子现金与普通钱币一样会丢失，如果买方的硬盘出现故障并且没有备份的话，电子现金就会丢失，就像丢失钞票一样。

（5）不排除出现电子伪钞的可能性。一旦电子伪钞获得成功，那么发行人及其客户所要付出的代价则可能是毁灭性的。

尽管存在种种问题，电子现金的使用仍呈现增长势头。有一份美国的分析报告称，1997年电子现金交易在全部电子交易中所占的比例为6%；到2000年底，这个比例已超过40%，在10美元以下的电子交易中所占的比例高达60%。因此，随着较为安全可行的电子现金解决方案的出台，电子现金会成为未来网上贸易中方便的支付手段。

三、电子现金的应用过程

电子现金的应用过程如图 5-4 所示。

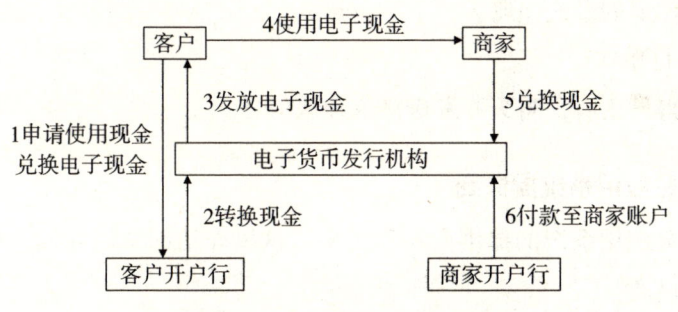

图5-4 电子现金的支付流程

1. 购买电子现金

电子现金系统要求买方在一家网上银行上拥有一个账户，将足够的资金存入该账户以支持今后的支付。买方在电子现金发布银行购买电子现金，电子现金的面额通常小于100美元。

2. 存储电子现金

一旦账户被建立起来，买方就可以使用电子现金软件产生一个任意面额的电子现金，银行对它使用私钥进行电子签名，这样它就有效了。使用专用软件从电子现金银行取出电子现金存在特定的设备上。

3. 用电子现金购买商品或服务

买方向同意接收电子现金的卖方订货，用卖方的公钥加密电子现金后，传送给卖方。

4. 资金清算

接收电子现金的卖方与电子现金发放银行之间进行清算，电子现金银行将买方购买商品的钱支付给卖方。这时可能有两种支付方式：双方支付和三方支付。双方支付方式涉及两方，即买卖双方。在交易中卖方用银行的公共密钥检验电子现金的电子签名，然后就把电子现金存入它的机器，随后再通过电子现金银行将相应面值的金额转入账户。所谓三方支付方式，是在交易中电子现金被发给卖方，卖方迅速把它直接发给发行电子现金的银行，银行检验货币的有效性，并确认它没有被重复使用，将它转入卖方账户。在许多情况下，双方支付方式是不可行的，因为可能存在重复使用的问题。为了检验是否重复使用，银行将从卖方获得的电子现金与已经使用电子现金数据库进行比较。像纸币一样，电子现金通过一个序列号进行标识。为了检验重复使用，电子现金将以某种全球同一标识的形式注册。

5. 确认订单

卖方获得付款后，向买方发送订单确认信息。

四、电子现金应用系统提供商

电子现金应用系统的提供商不是很多，这里介绍四个国际知名的电子现金应用系统提供商。

1. DigiCash

DigiCash（www.DigiCash.com）是专门从事电子支付系统和电子现金开发的公司，该公司开发了一种无条件匿名电子现金 Ecash。该公司的创始人 David Chaum 是这方面的先驱，被誉为电子现金之父，他提出的概念和模式对后来各类电子现金模式均有影响。

Ecash 是在互联网上流通的安全电子现金，用于购买信息产品、硬件产品以及支付服务费。Ecash 的匿名性是指客户从银行提取电子现金时不让银行知道其电子现金序列号，客户用电子现金在商户进行匿名消费，即使商户和银行联合起来也弄不清消费 5-4 者是谁。Ecash 已于 1995 年由密苏里州圣路易斯一家银行以美元形式用于互联网上支付。目前，便于使用该系统发布电子现金的银行有 10 多家。在使用 Ecash 时，买方和卖方必须在发放 Ecash 的银行建立一个账户；银行向他们提供"Purse（钱包）"软件，用于管理和传送 Ecash。然后，资金被从常规账户输入到 Purse 软件上，并在被支出以前存储在买方的内置硬盘上。

2. CyberCash

CyberCash（www.CyberCash.com）公司提供用于小额电子现金事务的服务。在电子现金传输方面，CyberCash 与 DigiCash 相似，电子现金被从常规银行账户上传输给 CyberCash 电子钱包，然后买方就能用这些电子现金进行各种事务处理。

3. Clickshare

Clickshare（www.Clickshare.com）公司有面向报刊出版商的电子现金系统。Clickshare 技术有时会被误认为只能进行小额支付，类似于 IBM 的 MicroPayments。完成小额支付是 Clickshare 的一种功能。如果用户的互联网服务商（ISP）支持 Clickshre 技术，用户就可自动注册 Clickshare。当用户点击其他支持 Clickshare 技术的网站链接时，就能直接在这些网站上购物，而不需要再次注册 Clickshare 了。Clickshare 可跟踪交易，并向用户的 ISP 收费。而 ISP 已为此用户设置了账号，可从此账号中扣除用户的购物款。Clickshare 的另一个特点是可跟踪用户对互联网的访问，这对想了解受众偏好的广告主和营销公司非常重要。Clickshare 公司认为小额支付只是其识别用户的核心功能的副产品。Clickshare 技术用的是标准的 HTTP 协议来实现其功能，不需要 Cookie 或软件钱包。Clickshare 公司声称它是唯一提供这一功能的公司。

4. eCoin

eCoin（www. eCoin.net）公司发行的电子现金 eCoin 可用于在线购物支付。eCoin 提供在线小额支付服务。这种电子现金存储在消费者计算机上的 eCoin 钱包里。同类似的小额支付系统一样，人们可以通过它花几美分来下载一篇新闻报道或浏览一个收费网站，或者花上几美分下载一段音乐。当然，网站要能处理 eCoin 电子现金。用户在使用 eCoin 时，须先下载一个钱包软件，把它作为插件安装在自己的浏览器上。接受 eCoin 的商家不需要安装特殊的软件。兼容 eCoin 的商务网站可以在其 HTML 页面上生成一个特殊的发票标志，以支持客户的 eCoin 管理程序（安装在用户浏览器上的钱包）。

eCoin 系统使用了由客户、商家和 eCoin 服务器组成的三链系统。eCoin 服务器相当于经纪人，它负责维护和更新用户与商家的账号，接受客户软件的结算请求，并向商家付款。eCoin 服务器在 eCoin 自己的网站上运行，具备防止重复消费的功能。其结构可保证用户在商家面前是匿名的，但对 eCoin 服务器不是匿名的。这样做是故意的，它使 eCoin 公司在运营早期能跟踪所有的交易。

第五节 电子支票

一、电子支票的概念

电子支票（Electronic Check）是一种借鉴纸张支票转移支付的优点，利用数字传递将钱款从一个账户转移到另一个账户的电子付款形式。比起前几种电子支付工具，电子支票的出现和开发比较晚。电子支票使买方不必使用写在纸上的支票，而是用写在屏幕上的支票进行支付活动。电子支票几乎和纸质支票有着同样的功能。电子支票既适合个人付款，也适合企业之间的大额资金转账，故而可能是最有效率的电子支付手段。

目前国际上常用的电子支票系统有 NetBill（www.NetBill.com）、NetCheque（www.NetCheque.com）及 Echeck（www.Echeck.org）。图 5-5 为一张电子支票。

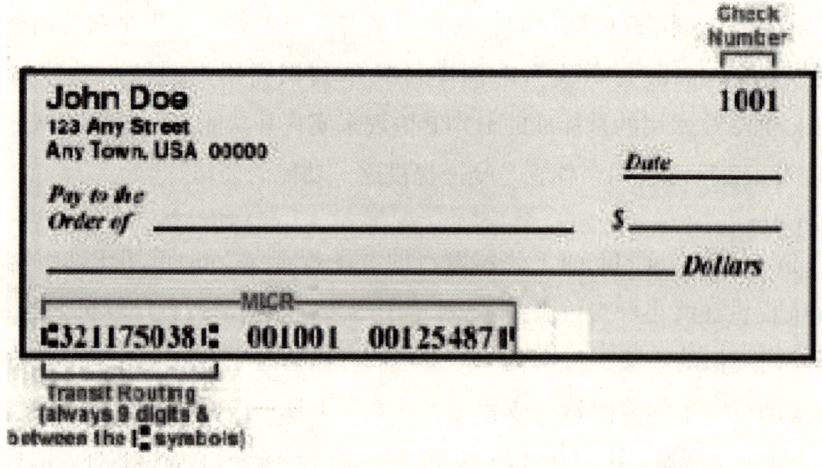

图5-5 电子支票

二、电子支票支付方式的特点和优势

支票是一个被广泛应用的金融工具。网上交易额的快速增长给电子支票的运用带来了广阔的前景。早期开发的电子支票系统（如 Netcheck、NetBill）主要适用于小额支付，但近期开发的电子支票系统（如 Echeck）主要向大额支付的方向发展，以满足 B2B 交易的支付需求。

1. 电子支票支付方式的特点

（1）电子支票与传统支票工作方式相同，易于理解和接受。

（2）加密的电子支票使它们比电子现金更易于流通，买卖双方的银行只要用公开密钥认证确认支票即可，电子签名也可以被自动验证。

（3）电子支票适用于各种市场，可以很容易地与 EDI 应用结合，推动 EDI 基础上的电子订货和支付。

（4）电子支票技术将公共网络联入金融支付和银行清算网络。

2. 电子支票支付方式的优势

（1）处理速度快。电子支票的支付是在与商户及银行相连的网络上高速传递的，它将支票的整个处理过程自动化了，这一支付过程在数秒内即可实现。它为客户提供了快捷的服务，减少了在途资金。在支票使用数量很大时，这一优势特别明显。

（2）安全性能好。电子支票是以加密方式传递的，使用了电子签名或个人身份证号码（PIN）代替手写签名，还运用了数字证书，这三者成为安全可靠的防欺诈手段。

（3）处理成本低。用电子支票进行支付，减轻了银行处理支票的工作压力，节省了人力，降低了事务处理费用。

（4）给金融机构带来了效益。第三方金融服务者不仅可以向交易双方收取固定的交易费用或按一定比例抽取费用，它还可以以银行身份提供存款账目，且电子支票存款很可能是无利率的，因此给第三方金融机构带来了收益。而且银行也能为参与电子商务提供标准化的资金信息，故而可能是最有效率的支付手段。

三、电子支票的使用过程

用户可以在网络上生成一个电子支票，然后通过互联网将电子支票发向商家的电子信箱，同时把电子付款通知单发到银行。像纸质支票一样，电子支票需要经过电子签名，被支付人电子签名背书，使用数字凭证确认支付者或接收者身份、支付银行以及账户，金融机构就可以根据签过名和认证的电子支票把款项转入商家的银行账户。电子支票的使用过程如下。

1. 申请电子支票

用户首先必须在提供电子支票服务的银行注册，申请电子支票。注册时可能需要输入信用卡和银行账户信息以支持开具支票。电子支票应具有银行的电子签名。用户可能需要下载称作"电子支票簿"的软件用于生成电子支票。

2. 电子支票付款

（1）用户和商家达成购销协议并选择用电子支票支付。

（2）用户在计算机上填写电子支票，电子支票上包含支付人姓名、支付人账户名、接收人姓名、支票金额等。用户用自己的私钥在电子支票上进行电子签名，用卖方的公钥加密电子支票，形成电子支票文档。

（3）用户通过网络向商家发出电子支票，同时向银行发出付款通知单。

（4）商家收到电子支票后进行解密，验证付款方的电子签名，背书电子支票，填写进账单，并对进账单进行电子签名。

（5）商家将经过背书的电子支票及签过名的进账单通过网络发给收款方开户银行。

（6）收款方开户银行验证付款方和收款方的电子签名后，通过金融网络发给付款方开户银行。

（7）付款方开户银行验证收款方开户银行和付款方的电子签名后，从付款方账户划出款项，收款方开户银行在收款方账户存入款项。

第六节 智能卡

一、智能卡的概念

智能卡（Smart Card）或称集成电路卡（Integrated Circuit Card，IC卡），是一种将具有微处理器及大容量存储器的集成电路芯片嵌装于塑料基片上而制成的卡片。智能卡可以存放电子货币，用来进行电子支付和存储信息，所以也具有电子钱包的功能。在芯片里存储了大量关于使用者的信息，如财务数据、私有加密密钥、账户信息、结算卡号码及健康保险信息等，因此IC卡又被广泛应用在社会保障领域（社会保障卡）。

智能卡出现已经有10多年了。在欧洲和日本，智能卡已经可以用于交电话费和有线电视费。智能卡在澳大利亚也非常普及，几乎所有的商店和饭店的结账台都有智能卡刷卡器。我国的电话 IC 卡、公交 IC 卡和校园 IC 卡的应用十分广泛。由于智能卡上的信息是加密的，它需要用密钥来打开加密的信息，窃贼能得到的卡号或可模仿的签名则不起作用，另外智能卡还具有便于携带及方便使用的好处。

二、中国 IC 卡系列标准与规范

为了规范中国智能卡发展，推广智能卡的应用，中国人民银行先后组织开发与制定了《中国金融集成电路(IC)卡系列规范》《中国金融 IC 卡卡片规范》《中国金融 IC 卡应用规范》和 POS 设备的规范。另外，国家金卡工程办也相继制定了《全国 IC 卡应用发展规划》《IC 卡管理条例》《集成电路卡注册管理办法》和《IC 卡通用技术规范》等。这些标准和规范的制定，为国内金融卡跨行跨地区通用、设备共享及与国际接轨提供了强有力的支持，为 IC 卡在金融业的大规模使用提供了安全性、兼容性的保障，为电子商务中电子在线支付提供了从支付手段到交易流程的解决方案，并为各种电子支付系统的规范化和兼容化提供了契机，使得用中国标准金融 IC 卡作为电子商务中的支付前端成为最终、最安全和最直接的解决方案。

三、智能卡的优点

1. 智能卡使电子商务中的交易变得简便易行

智能卡消除了某种应用系统可能对用户造成不利影响的各种情况，它能为用户"记忆"某些信息，并以用户的名义提供这种信息。使用智能卡就再也不用记住个人识别号码（密码），如打电话、取现金、支付等。无须记住个人识别号码是智能卡的一大优点。

2. 智能卡具有很好的安全性和保密性

它降低了现金处理的支出以及被欺诈的可能性，提供了优良的保密性能。使用智能卡，用户不需要携带现金，就可以实现像信用卡一样的功能，而保密性能高于信用卡，因此智能卡在网上支付系统中作用重大。

四、运用智能卡进行网上购物的过程

使用智能卡进行网上购物需要配置一个硬件——能安装在计算机上的可携式智能卡读写设备，智能卡的交易必须通过卡片进行。运用智能卡进行网上购物的过程如下。

1. 申请智能卡

用户向智能卡发行银行申请智能卡，申请时需要在银行开设账号，提供输入智能卡的个人信息。

2. 下载电子现金

用户登录到发行智能卡银行的 Web 站点，按照提示将智能卡插入智能卡读写设备，智能卡会自动告知银行有关用户的账号、密码及其他加密信息。用户通过个人账户购买电子现金，下载电子现金存入智能卡中。

3. 智能卡支付

在网上交易中，用户可选择采用智能卡支付，将智能卡插入智能卡读写设备，通过计算机输入密码和网上商店的账号、支付金额，从而完成支付过程，实现了智能卡刷卡消费。

第七节　移动支付

一、移动支付的概念

从 2002 年开始，移动电子支付（简称移动支付）就已经成为移动增值业务中的一个亮点。2002 年 5 月，中国移动通信公司开始在浙江、上海、广东、福建等地进行小额支付试点，带动了相关兴趣方，尤其是以中国银联为主的金融机构表现出对该业务的极大关注。2003 年起各地移动通信公司纷纷推出相应的移动支付业务，从年初湖南移动通信公司与中国银联长沙分公司推出的银行账号捆绑的手机支付业务，到 9 月北京移动通信公司推出名为"手机钱包"的手机支付业务，直至 12 月中旬上海推出的出租车上的银行移动 POS 机。中国联通在大力推动 CDMA 业务的同时，也对移动支付业务寄予了厚望，并与中国银联签订了战略伙伴协议。2002 年 5 月，中国联通在江苏无锡正式推出"小额支付移动解决方案"试验系统。从各种新业务中，我们可以感受到经过移动公司和金融机构在相关方面的努力，移动支付业务已经逐渐浮出水面，真正走入手机用户的生活中。移动支付有着在任何时间、任何地点、任何方式支付的优势，并且随着基于 SMS 的移动内容与应用收费的普及，移动支付已经逐渐被人们普遍接受，拥有了广泛的用户基础。

二、国内外移动支付业务的应用

国外移动通信运营商早已推出手机小额支付服务。在英国的赫尔市，爱立信公司开发的手机支付服务允许汽车驾驶员使用手机支付停车费。用户把汽车停在停车场之后，即可用手机接通收费系统。用户可以与应用语音识别技术的计算机对话，也可以用手机发一条短信。用户只须说明停车的位置、注册的号码和需要购买的停车时间即可，负责收取停车费的计算机将把这些资料登记下来。

在芬兰南部城市科特卡，客户通过芬兰的"移动支付系统"，使用手机支付货款简单易行。客户只需向研制这一系统的公司开一个"移动户头"，即可通过手机将有关付款数额和付款时间的文字信息发送到商家的户头上履行付款手续。如果客户将手机遗失，可通过发送文字信息或打电话给这家公司终止自己的移动账号。

瑞典的 Paybox 公司，在德国、瑞典、奥地利和西班牙等几个国家成功推出了手机支付系统之后，又首次在英国推出这种无线支付系统。Paybox 无线支付以手机为工具，取代了传统的信用卡。使用该服务的用户，只要到服务商那里进行注册取得账号，在购买商品或需要支付某项服务费时，直接向商家提供用户的手机号码即可。

此外，在澳大利亚悉尼，消费者可用手机拨号买饮料；在瑞典，手机用户可以在自动售货机上买汽水；在日本，观众可以通过手机预订电影票；在诺基亚总部，雇员可用手机付账喝咖啡……

在国内，中国移动通信公司较早地开展了手机支付业务的试点。2001 年 6 月，深圳移动通信公司与深圳福利彩票发行中心合作建设了手机投注系统，开通了深圳风采手机投注业务；2001 年 10 月，中国移动通信公司与 51CP（中彩通网站）合作，尝试推出世界杯手机投注足球彩票业务；2002 年 5 月，中国移动通信公司开始在浙江、上海、广东、福建等地进行小额支付试点；浙江移动通信公司在嘉兴地区试行开通小额支付业务，提供网上支付、话费充值、自动售货机等服务；广东移动通信公司、福建移动通信公司和江苏移动通信公司也搭建了本省的小额支付平台，提供足球彩票和福利彩票投注等服务。支付移动支付的银行有招商银行、中国银行、建设银行、交通银行、商业银行、广东发展银行、深圳发展银行、中信银行、福建兴业银行等。网络公司更是积极支持移动支付，在搜狐网站，可用手机点歌；在新浪网站，可用手机购买邮箱；在其他商业网站；还可用手机支付网络游戏或视频点播。

三、移动支付的优点和潜力

1. 移动支付的优点

现代商业，速度至上，一切交易的成败往往都取决于速度。简化过程、方便操作，是提升交易速度的关键因素，移动支付的最大特色就是它在操作上的便捷。这一支付方式不仅大大方便了消费者，而且必将引起商业领域的深层变革。

移动支付作为一种崭新的支付方式，具有方便、快捷、安全、低廉等优点，将会有非常大的商业前景，而且将会引领移动电子商务和手机钱包两大内容。手机付费是移动电子商务发展的一种趋势，它包括手机小额支付和手机钱包两大内容。手机钱包就像银行卡，可以满足大额支付，它是中国移动通信公司的主打数据业务品牌，通过把用户银行账户和手机号码进行绑定，用户就可以通过短信息、语音、GPRS 等多种方式对自己的银行账户进行操作，实现查询、转账、缴费、消费等功能，并可以通过短信等方式得到交易结果通知和账户变化通知。

与传统支付手段相比，移动支付操作简单、方便快捷，简单得会发短信就会操作，快捷得只用短信把数据传送到各发卡银行，很快就能收到处理结果。有了移动支付，用户再也不用满大街去找 ATM 机了，点击键盘即可轻松完成一笔交易。而且，凭借银行卡和手机 SIM 卡的技术关联，用户还可以用无线或有线 POS 机打印消费单据，付出多少、结余多少，明明白白，一目了然。

2. 移动支付的潜力

目前，我国已成为全球最大的移动市场，手机用户总量现已接近 1.8 亿，银行卡的保有量多达 4 亿张，这是任何一个欧洲国家都望尘莫及的"富矿"。在 1.8 亿手机用户当中，同时拥有银行卡的可能会超过一半，即使十分之一的手机用户参与移动购物，也是一个大有可为的巨大市场。一旦移动支付普及开来，即使是那些暂无固定收入的在校大学生，也会接受这种全新的消费方式，因为他们是网上购书或短信息的最大消费群体。可以乐观地想象一下，当全国手机用户总量突破 3 亿时，其中的一半持有银行卡，移动支付市场将会出现怎样一种火爆的局面呢？

四、移动支付的交易过程

从消费者购买行为来看，消费者在商场、超市等零售卖场进行购物时使用手机支付也应是符合市场发展规律和现代人生活方式的一种未来趋势。从手机支付工作原理来看，手机支付系统主要涉及三个方面：消费者、商家及无线运营商。手机支付流程如下。

（1）消费者通过互联网进入消费者前台系统选择商品。

（2）将购买指令发送到商家管理系统。

（3）商家管理系统将购买指令发送到无线运营商综合管理系统。

（4）无线运营商综合管理系统将确认购买信息指令发送到消费者前台消费系统或消费者手机上请求确认，如果没有得到确认信息，则拒绝交易。

（5）消费者通过消费者前台消费系统或手机将确认购买指令发送到商家管理系统。

（6）商家管理系统将消费者确认购买指令转交给无线运营商综合管理系统，请求缴费操作。

（7）无线运营商综合管理系统缴费后，告知商家管理系统可以交付产品或服务，并保留交易记录。

（8）商家管理系统交付产品或服务，并保留交易记录。

（9）将交易明细写入消费者前台消费系统，以便消费者查询。

五、移动支付推广普及的关键

移动支付能否得到推广和普及，最终取决于广大手机用户的认同。eNet硅谷动力公司就网民是否使用联通和银联的移动支付业务展开调查，结果显示：33.23%的网民会使用这项服务，并表示完全信赖这项技术；16.15%的网民表示会考虑使用这项服务，但对技术还有些忧虑；9.94%的网民则直接表示不会使用这项新业务，主要原因是对技术还很担心；另外还有40.68%的网民认为，现金支付很方便。

中国人最根深蒂固的消费习惯是一手交钱一手交货。电子支付则是两头不见面，摸不着看不见，完全是一种虚拟交易方式。对于那些习惯于传统交易方式的消费者来说，采用移动支付购物，一开始必然会感到心里不踏实。26.09%的用户对移动支付表示担心，原因可能主要来自两个方面：一方面，害怕卖方在交易中不守信用，钱划出去了，却收不到商品，或者一不小心掉进不法奸商设置的陷阱，要讨说法都没地方找人去；另一方面，由于网上窃贼防不胜防，担心网络大盗为所欲为地窃取自己账户上的钱财。要消除用户对移动支付的担心，关键在于技术上加强安全防范，尽可能地堵塞一切漏洞。所以，培育移动支付市场，安全是第一要素。

只要移动支付在信用安全、手续费用、快捷程度以及和零售企业方的合作问题得到有效的解决，消费者在传统购物时使用手机支付这一新方式的可能性就会很大。通过国内、国外的手机支付实践，人们完全有理由相信手机支付将在未来大有作为，并成为传统支付手段的一种有力补充。无论如何，移动支付具备了现金支付和银行卡支付的各种优势，会随着手机用户稳步增长的速度而日益发展，手机支付必将成为人们生活购物方式的一种潮流。

第八节　网上银行

一、网上银行概述

（一）网上银行的概念

在电子商务中，作为支付中介的银行扮演着举足轻重的角色，无论是网上购物还是网上交易，都需要网上银行进行资金的支付和结算。银行是连接卖方和消费者的纽带，银行是否能有效地实现支付手段的电子化和网络化是电子交易成败的关键。

自从 1945 年 10 月美国"安全第一网上银行"诞生以来，网上银行借助现代信息技术，以其低成本、高效益、方便快捷、应用广泛等特点，显示了强大的生命力。国际金融界掀起了一股网上银行热潮，发达国家已有 1000 多家金融机构初步或正在筹划建立网上银行服务系统。有专家预言，21 世纪的银行将是建立在计算机通信技术基础上的网上银行。网上银行正在成为金融机构拓宽服务领域、实现业务增长、调整经营战略的重要手段。电子商务系统的运行离不开银行网上支付的支撑。发展电子商务客观上要求银行业必须同步实现电子化，以保证资金及时、安全地在网上流通，进而保证电子商务目的的最终实现。

网上银行也称为网络银行或在线银行，是指利用 Internet、Intranet 及相关技术处理传统的银行业务及支持电子商务网上支付的新型银行。它实现银行与客户之间安全、方便、友好、实时的链接，可向客户提供开户、销户、查询、对账、行内转账、跨行转账、信贷、网上证券、投资理财以及其他贸易或非贸易的全方位银行业务服务。可以说，网上银行是 Internet 上的虚拟银行柜台。

网上银行是伴随着互联网的发展而出现的。"安全第一网上银行（SFNB）"，是在互联网上提供大范围和多种银行服务的第一家银行，其前台业务在互联网上进行，后台处理集中在一个地点进行，业务处理速度快、服务质量高、服务范围极广。作为第一家网上银行，在它开业后的短短几个月内，即有近千万人次上网浏览，给金融界带来了极大震撼。SFNB 从 1996 年就开始了网上金融服务，尽管在发展的过程中并非一帆风顺，但它确实代表着一种全新的业务模式和未来的发展方向。

目前网上银行的运行机制有以下两种模式。

（1）完全依赖于 Internet 发展起来的全新的电子银行，其特点是银行的所有业务都是通过互联网进行的，如美国的 SFNB。

（2）在现有商业银行基础上发展起来的，把银行服务业务运用到 Internet，开设新的电子服务窗口，即所谓传统业务的外挂电子银行系统。

目前，我国开办的网上银行业务都属于后一种。

（二）网上银行的特点

利用计算机和通信技术实现资金划拨的电子银行业务已经有几十年的历史了，传统的电子银行业务主要包括资金清算业务和用 POS 网络及 ATM 网络提供服务的银行卡业务。网上银行是随着 Internet 的普及和电子商务的发展在近几年逐步成熟起来的新一代电子银行，它依托于传统银行业务，并为其带来了根本性的变革，同时也拓展了传统的电子银行业务功能。与传统银行和传统电子银行相比，网上银行在运行机制和服务功能方面都具有其独特的特点。

1. 开放性、虚拟性

网上银行突破了银行传统业务的操作模式，以客户为中心，以技术为基础。

2. 全球化、无分支机构

业务信息系统的管理控制能力要求高，集成性强，无须物理的银行分支机构，且能提供跨区域的 24 小时服务。

3. 智能化

网上银行通过 Internet 提供内容更加丰富的高质量金融服务，优化传统金融机构的结构和运行模式。

4. 创新化

网上银行实行机构虚拟化、网络化、无纸化服务，能降低运营成本，简化系统的运营升级。

二、网上银行安全控制

银行必须能够确认某一特定通信、交易或进入请求是否合法，相应地，银行应该使用可靠的方法来审核新客户的身份和授权情况，同时也要审核寻求开展电子交易的老客户的身份和授权情况。在账户开立时对客户身份进行审核，可以减少诸如盗用身份、欺诈账户和洗钱等方面的风险。如果银行不能对客户的身份作适当认证，就可能导致未经授权的人员进入电子银行账户，出现欺诈、秘密信息泄露或无意卷入犯罪活动，并且最终给银行造成经济损失和声誉损害。在一个完全开放的电子网络环境中，确认和认证进入银行系统的人员的身份和授权情况，可能是一项非常艰巨的任务。网络黑客可能通过许多技术盗用合法用户的授权，还可以通过使用"嗅探器"，来占用合法授权人员的线路，进行有害或犯罪性质的业务。此外，黑客可以通过修改身份认证数据库绕过认证控制程序。因此，银行必须拥有正式的政策和程序，使用各种适当的方法，确保银行能够正确地对个人、代理人或系统的身份和授权情况进行认证，使用的方法既要独特又要尽量切实可行，并且能够阻止非授权的个人和系统的进入。

银行可以用来进行认证的方法有很多种，其中包括个人身份号码、密码、智能卡、生物测量技术和数字证书。这些方法可以单独使用或合并使用。一般来说，多种认证方法同时使用会更安全。银行管理层必须对整个电子银行系统或其某些组成部分所带来的风险进行评估分析，在此基础上决定采用何种身份认证方法。风险分析应该包括评估电子银行系统（如资金转移、账单支付、贷款发放、账户汇总等）的交易能力、所储存的电子银行数据的敏感度和价值以及客户使用认证方法的难易程度。

在跨境电子银行业务中，完善的客户认证和授权程序非常重要。因为在与国外客户进行电子交易时，可能会出现许多其他方面的难题，包括身份模仿的风险，对潜在客户的资信状况进行有效审查的难度则更大。在认证方法不断发展的同时，应该鼓励银行跟踪和采用该领域中的业界稳健做法，以确保审查进入电子银行顾客账户或敏感系统的身份认证数据库不被篡改和毁损。任何篡改都可以被及时发现，并且对这些篡改企图进行审计跟踪。对个人、代理或系统的身份认证数据库所进行的增加、删除或修改都需要事先经认证资源适当授权。

应该采取适当措施，控制电子银行系统连接，如防止未知的第三方取代已有的客户。

在整个通信期间，经过认证的电子银行通信线路一直保持安全状态。如果因安全原因而中断通信线路，再次进入时应该要求重新认证。

不可否认性包含产生原始凭证或传送电子信息以保护传送人免受数据接收人的虚假否认，或者保护接收人免受数据传送人的虚假否认。在诸如信用卡或证券交易等传统交易中，否认交易的风险已经比较严重。电子银行业务中的此项风险变得更加突出，因为电子银行业务中对交易各方的身份和授权情况进行有效认证的难度大，并且存在可能出现修改或劫持电子交易的潜在可能，另外电子银行用户还可能宣称有关交易被欺诈性地修改过。为了解决这些突出问题，银行需要按照电子银行交易的重要性和类型作出合理的努力，以确保电子银行系统在设计时，尽量减少授权用户进行意外交易的可能性，也不应要求客户完全了解他们所进行交易的相关风险。

所有交易各方都经过有效认证，并维持对认证渠道的控制。财务交易数据不能被随便修改，并且任何修改可以被发现。银行已经开始使用各种技术来帮助建立不可否认性机制，以确保电子银行交易的保密性和完整性。这些技术包括使用公钥加密体系的数字证书。银行可以向客户或交易对象发放数字证书，以保证其独特的身份识别和认证，减少交易否认的风险。虽然有些国家的客户有权按照特定法律条款否认某些交易，但是有些国家已经进行立法，认可数字签字的法律效力。随着相关技术的不断发展，越来越多的国家可能在法律上认可数字签字技术。

第九节　第三方电子支付平台

一、第三方电子支付平台概述

第三方支付是买卖双方在交易过程中的资金"中间平台"，是在银行监管下保障交易双方利益的独立机构。在通过第三方支付平台的交易中，买方选购商品后，使用第三方平台提供的账户进行货款支付，由第三方通知卖家货款到达、进行发货；买方检验物品后，通知付款给卖家，第三方再将款项转至卖家账户。作为网络交易的监督人和主要支付渠道，第三方支付平台给我们提供了更丰富的支付手段和可靠的服务保证。相对于其他的资金支付结算方式，第三方支付可以比较有效地保障货物质量、交易诚信、退换要求等环节，在整个交易过程中，都可以对交易双方进行约束和监督。在不需要面对面进行交易的电子商务形式中，第三方支付为保证交易成功提供了必要的支持，因此随着电子商务在国内的快速发展，第三方支付行业也发展迅猛。

1. 第三方平台结算支付模式的优点

（1）比较安全。信用卡信息或账户信息仅需要告知支付中介，而无须告诉每一个收款人，大大减少了信用卡信息和账户信息失密的风险。

（2）支付成本较低。支付中介集中了大量的电子小额交易，形成规模效应，因而支付成本较低；

（3）使用方便。对支付者而言，他所面对的是友好的界面，不必考虑背后复杂的技术操作过程。

（4）支付担保业务可以在很大程度上保障付款人的利益。

2. 第三方平台结算支付模式的缺点

（1）这是一种虚拟支付层的支付模式，需要其他的"实际支付方式"完成实际支付层的操作。

（2）付款人的银行卡信息将暴露给第三方支付平台，如果这个第三方支付平台的信用度或者保密手段欠佳，将带给付款人相关风险。

（3）第三方结算支付中介的法律地位缺乏规定，一旦第三方平台该终结破产，消费者所购买的"电子货币"可能成了破产债权，无法得到保障。

（4）由于有大量资金寄存在支付平台账户内，而第三方平台并非金融机构，所以有资金寄存的风险。

二、第三方电子支付平台的交易流程

第三方支付使商家看不到客户的信用卡信息，同时又避免了信用卡信息在网络多次公开传输而导致的信用卡被窃事件。第三方支付一般的运行模式如下。

（1）消费者在电子商务网站选购商品，最后决定购买，买卖双方在网上达成交易意向。

（2）消费者选择利用第三方支付平台作为交易中介，用借记卡或信用卡将货款划到第三方账户，并设定发货期限。

（3）第三方支付平台通知商家，消费者的货款已到账，要求商家在规定时间内发货。

（4）商家收到消费者已付款的通知后按订单发货，并在网站上作相应记录，消费者可在网站上查看自己所购买商品的状态；如果商家没有发货，则第三方支付平台会通知顾客交易失败，并询问是将货款划回其账户还是暂存在支付平台。

（5）消费者收到货物并确认满意后通知第三方支付平台。如果消费者对商品不满意，或认为与商家承诺有出入，可通知第三方支付平台拒付货款并将货物退回商家。

（6）消费者满意，第三方支付平台将货款划入商家账户，交易完成；消费者对货物不满，第三方支付平台确认商家收到退货后，将该商品货款划回消费者账户或暂存在第三方账户中等待消费者下一次交易时支付。

第三方支付流程如图5-6所示。

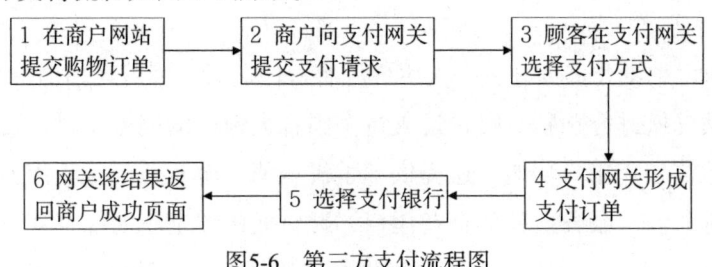

图5-6　第三方支付流程图

第三方交易平台的支付流程如图5-7所示。

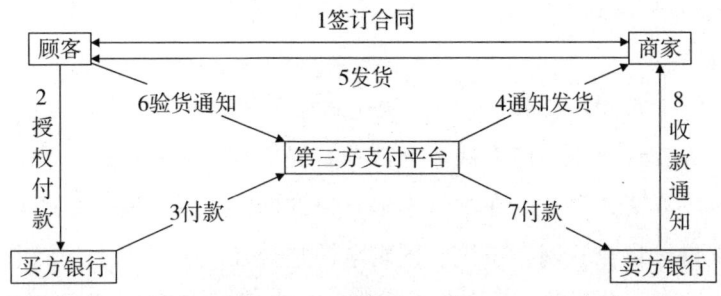

图5-7　第三方交易平台的支付流程

三、常用第三方支付平台介绍

1. 支付宝

支付宝由阿里巴巴公司创办，最初是淘宝网公司为了解决网络交易安全所设的一个功能，该功能率先使用了"第三方担保交易模式"。支付宝用户覆盖了整个 C2C、B2C 以及 B2B 领域，目前除淘宝和阿里巴巴外，支持使用支付宝交易服务的商家已经超过 46 万家，涵盖了虚拟游戏、数码通信、商业服务、机票等行业。这些商家在享受支付宝服务的同时，更是拥有了一个极具潜力的消费市场。

2. 快钱

快钱公司是国内领先的独立第三方支付企业，旨在为各类企业及个人提供安全、便捷和保密的综合电子支付服务。其推出的支付产品包括人民币支付、外卡支付、神州行支付、代缴/收费业务、VPOS 服务、集团账户管理等众多支付产品，还支持互联网、手机、电话和 POS 等多种终端。快钱已经和多家国内外知名企业如网易、搜狐、百度、TOM、当当、柯达、神州数码、万网、国美、三联家电等公司达成战略合作。

3. 财付通

财付通由腾讯公司创办，个人用户注册财付通后，即可在拍拍网及 40 多万家购物网站轻松进行购物。财付通支持全国各大银行的网银支付，支持提现、收款、付款等配套账户功能，还提供了手机充值、游戏充值、信用卡还款、机票专区等特色便民服务。针对企业用户，财付通构建全新的综合支付平台，业务覆盖 B2B、B2C 和 C2C 各领域，提供卓越的网上支付及清算服务。财付通还提供了安全可靠的支付清算服务和极富特色的 QQ 营销资源支持，与广大商户共享 3 亿腾讯用户资源。

4. 易宝

易宝支付（YeePay.com）是国内领先的独立第三方支付公司，自 2003 年 8 月成立以来一直致力于为广大商家和消费者提供"安全、简单、快乐"的专业电子支付解决方案和服务。在立足网上支付的同时，易宝支付不断创新，首家推出电话支付，将互联网、手机、固定电话整合在一个平台上，使电子支付实现了"网上线下"全覆盖，并以随需应变、量身定制为原则，陆续推出了航旅、游戏、网上购物、教育考试等行业的专用支付解决方案。目前签约的大中型商家已超过 1 万家，其中包括百度、搜狐、易趣、当当、慧聪、九城、盛大、完美世界、海南航空、深圳航空、四川航空、南航电子商务公司等。易宝支付首倡"绿色支付，快乐生活"的理念。"绿色支付"的内涵是安全、便捷、低成本、高效率、创新、公益，其理念是用绿色支付服务绿色商家，绿色商家创造快乐生活，并通过"绿色支付"推动社会公益。

5. 贝宝

贝宝是由上海网付易信息技术有限公司与世界领先的网络支付公司——PayPal 公司通力合作为中国市场量身定做的网络支付服务。贝宝利用 PayPal 公司在电子商务支付领域先进的技术、风险管理与控制以及客户服务等方面的能力，通过开发适合中国电子商务市场与环境的产品，为电子商务的交易平台和交易者提供安全、便捷和快速的交易支付支持。 上海网付易信息技术有限公司成立于 2004 年 8 月，注册于张江高科技园区的浦东软件园。公司已同国内多家主要银行以及中国银联支付服务公司（Chinapay）等结成战略合作，为网上交易的个人与企业提供支付服务。 PayPal 公司成立于 1998 年 12 月，是美国 eBay 公司的全资子公司。PayPal 利用现有的银行系统和信用卡系统，通过先进的网络技术和网络安全防范技术，在全球 190 个国家为超过 1.5 亿个人以及网上商户提供安全便利的网上支付服务。

6. 首信易

1998 年 11 月 12 日，由北京市政府与中国人民银行、信息产业部、国家内贸局等中央部委共同发起的首都电子商务工程正式启动，确定首都电子商城（首信易支付的前身）为网上交易与支付中介的示范平台。首信易支付自 1999 年 3 月开始运行，是中国首家实现跨银行、跨地域提供多种银行卡在线交易的网上支付服务平台，现支持全国范围 23 家银行及全球范围内 4 种国际信用卡在线支付，拥有千余家大中型企事业单位、政府机关、社会团体组成的庞大客户群。

第六章　电子商务网络营销

第一节　网络营销概述

一、网络营销的产生和发展

（一）网络营销的内涵

网络营销在国外有许多种翻译，如 Cyber Marketing，Internet Marketing，Network Marketing，e-Marketing 等。不同的单词词组有着不同的含义，Cyber Marketing 主要是指网络营销是在虚拟的计算机空间（Cyber，计算机虚拟空间）进行运作；Internet Marketing 是指在 Internet 上开展的营销活动；Network Marketing 是在网络上开展的营销活动，同时这里的网络不仅仅是 Internet，还可以是一些其他类型的网络，如增值网络 VAN。目前，比较习惯采取的翻译方法是 e-Marketing，e 表示电子化、信息化、网络化的含义，既简洁又直观明了，而且与电子商务（e-Business）、电子虚拟市场（e-Market）相对应。

网络营销是企业整体营销战略的一个组成部分，是为实现企业总体经营目标所进行的、以互联网为基本手段营造网上经营环境的各种活动。它包含以下四个主要方面。

（1）利用网络为基础的信息技术，包括利用 Web 技术的网站建设、搜索引擎、E-mail、数据库等，为企业和市场提供了以前无法达到和想象的获得信息的能力。

（2）网络营销是对传统营销在互联网上应用和扩充，是企业整体营销战略的一部分。网络营销的实质就是指利用互联网技术，最大限度地满足客户的需求，达到开拓市场、增加盈利的一个经营过程。

（3）网络营销是通过互联网进行信息交换的，它具有许多网络带来的新特点，如空间的虚拟性、全球性、时间无限性、信息沟通的互动性等。

（4）网络营销不同于网上销售，更不是简单的建立企业网站或者利用网络做一个广告。网络营销不是独立的，而是企业整体营销策略中的组成部分，包括企业内部和外部信息处理及网站本身、产品、顾客、网络服务商、合作伙伴、供应商、销售商等因素，并共同形成一个营销体系。

（二）网络营销产生的基础

1.网络营销产生的技术基础

网络的出现和发展改变了信息分配和接受的方式，改变了人们的生活、工作、学习、合作和交流的环境。通信技术的发展，促使互联网成为一个辐射面更广、交互性更强的新型媒体。它不再限于传统的广播、电视等媒体的单向性传播，而可以与媒体的接受者进行实时的交互式的沟通和联系。企业也正在利用网络促进企业的发展，改变其经营理念、经营组织、经营方式和方法。

随着互联网作为信息沟通渠道在商业上的使用，互联网的商业潜力被挖掘出来，显现出巨大威力和发展前景。

2. 网络营销产生的观念基础

（1）观念的回归。满足消费者的需求是企业经营永恒的核心。在相当长的一个历史阶段中，工商业都是将消费者作为单独个体进行服务。此时，个性消费是主流。近代的工业化和标准的生产方式使消费者的个性被大量低成本、单一化的产品淹没，同时，短缺经济和近乎垄断的市场使消费者可挑选的产品很少，消费个性被压抑。市场经济发展到今天，多数产品无论在数量还是在品种上都已极为丰富。消费者能够以个人心愿为基础挑选和购买商品与服务。他们的需求更多，且需求的变化更快。消费者的选择不单是商品的使用价值，而且还包括其他的"延伸物"，这些"延伸物"及其组合可能各不相同。因此，每一个消费者都是一个细分市场。个性化消费正在也必将再度成为消费的主流。

（2）消费的主动性增强。在社会分工日益细分化和专业化的趋向下，消费者对购买的风险感会随选择的增多而上升，因而对单项的"填鸭式"营销沟通感到厌倦和不信任。在许多购买活动中，特别是大件耐用消费品的购买中，消费者会主动通过各种可能的渠道获取与商品有关的信息并进行比较，以减轻风险感或减少购买后后悔的可能，增加对产品的信任和争取心理上的满足感。消费主动性的增强源于现代社会不确定性的增强和人类追求心理稳定和平衡的欲望。

（3）对购买方便性的需求与购物乐趣的需求并存一部分工作压力较大、紧张度高的消费者以购物方便为目标，要求时间和劳动成本的尽量节约。另一部分消费者则由于劳动生产效率的提高，人类可支配时间增加，一些自由职业者或家庭主妇希望通过购物消费来消遣时间，寻找生活乐趣，保持与社会的联系，减少心理孤独感，愿意多花时间和体力进行购物。这两种相反的心理将会在今后较长时间内并存和发展。

（4）价格仍然是影响消费心理的重要因素

虽然营销工作者倾向于以各种差别化来减弱消费者对价格的敏感度，避免恶性削价竞争，但价格始终对消费者有重要影响。这说明即使在发达的营销技术面前，价格的作用仍不可忽视。只要价格降价幅度超过消费者的心理界限，消费者也难免会怦然心动地改变既定的购物原则。

3. 网络营销产生的现实基础

网络营销还产生于商业的竞争。随着市场竞争的日益激烈化，为了在竞争中占有优势，各企业都使出了浑身的解数想方设法地吸引顾客，很难说还有什么新颖独特的方法出奇制胜。一些营销手段即使能在一段时间内吸引顾客，也不一定能使企业盈利增加。市场竞争已不再依靠表层的营销手段的竞争，更深层次上的经营组织形式上的竞争已经开始。经营者迫切寻求变革，以尽可能地降低商品在从生产到销售的整个供应链上所占用的成本和费用比例，缩短运作周期。

对于经营者求变的要求，网络营销可谓一举多得。开展网络营销可以大量节约昂贵的店面租金，减少库存商品资金占用，经营规模不受场地的限制，便于采集客户信息等。这些都可以使其经营成本和费用降低，运作周期变短，从根本上增强企业的竞争优势，增加盈利。

随着网民人数的增加和生活节奏的加快，越来越多的人开始在网上购物，网络市场上蕴藏着无限商机。

二、网络营销理论

由于网络带来的营销手段和性质的变化，传统营销理论需要进一步发展和完善，通过对网络特性和新型消费者的需求引发的购买行为重新考虑，形成具有网络特色的营销理论。当前的网络营销理论基础主要包括直复营销理论、整合营销理论、软营销理论、关系营销理论、数据库营销理论和服务型营销理论。尽管当前的网络营销理论还不是很成熟，更强调实践的可操作性和创新性，但是网络营销的理论对实践具有一定的指导作用。

（一）直复营销理论

所谓直复营销，是指依靠产品目录、印刷邮件、电话或附有直接反馈的广告以及其他相互交流形式的媒体进行的大范围营销活动。直复营销中的"直"是指不通过中间分销渠道而直接通过媒体连接消费者；"复"是指企业和消费者的信息交互，包括企业和消费者的信息交互、产品信息以及交易和支付信息的交互。美国直复营销协会（ADMA）给直复营销下的定义："直复营销是使用一种或多种广告媒体在任何地点达成交易或者可以度量反应的一个互动的营销系统。"这个定义包含了以下四个要素。

（1）直复营销是一个相互作用的体系，即直复营销人员和目标顾客之间是以"双向信息交流"的方式联系的。在传统的市场营销的方式中，营销人员总是试图将信息传递给目标客户，但是却无法了解这些信息究竟对目标顾客产生了怎样的影响，这种传递信息的方式称为"单向信息交流"。传统的市场营销人员只能根据广告的效果进行决策，存在很大的误差；而直复营销人员则能根据市场营销活动的效果进行决策，十分精确。

（2）直复营销活动为每个目标顾客提供直接向营销人员反应的机会。顾客可通过多种方式将自己的反应回复给直销人员。值得一提的是，没有反应行为的目标顾客人数对于直复营销人员来说也是十分重要的，他们可据此找出不足，为成功地开始下一次直复营销活动作准备。

（3）在传统营销中，地点选择是至关重要的，但在直复营销中，只要某一媒体能将顾客和直复营销人员联系在一起，双向传播可能在任何地点发生，如在顾客家里、在公共场所或在工作场所。

（4）所有直复营销活动的效果都是可测定的。在直复营销活动中，任何一种媒体使消费者产生的直接反应是很容易确定的。因此，直复营销人员能很确切地知道何种信息交流方式使目标顾客产生了反应行为，反应的具体内容是什么。

(二) 整合营销理论

整合营销传播理论简称为整合营销，其主要包含三个方面的含义：一是企业传播信息的一致性；二是消费者与企业进行沟通的互动性；三是目标营销，即企业的一切营销活动都应围绕企业目标来进行，实现全程营销。

在当前后工业化社会中，第三产业中服务业的发展是经济主要的增长点，传统的以制造业为主的经济正向服务型经济发展。后工业社会要求企业的发展必须以服务为主，必须以顾客为中心，为顾客提供适时、适地、适情的服务，最大限度上满足顾客需求。互联网作为跨时空传输的"超导体"媒体，可以为顾客在其所在地提供及时服务，同时互联网的交互性可以了解顾客需求并提供有针对性的响应，因此互联网可以说是消费者时代中最有魅力的营销工具。

互联网对市场营销的作用，可以通过4P（产品/服务、价格、分销、促销）结合发挥重要作用。利用互联网传统的4P营销组合可以更好地与以顾客为中心的4C（顾客、成本、方便、沟通）相结合。

1. 产品和服务以顾客为中心

由于互联网有很好的互动性和引导性，用户通过互联网在企业的引导下对产品或服务进行选择或提出具体要求，企业可以根据顾客的选择和要求及时进行生产并提供及时服务，使顾客跨时空得到满足要求的产品和服务；另外，企业还可以及时了解顾客需求，并根据顾客要求及时组织生产和销售，提高企业的生产效益和营销效益。如美国PC销售公司Dell公司，在1995年还是亏损的，但在1996年，他们通过互联网来销售计算机，业绩得到100%的增长。由于顾客通过互联网可以在公司的设计主页上进行选择和组合计算机，公司的生产部门马上根据要求组织生产，并通过邮政公司寄送，因此公司可以实现零库存，特别是在计算机部件价格急剧下降的年代，零库存不但可以降低库存成本，还可以避免因高价进货带来的损失。

2. 以顾客接受的成本定价

传统的以生产为基准的定价在以市场为导向的营销中是必须摒弃的。新型的价格是以顾客能接受的成本来定价，并依据该成本来组织生产和销售。企业以顾客为中心定价，必须测定市场中顾客的需求以及对价格认同的标准，否则以顾客接受的成本来定价是空中楼阁。企业在互联网上则可以很容易地实现这一新型的定价方式。顾客可以通过互联网提出接受的成本，企业根据顾客的成本提供柔性的产品设计和生产方案供用户选择，直到顾客认同并确认后再组织生产和销售，所有这一切都是在公司的服务器程序的引导下完成的，并不需要专门的服务人员，因此成本也极其低廉。例如，美国的通用汽车公司允许顾客在互联网上通过公司的有关导引系统自己设计和组装满足自己需要的汽车，用户首先确定接受价格的标准，然后系统根据价格的限定从中显示满足要求式样的汽车，用户还可以进行适当的修改，公司最终生产的产品恰好能满足顾客对价格和性能的要求。

3. 产品的分销以顾客为主

网络营销是一对一的分销渠道，是跨时空进行销售的，顾客可以随时随地利用互联网订货和购买产品。以法国钢铁制造商犹齐诺—洛林公司为例，因为采用了电子邮件和世界范围的订货系统，从而把加工时间从 15 天缩短到 24 小时。目前该公司正在适用互联网络，以提供比对手更好、更快的服务。该公司通过内部网与汽车制造商相联系，从而能在对方提出需求后及时把钢材送到对方的生产线上。

4. 压迫式促销转向加强与顾客沟通和联系

传统的促销是以企业为主体，通过一定的媒体和工具对顾客进行压迫式的促销方式来加强顾客对公司和产品的接受度和忠诚度，顾客是被动接受的，缺乏与顾客的沟通和联系，同时公司的促销成本很高。互联网的营销是一对一交互式的，顾客可以参与到公司的营销活动中来，因此互联网更能加强与顾客的沟通和联系，更能了解顾客的需求，更能引起顾客的认同。美国的雅虎（Yahoo）公司，开发了一种能在互联网上对信息分类检索的工具，由于该产品具有很强的交互性，用户可以将自己认为重要的信息提供给雅虎公司，雅虎公司马上将分类信息加入产品中供其他用户使用，因此不用做宣传，其产品就能广为人知，并且在短短两年时间内公司的股票市场价值就达几十亿美元，增长了几百倍之多。

（三）软营销理论

软营销理论是针对工业经济时代的以大规模生产为主要特征的"强势营销"提出的理论，它强调企业进行市场营销活动的同时必须尊重消费者的感受和体验，让消费者能主动接受企业的营销活动。传统的营销活动中最能体现强势营销特征的是两种促销手段：传统广告和人员推销。在传统广告中，消费者常常是被迫和被动地接受广告信息的"轰炸"，它的目标是通过不断的信息灌输方式在消费者心中留下深刻的印象，至于消费者是否接受、需不需要则不考虑；在人员推销中，推销人员根本不考虑被推销对象是否愿意和需要，只是根据推销人员自己的判断强行展开推销活动。

在互联网上，由于信息交流是自由、平等、开放和交互的，强调的是相互尊重和沟通，网上使用者比较注重个人体验和隐私保护。因此，企业采用传统的强势营销手段在互联网上展开营销活动势必适得其反。如美国著名的 AOL 公司曾经对其用户强行发送 E-mail 广告，结果招致用户的一致反对，许多用户约定同时给 AOL 公司服务器发送 E-mail 进行报复，结果使 AOL 的 E-mail 邮件服务处于瘫痪状态，最后不得不道歉平息众怒。网络软营销恰好是从消费者的体验和需求出发，采取拉式策略吸引消费者关注企业来达到营销效果。在互联网上开展网络营销活动，特别是促销活动应当遵循一定的网络虚拟社区形成规则，有的也称为"网络礼仪"（Netiquette）。网络软营销就是在遵循网络礼仪规则的基础上通过对网络化礼仪的巧妙运用达到一种微妙的营销效果。

（四）关系营销理论

关系营销是把营销活动看成一个企业与消费者、供应商、分销商、竞争者、政府机构及其他公众发生互动作用的过程。其核心是建立和发展与这些公众的长期、稳定的良好关系，通过为顾客提供高度满意的产品，提供有效的服务来加强与顾客的联系，保持与顾客的长期关系，培育顾客忠诚度，并在与顾客保持长期关系的基础上开展营销活动，实现企业的营销目标。可见，关系营销理论要解决的核心问题是如何建立和发展长期的互利关系。

1. 关系营销的特征

（1）双向沟通。在关系营销中，沟通应该是双向的而非单向的。双向沟通意味着更广泛的信息交流和信息共享，意味着企业和顾客之间更多的理解，这样才有可能赢得双方的合作和支持。

（2）合作。关系营销强调以人为本，以客户为中心，每一次交易都看作双方互惠的合作，并期待未来更多的合作。

（3）双赢。关系营销不是通过损害其中一方或多方的利益来增加其他各方的利益，而是通过合作增加关系各方的利益。

（4）亲密。关系营销不只是要实现物质利益的互惠，还必须让参与各方能从各方关系中获得情感的需求和满足。

（5）承诺。企业为获得多方信任，满足多方的需求，必须作出高度的承诺，并在营销过程中检查承诺的执行情况，真正兑现承诺。

（6）控制。关系营销要求建立专门的部门，用以跟踪顾客、分销商、供应商及营销系统中其他参与者的态度，由此了解关系的动态变化，检查承诺履行情况和多方的反馈意见，及时采取措施消除关系中的不稳定因素和不利于关系各方利益共同增长的因素，及时改进产品和服务，更好地满足市场的需求。

实施关系营销并不是以损伤企业利益为代价的。根据研究，争取一个消费者的营销费用是老顾客费用的 5 倍，因此加强与顾客的关系并建立顾客的忠诚度，是可以为企业带来长远利益的，它提倡的是企业与顾客双赢策略。

2. 关系营销在互联网中的作用

互联网作为一种有效的双向沟通渠道，使企业与顾客之间可以实现极低费用的沟通和交流，它为企业与顾客建立长期关系提供有效保障。

（1）顾客可以直接提出个性化需求，甚至参加到产品的设计中来。而企业通过互联网可以及时地了解消费者的需求和愿望，及时答复并迅速作出反应，根据顾客的个性化需求，企业可以利用柔性化的生产技术最大限度地满足顾客的需求，为顾客在消费产品和服务时创造更多的价值。

（2）企业可以从顾客的预期中了解市场、细分市场和锁定市场，最大限度降低营销费用，提高对市场的反应速度。同时，企业通过互联网的低成本获得的利润，可以通过让利或提高服务质量等形式，返还给消费者，使其得到更多的实惠。

（3）利用互联网企业可以更好地为顾客提供服务并保持与顾客的联系。互联网不受时间和空间限制的特性能最大限度地方便顾客与企业进行沟通，顾客可以借助互联网在最短的时间内以简便的方式获得企业服务。

（4）通过互联网交易企业可以实现对产品质量、服务质量到交易服务等整个过程的全程的质量控制。

（5）通过互联网企业还可以实现与企业相关的企业和组织建立关系，以低廉成本帮助企业与企业的供应商、分销商等建立协作伙伴关系，实现双赢发展。

五、数据库营销理论

1. 数据库营销的概念

所谓数据库营销，就是利用企业经营过程中收集、形成的各种顾客资料的数据，经分析整理后作为制定营销策略的依据，并作为保持现有顾客资源的重要手段。斯坦·瑞普（Stan Rapp）为数据库营销下的定义：企业运用当今计算机和电信技术的巨大潜力，以个性化、持续性、低成本的方式推进其客户导向的营销活动的能力。

传统的营销方式下，目标用户是一个群体，企业通过能够影响这个群体的媒介来影响这个群体，向这个群体传播它所需要传播的信息。

数据库营销方式的出现，使企业的目标用户不再是一个块状的群体，而可以是一个一个企业可以进行沟通的目标个体。这就为企业重视每一个用户，提升每一个用户的满意度与忠诚度，深入挖掘每一个用户的消费潜力提供了可能。

数据库营销能够做到分析客户消费行为特征、购买习惯，根据用户行为模型与即时数据预测用户购买需求；并且，数据库营销系统运用通信技术、互联网技术，从技术上支持企业与客户之间的实时互动沟通，从而使客户和企业均从中获益。因此，计算机数据库在寻找目标市场和细分市场方面的精确度上远远超过简单的邮购目录或普通广告。

数据库营销还强调建立长期的客户关系的重要意义，这种关系被认为对企业的长期战略营销计划具有重大的帮助。

2. 数据库营销的基本作用

（1）更加充分地了解顾客的需要，为顾客提供更好的服务。通过互动沟通，维护客户关系，提高重复购买率，为企业带来更高的利润率。顾客数据库中的资料是个性化营销和顾客关系管理的重要基础。关系营销强调与顾客之间建立长期的友好关系以获取长期利益。实践证明，进行顾客管理，培养顾客忠诚度，建立长期稳定的关系，对企业是十分重要的。

（2）对顾客的价值进行评估。通过区分高价值顾客和一般顾客，利用数据库的资料，可以计算顾客生命周期的价值，以及顾客的价值周期，对各类顾客采取相应的营销策略。

（3）分析顾客需求行为，预测顾客需求趋势。根据顾客的历史资料，不仅可以预测需求趋势，还可以评估需求倾向的改变。

（4）市场调查和预测。数据库为市场调查提供了丰富的资料，根据顾客的资料可以分析潜在的目标市场。

（六）服务型营销理论

在服务营销观念下，企业关心的不仅是产品能够成功售出，更注重的是用户在享受企业通过有形或无形的产品所提供的服务的全过程感受。因此，企业将更积极主动地关注售后维修、保养，收集用户对产品的意见和建议，并及时反馈给产品设计开发部门，以便不断推出能满足甚至超出用户预期的新产品。同时，在可能的情况下对已售出的产品进行改进或升级服务。从服务营销观念理解，用户购买了你的产品，你的营销工作仅仅是开始而不是结束。

作为服务市场营销学基石的"服务"概念，营销学者一般是从区别于有形的实物产品的角度来进行研究和界定的，如菲利普·科特勒把服务定义为"一方提供给另一方的不可感知且不导致任何所有权转移的活动和利益"。又如，美国市场营销学会将其定义为，"主要为不可感知，却使欲望获得满足的活动，而这种活动并不需要与其他的产品或服务的出售联系在一起。生产服务时可能会或不会利用实物，而且即使需要借助某些实物协助生产服务，这些实物的所有权将不涉及转移的问题。"

与有形产品相比，服务具有以下特征。

1. 不可分离性

有形的工业品或消费品在从生产、流通到最终消费的过程中，往往要经过一系列的中间环节，生产和消费过程具有一定的时间间隔。而服务则与之不同，它具有不可分离性的特点，即服务的生产过程与消费过程同时进行，也就是说服务人员向顾客提供服务时，也正是顾客消费的时刻，二者在时间上不可分离。服务的这一特性表明，顾客只有而且必须加入到服务的生产过程中才能最终消费到服务。例如，只有顾客在场时，理发师才能完成理发的服务过程。

2. 差异性

差异性是指服务无法像有形产品那样实现标准化，每次服务带给顾客的效用、顾客感知的服务质量都可能存在差异。这主要体现在以下三个方面。

（1）由于服务人员的原因，如心理状态、服务技能、努力程度等，即使同一服务人员提供的服务在质量上也可能会有差异。

（2）由于顾客的原因，如知识水平、爱好等，也直接影响服务的质量和效果。比如，同是去旅游，有人乐而忘返，有人败兴而归；同听一堂课，有人津津有味，有人昏昏欲睡。这正如福克斯所言，"消费者的知识、经验、诚实和动机，影响着服务业的生产力。"

（3）由于服务人员与顾客相互作用的原因，在服务的不同次数的购买和消费过程中，即使是同一服务人员向同一顾客提供的服务也可能会存在差异。

3. 不可储存性

服务与有形产品间的一个重要差别是储存能力。产品是有形的，因而可以储存，而且有较长的使用寿命；服务则无法储存。理发、外科手术、酒店住宿、旅游、现场文艺晚会以及其他任何服务，都无法在某一年生产并储存，然后在下一年进行销售或消费。

4. 缺乏所有权

缺乏所有权是指在服务的生产和消费的过程中不涉及任何东西的所有权转移。既然服务是无形的又不可储存，服务产品在交易完成后就消失了，消费者并没有实质性地拥有服务产品。以银行取款为例，通过银行的服务，顾客手里拿到了钱，但这并没有引起任何所有权的转移，因为这些钱本来就是顾客自己的，只不过是"借"给银行一段时间而已。缺乏所有权会使消费者在购买服务时感受到较大的风险。如何克服此种消费心理，促进服务销售，是营销人员所要面对的严峻挑战。

第二节　网络营销的特点与功能

一、网络营销与传统营销的比较

1. 产品定位的差异

在传统营销中，通常是企业先设计制造出产品，再通过营销手段向消费者推销它的定型产品，其基本模式是以产定销。传统营销在存在中间流通环节的情况下，会形成产销脱节，生产者不了解消费者的需求、生产的产品不适销对路是生产企业最头疼的问题；对消费者来说，他们只能被动接受企业所推销的商品，即使有选择权也只是在商家所提供的品种范围内挑选商品，消费者不能直接向生产企业表达自己对产品的需求愿望。在网络营销中，生产企业将以消费者的需求为导向，消费者可以直接参与企业的生产营销决策，通过网络提出自己个性化需求的具体主张，如产品功能、外形、价格等，让企业按照消费者的需求愿望设计独特的产品，实现产品定制，做到以需定产。因此，网络营销将会对产品标准化带来冲击，对不同消费者提供不同的商品将会成为现实，个性化需求将成为趋势。

2. 促销手段的差异

促销的根本目的是争取新客户，留住老客户。对传统营销来说，在争取新客户方面的主要促销手段是进行广告宣传。企业需要斥巨资，在电视、广播、报纸杂志或广告牌上进行产品广告宣传。然而这种广告宣传是单向的，广告和购买是脱节的，广告所起的作用是让客户对某一商场留下印象，为消费者购物提供参考。由于广告时间短、篇幅少，不可能进行详细的介绍，客户有什么问题也无法反馈。

在网络营销中也需要宣传，网络广告的优点是篇幅不受限制，可以采取双向交流的方式，将广告、咨询、技术指导及订购有机地融为一体，提高了经营效率。除此之外，网络广告还可以通过各种办法增加消费者进入网站的便捷性。如可以在相关网站做链接，通过 BBS 和电子邮件发布消息，或在搜索引擎上登记，让客户通过网上搜索迅速找到相应网址。

在留住老客户方面，传统营销可用的促销手段很多，如量大优惠、打折销售、发放红利卡等，还可以讨价还价，促使消费者多买商品。在网络营销中，由于网页是预先设计好的，一般不搞讨价还价等活动。但如有必要，网站可设立网上洽谈室让买卖双方协商价格，网站也可以给会员优惠价、折扣价。但网络营销留住老客户最重要的因素是提高商品配送的效率，切实解决售后服务方面的问题（如退货、保修、维修等），提高客户对网站的信任感。由于网络营销可以通过网络把服务送到企业与家庭，从而使促销方式发生了根本性的变化。

3. 营销方式的改变

在传统营销中，商家要选择一个繁华地段建立店铺，再招聘一批营业员。店铺中必须有足够的存货供客户选购，它的营销人员还必须到处跑采购与推销，因此，传统营销企业的固定资金和流动资金的占用量很大，营销人员众多。店铺还要定期进行装潢，调整货架位置，每天会计要轧账，所以传统营销企业是资本密集型与劳动密集型的。而在网络营销中,企业不需要店铺和一大批营业员,它只需要一个机房、几台服务器和少数营销人员及网站维护人员。它的营销人员不需要到处跑采购与推销,只需要坐在计算机前通过网络与世界各地的相关企业随时保持联系。网站不存在商店的装潢、货架的摆放问题,有的只是网页界面的调整,它不需会计轧账,而是由后台数据库自动处理,工作效率很高,所以网络营销企业是技术密集型的。

4. 竞争形式的差异

传统营销是在现实空间中厂商之间进行的面对面的竞争,处在黄金地段的店面和一批高素质的营销人员是商家最有力的竞争砝码,比的是企业的规模和资金的实力,传统营销竞争的游戏规则是"大鱼吃小鱼"。由于一个店面的覆盖面是有限的,如果厂商要扩大规模,就必须增设店铺,建立庞大的销售网,每增设一个店铺就要花费大量资金,成本高效益却不高。随着现实空间商业竞争的加剧,这种竞争成本会越来越高,所以这种扩大再生产是外延型扩大再生产。而网络营销是通过网络虚拟空间进入企业与家庭,不需要店面和众多营销人员。由于网络虚拟市场中,传统营销的某些竞争优势变得不重要了,在网络上企业的大小是看不出来的,所有的网站之间展开的是公开的竞争,是高科技的竞争,是看不见的战线上进行的不见面的竞争;网站进入的便捷性和网站的知名度是竞争中的砝码,运行效率和经济效益是最重要的竞争优势,网络营销竞争的游戏规则是"快鱼吃慢鱼"。

5. 营销策略的不同

在传统营销策略中,企业追求的是利润最大化目标。由于技术手段和物质基础的限制,产品(Product)、价格(Price)、渠道(Place)和促销(Promotion)成为企业经营的关键性内容,以上组合被称为4P营销策略。这种营销策略是以产品为导向的,以企业为中心来确定价格,是靠强势推销实行的,顾客被当成整个营销过程的终结,处于被动的接受地位。这在卖方市场中是可行的,而在买方市场中却是行不通的。

在网络经济时代,这种营销策略将会有很大的改变。首先是地域的概念没有了;其次是宣传和销售渠道统一到了网上;再次是实施网络营销将大幅度降低成本。相反,一些新的问题被纳入到营销策略需要考虑的范畴,如建立网络营销系统的立足点不是单纯的产品供应,而是满足顾客的欲望和需求;不是单方面考虑产品价格，而是研究顾客为满足自己的需求所愿负担的开支；不是单纯考虑营销渠道，而是研究如何方便顾客购买；不是简单地向顾客促销商品，而是与顾客进行双向沟通。从而形成了 4C 营销策略，即顾客的欲望与需求（Consumer'swants and Needs）、满足欲望与需求所需要的成本（Cost to Satisfy wants and Needs）、方便购买（Convenience to Buy）和加强沟通（Communication）。

网络营销所主张的观念是如下。

（1）不急于制定产品策略，而以研究消费者的需求和欲望为中心；不是将自己制造的产品强行推销给顾客，而是设计消费者想购买的产品。网络营销要求把顾客整合到营销过程中来，从他们的需求出发开始整个营销过程。

（2）暂时把定价政策放一边，而研究消费者为满足其需求所愿支付的成本。传统的以成本为基础的定价在以市场为导向的营销中是必须摒弃的，新型的定价策略应是以顾客能接受的成本来确定，而在互联网上很容易实现这些要求。顾客可以通过互联网提出可接受的成本，企业根据顾客的成本提供柔性的产品设计和生产方案供用户选择，直到顾客认同后再组织生产。所有这一切均是在网络服务器程序的引导下完成的，不需要专门的技术人员，所以成本也很低廉。

（3）忘掉营销渠道，着重考虑消费者购买产品的方便性。网络营销是一对一的分销，是跨时空进行销售的，顾客可以随时随地地利用网络购买产品，企业必须妥善安排物流配送环节，确保顾客保质保量地快速收到所购买的产品。由于网络营销可以实行供应链网络管理，从而减少从订货到加工生产再到送货的周期，提高了运行效率。

（4）抛开促销策略，加强与消费者沟通与交流。企业的营销决策不是从企业的自身角度出发，而是从消费者的角度进行思考，在满足消费者需求的前提下，寻求企业利润的最大化。在这种模式中，由于消费者与企业之间不断的信息交流，使消费者的地位发生变化，消费者不再仅仅是企业商品的购买者，而成为一种资源。在这种双向交流中，一方面消费者的需求不断得到满足，建立起对企业的忠诚意识；另一方面，由于这种满足是针对差异性很强的个性化需求，就使其他企业的进入壁垒变得更高，其他生产企业即使生产类似产品也不能同样程度地满足该顾客的个性需求，企业与该顾客的关系变得非常紧密，甚至牢不可破，从而形成"一对一"的营销关系。企业的竞争力与顾客从企业得到的产品和服务中感受到的价值和满意程度密切相关,顾客感受到的价值和满意程度越高,企业的竞争力越强。这样的营销能实现满足消费者个性化需求和利润最大化两个目标。

二、网络营销的特点与功能

(一)网络营销的特点

随着互联网技术发展的成熟以及互联网成本的低廉,互联网如同"万能胶"一样将企业、团体、组织以及个人跨时空联结在一起,使他们之间信息的交换变得"唾手可得"。市场营销中最重要也最本质的是组织个人之间进行信息传播和交流,而互联网络具有营销所要求的某些特性,使网络营销呈现出以下一些特点。

1. 跨时空

网络的连通性和开放性决定了网络营销的跨国性和全球性。由于互联网能够超越时间约束和空间限制进行信息交换,因此脱离时空限制达成交易成为可能。企业能有更多时间和更大的空间进行营销,可每天 24 小时随时随地提供全球性营销服务。

2. 多媒体

互联网络可以传输多种媒体的信息,如文字、声音、图像等信息,使为达成交易进行的信息交换可以以多种形式进行,能够充分发挥营销人员的创造性和能动性。

3. 交互式

网络营销的交互式使企业更容易向特定用户传递信息,而用户也能更方便地获取信息。一方面,企业可以通过互联网向客户发布丰富生动的、及时的产品信息和相关资料,和顾客进行双向互动式的沟通;可以进行市场调查、产品测试与消费者满意调查等营销活动。另一方面,消费者可以通过网站、搜索引擎、E-mail 等工具更方便地了解和比较所需信息,理智地选择商品,作出购物决策,甚至可以提出自己个性化的需求。这种交互式的沟通方式是以消费者为主导的、非强迫性的,它使企业与消费者之间的沟通更直接、更迅速、更方便、更友好,也更有效了。

4. 人性化

在互联网上进行促销具有一对一的、理性的、消费者主导的、非强迫性的、循序渐进式的特点，而且是一种低成本、人性化的促销，避免了推销员强势推销的干扰，并且企业通过信息提供与交互式沟通，能与消费者建立长期的、相互信任的良好关系。

5. 成长性

互联网络使用者数量快速成长并遍及全球，使用者多属年轻人、中产阶级和高教育水平者，由于这部分群体购买力强而且具有很强的市场影响力，因此互联网是一项极具开发潜力的市场渠道。

6. 整合性

互联网络上的营销可由商品信息的收集至收款、售后服务一气呵成，可以说是一种全程的营销渠道，因此，网络营销具有整合性的特点。另外，企业可以借助互联网络将不同的传播营销活动进行统一设计规划和协调实施，以统一的传播渠道向消费者传达信息，避免不同传播中的不一致性产生的消极影响，提高整合效果。

7. 超前性

互联网络是一种功能强大的营销工具，它同时兼具渠道、促销、电子交易、互动式网上顾客服务以及市场信息分析与提供等多种功能，并且它所具备的一对一营销能力，正符合定制营销与直复营销的未来趋势。

8. 高效性

网络营销的高效性主要表现在网络海量的数据存储能力，快速准确的数据处理和传输能力，信息的可测量性和交互能力等方面。由于网络营销由网络通信技术和计算机技术为支撑，可传送的信息数量与精确度即表现出来的商业智能和个性化，远远超过现有的其他媒体和营销手段。这使得企业能够适应市场的需求，及时更新产品或调整产品的价格，及时有效了解和满足顾客的需求。同时，现代银行电子支付技术的完善，使整个交易过程更加简单、高效。

9. 经济性

在互联网上，无论是存储信息、处理信息、发布信息、获取信息还是渠道费用，与传统方式相比，其成本都是比较低廉的。因此，网络技术的应用为企业营销活动和消费者购买商品提供了降低成本的可能。

网络营销的直销性减少了传统营销的中间流通环节，同时也就减少了多次流通的损耗和费用。而且网络营销在市场调查、宣传促销、经营管理等方面也减少了费用，一方面是可以无店面销售，免交租金，节约水电与人工成本；另一方面是由于网络的作用提高了效率。

10. 技术性

网络营销是建立在高技术作为支撑的互联网络的基础上的，而网络营销的技术性要求企业必须有一定的技术投入和技术支持，改变传统的组织形态，提升信息管理部门的功能，引进懂得营销和计算机技术的复合型人才，只有这样才能具备和增强本企业在网络市场上的竞争优势。

（二）网络营销的功能

1. 信息搜索功能

信息搜索功能是网络营销进击能力的一种反映。在网络营销中，将利用多种搜索方法，主动地、积极地获取有用的信息和商机；将主动地进行价格个比较；将主动地了解对手的竞争态势；将主动地通过搜索获取商业情报，进行决策研究。搜索功能已经成为营销主体能动性的一种表现，一种提升网络经营能力的进击手段和竞争手段。

随着信息搜索功能由单一化向集群化、智能化的发展，以及向定向邮件搜索技术的延伸，网络搜索的商业价值得到了进一步的扩展和发挥，寻找网上营销目标将成为一件易事。

2. 信息发布功能

发布信息是网络营销的主要方法之一，也是网络营销的一种基本功能。无论哪种营销方式，都要将一定的信息传递给目标人群。但网络营销所具有的强大的信息发布功能，是古往今来任何一种营销方式都无法比拟的。

网络营销可以把信息发布到全球任何一个地点，既可以实现信息的广覆盖，又可以形成地毯式的信息发布链；既可以创造信息的轰动效应，又可以发布隐含信息。信息的扩散范围、停留时间、表现形式、延伸效果、公关能力、穿透能力都是最佳的。

在网络营销中，网上信息发布以后可以能动地进行跟踪，获得回复，可以进行回复后的再交流和再沟通。因此，网络营销信息发布的效果明显。

3. 商情调查功能

网络营销中的商情调查具有重要的商业价值。对市场和商情的准确把握，是网络营销中一种不可或缺的方法和手段，是现在商战中对市场态势和竞争对手情况的一种电子侦察。

在激烈的市场竞争条件下，主动地了解商情、研究趋势、分析顾客心理、窥探竞争对手动态是确定竞争战略的基础和前提。通过在线调查或者电子询问调查表等方式，不仅可以省去大量的人力、物力，而且可以在线生成网上市场调研的分析报告、趋势分析图表和综合调查报告。其效率之高、成本之低、节奏之快、范围之大，都是以往其他任何调查形式做不到的。这就为广大商家提供了一种市场的快速反应能力，为企业的科学决策奠定了坚实的基础。

4. 销售渠道开拓功能

网络具有极强的进击力和穿透力。传统经济时代的经济壁垒、地区封锁、人为屏障、交通阻隔、资金限制、语言障碍、信息封闭等，都挡不住网络营销信息的传播和扩散。新技术的诱惑力，地毯式发布和爆炸式增长的覆盖力，将整合为一种综合的信息进击能力。快速地打通封闭的坚冰，疏通种种渠道，打开进击的路线，实现和完成市场的开拓使命。

5. 品牌价值扩展和延伸功能

互联网的出现，不仅给品牌带来了新的生机和活力，而且推动和促进了品牌的拓展和扩散。实践证明，互联网不仅拥有品牌、承认品牌，而且对于重塑品牌形象，提升品牌的核心竞争力，打造品牌资产，具有其他媒体不可替代的效果和作用。

6. 特色服务功能

网络营销具有和提供的不是一般的服务功能。它是一种特色服务功能，服务的内涵和外延都得到了扩展和延伸。

顾客不仅可以获得形式最简单的 FAQ(常见问题解答)，邮件列表以及 BBS、聊天室等各种即时信息服务，还可以获得在线收听、收视、订购、交款等选择性服务。无假日的紧急需要服务和信息跟踪、信息定制到智能化的信息转移，手机接听服务及网上选购、送货到家的上门服务等，这种服务以及服务之后的跟踪延伸，不仅极大地提高了顾客的满意度，使以顾客为中心的原则得以实现，而且客户成为商家的一种重要的战略资源。

7. 顾客关系管理功能

客户关系管理，源于以客户为中心的管理思想，是一种旨在改善企业与客户之间关系的新型管理模式，是网络营销取得成效的必要条件，是企业重要的战略资源。

在传统的经济模式下，由于认识不足或自身条件的局限，企业在管理客户资源方面存在着较为严重的缺陷。针对上述问题，在网络营销中，通过客户关系管理，将客户资源管理、销售管理、市场管理、服务管理、决策管理融于一体，将原本疏于管理、各自为战的营销、市场、售前和售后服务与业务统筹协调起来。既可以跟踪订单，帮助企业有序地监控订单的执行过程，规范销售行为，了解新老顾客的需求，提高客户资源的整体价值；又可以避免销售隔阂，帮助企业调整营销策略，收集、整理、分析客户反馈信息，全面提升企业的核心竞争力。客户关系管理系统还具有强大的统计分析功能，可以为我们提供决策建议书，以避免决策的失误，为企业带来可观的经济效益。

8. 经济效益增值功能

网络营销会极大地提高营销者的获利能力，使营销主体提高或获取增值效益。这种增值效益的获得，不仅由于网络营销效率的提高，营销成本的下降，商业机会的增多，更由于在网络营销中，新信息的累加会使原有信息量的价值实现增值或提升其价值。

第三节 网络营销策略

一、产品策略

(一) 网络营销产品概述

1. 网络营销产品

产品是能够提供给市场以满足需求和欲望的任何东西，包括有形物品和无形物品。广义的产品概念具有两方面的特点：首先，并不仅是具有物质实体的才是产品，凡是能满足人们某种需要的服务也是产品，如储存产品、安装修配服务、资讯、保险、金融服务等。其次，对工业企业来说，其产品不仅是具有一定形状和用途的实体本身，而且也包括随同实物出售时所提供的服务。从严格的意义上讲，任何企业的产品都能通过网络进行营销。但由于网络营销是在网上虚拟市场开展营销活动的，面对与传统市场存有差异的网上虚拟市场，必须要满足网上消费者一些特有的需求。出于技术、物流、消费者偏好和习惯等原因，目前最适合在网络上营销的产品还是计算机软硬件等标准品、知识含量较高的产品和各种创意独特的新产品。

在传统的市场营销中，产品满足的主要是消费者的一般性需求，因此产品相应地分成了三个层次，即核心产品、实际产品和外延产品。在网络营销中虽然传统产品的这三个层次仍然起着重要作用，但产品的设计和开发的主体地位已经从企业转向顾客，企业在设计和开发产品时还必须满足顾客的个性化需求。因此，网络营销产品在原产品层次上还要增加两个层次，即期望产品层次和潜在产品层次，以满足顾客的个性化需求。

（1）核心利益或服务层次。这是产品最基本的层次，是满足顾客需要的核心内容，是顾客要购买的实质性的东西。例如，消费者购买食品的核心是为了满足饥饿和营养的需求；购买计算机是为了利用它作为上网的工具。营销的目标在于发现隐藏在产品背后的真正需要，如人们对服装、鞋帽的需要，有些以保暖为主，有些则以美观为主，强调装饰和美化人体的功能。所以，营销者要了解顾客需要的核心所在，以便进行有针对性的生产经营。

（2）有形产品层次。这是产品在市场上出现时的具体物质形态，是企业的设计和生产人员将核心产品通过一定的载体，转载为有形的物体而表现出来。它包括产品的质量水平、功能、款式、特色、品牌和包装等。

（3）延伸产品层次。这是指顾客在购买产品时所得到的附加服务或利益，主要是帮助消费者如何更好地使用核心利益和服务，它包括提供信贷、质量保证、免费送货、售后服务等。例如，用户购买计算机，不仅是购买进行计算的工具设备，而且是购买解决问题的服务，用户需要使用说明、软件程序、快速简便的维修方法等。美国 IBM 公司率先向用户提供了一整套计算机体系，它包括硬件、软件、安装、调试和教授使用与维修技术等一系列附加服务。美国著名管理学家李维特曾指出：新的竞争不在于工厂里制造出来的产品，而在于工厂外能否给产品加上包装、服务、广告、咨询、融资、送货、保管或顾客认为有价值的其他东西。

（4）期望产品层次。网络营销中，消费需求呈个性化的特征，不同的消费者可以根据自己的爱好对产品提出不同的要求，因此产品的设计和开发必须满足顾客的个性化消费需求。顾客在购买产品前对可购产品的质量、特点、使用方便程度等方面的期望值,就是期望产品。例如,中国海尔集团提出"您来设计我实现"的口号,消费者可以向海尔集团提出自己的个性需求,如性能、款式、色彩、大小等,海尔集团可以根据消费者的特殊要求进行产品设计和生产。现代社会已由传统的企业设计开发、顾客被动接受转变为以顾客为中心、顾客提出要求、企业辅助顾客来设计开发产品、满足顾客个性需求的新时代。

(5)潜在产品层次。这是在延伸产品层次之外,由企业提供能满足顾客潜在需求的产品层次,它主要是产品的一种增值服务。它与延伸产品的主要区别是,顾客没有潜在产品层次的需要时仍然可以很好地为顾客提供需要产品的核心利益和服务。因为随着高科技的发展,有很多潜在需求和利益或服务还没有被顾客认识到。

2. 网络适销产品

在互联网上销售的产品通常要注意以下几点。

(1)产品性质。由于网上用户在初期对技术有一定要求,因此用户网上需求大多与网络等技术相关,网上销售的产品最好是与高技术或与计算机、网络有关。一些信息类产品如图书、音像制品等也比较适合网上销售,还有一些无形产品或服务也可以借助网络的作用实现远程销售,如远程医疗。

(2)产品质量。网络的虚拟性可以使顾客突破时间和空间的限制,实现远程购物和在网上直接订购,这使网络购买者在购买前无法尝试或只能通过网络来尝试产品。

(3)产品式样。通过互联网对世界各个国家和地区进行销售的产品要符合客户所在国家或地区的风俗习惯、宗教信仰和教育水平。同时,由于网上消费者的个性化需求,网络营销产品的式样还必须满足购买者的个性化需求。

(4)产品品牌。在网络营销中,生产商与经营商的品牌同样重要,一方面要在网络浩如烟海的信息中获得浏览者的注意,必须拥有明确、醒目的品牌;另一方面由于网上购买者可以面对很多选择,同时网上的销售无法进行该产品的试用体验,因此,购买者对品牌比较关注。

(5)产品包装。作为通过互联网营销的产品,其包装必须适合网络营销的要求。

(6)目标市场。网络市场是以网络和用户为主要目标的市场,在网上销售的产品要具有适合覆盖广大地理范围的特点。如果产品的目标市场比较狭小，应采用传统营销策略。

3. 网络营销产品分类

在网络上销售的产品，按照产品性质的不同可以分为两大类，即实体产品和虚体产品。

（1）实体产品。实体产品是指具有物理性状的物质产品。在网络上销售实体产品的过程与传统的购物方式有所不同。在这里已没有传统的面对面的买卖方式，网络上的交互式交流成为买卖双方交流的主要形式。客户通过卖方的主页去考察产品，通过填写表格表达自己对品种、质量、价格、数量的选择；而卖方则将面对面的交货改为邮寄产品或送货上门，这一点与邮购产品颇为相似。因此，网络销售也是直销方式的一种。

（2）虚体产品。虚体产品一般是无形的，即使表现出一定形态也是通过其载体体现出来的。在网络上销售的虚体产品可以分为软件和服务两类。软件包括计算机系统软件和应用软件。网上软件销售商常常可以提供一段时间的试用期，允许用户试用并提出需求。好的软件很快能够吸引顾客，使他们爱不释手并为此慷慨解囊。

（二）网络营销新产品

在网络营销时代，企业可以通过其网络数据库系统来处理营销活动中的数据，发现顾客的现实需求和潜在需求，从而形成产品构思，进而指导企业营销策略的制定和营销活动的开展。

在网络营销中，顾客可以全程参加概念形成后的产品研制和开发工作，而不再是简单被动地接受测试和表达感受。但许多产品并不能直接提供给顾客使用，它需要许多企业共同配合才有可能满足顾客的最终需求，这就更要求在新产品开发的同时，加强与以产品为纽带的协同企业的合作。

不断研究和开发新产品是使企业保持竞争活力的关键所在。网络营销新产品开发策略主要有以下几种。

1. 全新产品

即开发一个全新市场的产品。这种策略一般主要应用于创新公司。进入网络时代，市场要求发生了根本性的变化，消费者的需求和消费心理也发生了重大变化。在产品开发的过程中，如果有很好的产品构思和服务概念，就可以凭借这些产品构思和服务概念开发新产品。这种策略是网络时代中最有效的策略。

2. 新产品线

即公司首先进入现有市场的新产品。互联网技术的发展速度非常快，利用互联网迅速模仿和研制开发出已有的产品是一条捷径。但由于在网络时代新产品开发速度的加快和产品寿命周期的缩短等因素的影响，这种策略只能作为一种对抗的防御性策略。

3. 现有产品线外新增加的产品

即补充公司现有产品线的新产品。由于在网络时代市场需求差异性加大，市场分工越来越细化，每种新产品只能对准较小的细分市场，这种策略不但能满足不同层次消费者的差异性需求，而且还能以较低的风险进行新产品开发。

4. 对现有产品的更新换代

即提供改善功能或较大感知价值并且能替换现有产品的新产品。在网络营销市场中，消费者挑选商品的范围、权利与传统市场营销相比大大增加。所以，企业为了满足消费者的需求就必须不断改进现有产品和进行更新换代，否则就会被市场淘汰。目前，产品的信息化、智能化和网络化是必须考虑的，如电视机的数字化和上网功能等。

5. 降低产品的成本

即提供同样功能但成本较低的新产品。在网络时代，消费者虽然注意个性化消费，但消费者的消费行为将变得更加理智。消费者往往要对商品的价格精心比较，更关注产品给自己带来的价值，更关注购买该产品所花费的代价。因此，提供相同功能但成本更低的产品，更能满足日益成熟的市场需求。

以上产品开发策略各有其优势和特点，企业可以根据自己的实际，在产品策略中选取具体的新产品开发方式，以利于在激烈的市场竞争中取胜。

（三）产品的服务

服务可以分为普通服务和信息咨询讯服务两类，普通服务包括远程医疗、法律救助、航空火车订票、入场券预定、饭店旅游服务预约、医院预约挂号、网络交友、计算机游戏等，而信息资讯服务包括法律资讯、医药资讯、股市行情分析、金融资讯、资料库检索、电子新闻、电子报刊等。

对于普通服务来说，顾客不仅注重所能够得到的收益，还关心自身付出的成本。通过网络这种媒体，顾客能够尽快地得到所需要的服务，免除排队等候的时间成本。同时，消费者利用浏览软件能够得到更多、更快的信息，提高信息传递的效率，增强促销的效果。

对于信息资讯服务来说，网络是一种最好的媒体选择。用户上网的最大需求是寻求对自己有用的信息，信息服务正好提供了满足这种需求的机会。通过计算机互联网络，消费者可以得到包括法律资讯、医药资讯、股市行情分析在内的资讯服务和包括资料库检索、电子新闻、电子报刊在内的信息服务。

二、价格策略

（一）网络营销定价概述

价格对消费者的购买决策而言是一个非常重要的因素，也是营销组合中产生收入的唯一要素，消费者希望通过广泛的挑选和比较购买质量最好、服务最优、价格最低的商品。

在网络时代，网络的开放性和主动性为消费者理性的价格选择提供了可能，消费者可以在全球范围内迅速收集到与购买决策有关的信息，并且可对价格及产品进行充分的比较，因而消费者对价格的敏感性大大增强。所以在网络环境下，传统的以生产成本为基准的定价方式在以市场为导向的营销中是必须摒弃的。新型的价格应是以顾客能接受的成本来定价，并依据该成本来组织生产和销售。企业以顾客为中心定价，必须测定市场中顾客的需求以及对价格认同的标准，否则以顾客接受的成本来定价只能是空中楼阁。

1. 网络营销定价的特点

网络营销价格是指企业在网络营销过程中买卖双方成交的价格。网络营销价格的形成是极其复杂的，它受到多种因素的影响和制约。一般来说，影响企业产品网上定价的因素包括传统营销因素和网络自身对价格的影响因素。

由于网络营销减少了中间环节，网络营销会节省一定的经营成本，加之互联网及时性、互动性和信息自由的特点，企业、消费者和中间商对产品的价格信息都有比较充分的了解，这使网络营销在价格策略方面具有与传统营销不同的特点。

（1）全球性定价。网络营销市场面对的是开放的和全球化的市场，用户可以在世界各地直接通过网站进行购买，而不用考虑网站是属于哪一个国家或者地区的。如美国最早的网上书店 Amazon 从建立商店网站起就面对全球市场，任何国家和地区的人都可以购买 Amazon 的产品。这种目标市场从过去受地理位置限制的局部市场，一下拓展到范围广泛的全球性市场，这使网络营销产品定价时必须考虑目标市场范围的变化给定价带来的影响。同时，企业定价不能以统一的市场策略来面对差异性极大的全球性市场。

（2）低价位定价。由于网络营销是企业和消费者直接打交道，而不需要传统的中间人，这就使企业产品开发和促销成本降低，企业可以降低产品的价格来促销，又由于互联网的开放性和互动性，网上产品价格一目了然，消费者可以充分掌握市场信息，市场变得透明，消费者可以对产品及价格进行充分的比较和选择，消费者拥有极大的选择余地，因而网上产品价格比传统营销中产品的价格更具有竞争性，这迫使网络营销者以尽可能低的价格推出产品，增大消费者让渡价值。

（3）顾客主导定价。互联网的发展使顾客在市场供求竞争关系中，需求方由过去的被动选择地位提升为主动选择地位，顾客由过去被尊为"上帝"转变为顾客就是"上帝的手"，顾客的需求引导着企业的生产，在网络营销中，这种顾客主导定价策略是主要的定价策略。当然顾客主导定价并不意味着所有产品都是免费的，或者所有产品价格都可能低于成本价销售。所谓顾客主导定价是指为满足顾客的需求，使顾客通过充分市场信息来选择购买或者定制生产自己满意的产品或服务，同时顾客以最小代价（产品价格、购买费用等）获得产品或服务。简单地说，就是顾客的价值最大化，顾客以最小成本获得最大收益。

2. 网络营销定价目标

定价目标是指企业通过制定一定水平的价格，达到预期的目的。企业必须为特定的产品决定一个定价目标。假如企业已经仔细地选定了它的目标市场，进行了市场定位，这时它的营销组合战略包括价格将是非常明确的。

企业的定价目标一般有生存定价、获取当前最高利润定价、获取当前最高收入定价、销售额增长最大量定价、最大市场占有率定价和最优异产品质量定价。企业的定价目标一般与企业的战略目标、市场定位和产品特性相关。企业在制定价格时，主要是依据产品的生产成本，这是从企业局部来考虑的。企业价格的制定更主要是从市场整体来考虑的，它取决于需求方的强弱程度和价值接受程度，以及来自替代性产品（也可以是同类的产品）的竞争压力程度；需求方接受价格的依据则是商品的使用价值和商品的稀缺程度，以及可替代品的机会成本。

在网络营销中，市场还处于起步阶段的开发期和发展时期，企业进入网络营销市场的主要目标是占领市场求得生存和发展的机会，然后才是追求企业的利润。目前网络营销产品的定价一般都是低价甚至免费，以求在迅猛发展的网络虚拟市场中寻求立足机会。网络市场分为两大市场，一是消费者大众市场，二是工业组织市场。对于前者的网民市场，属于成长市场，企业面对这个市场时必须采用相对低价定价策略来占领市场。对于工业组织市场，购买者一般是商业机构和组织机构，购买行为比较理智，企业在这个网络市场上的定价可以采用双赢的定价策略，即通过互联网技术来降低企业、组织之间的供应采购成本，并共同享受成本降低带来的双方价值的增值。

（二）网络营销定价策略

1.低价定价策略

借助互联网进行销售，比传统销售渠道的费用低，因此网上销售价格一般来说比流行的市场价格要低。由于网上的信息是公开的，且易于搜索比较，因此网上的价格信息对消费者的购买起着重要作用。根据研究，消费者选择网上购物，一方面是因为网上购物比较方便；另一方面是因为从网上可以获取更多产品信息，从而以最优惠价格购买商品。

（1）直接低价策略。直接低价策略就是定价时大多采用成本加一定利润，有的甚至是零利润。这种定价在公开价格时就比同类产品要低，它一般是制造商在网上进行直销时采用的定价方式。采用直接低价策略的前提是开展网络营销，实施电子商务，这样才能为企业节省大量的成本费用。

（2）折扣低价策略。折扣低价策略是指企业发布的产品价格是网上销售、网下销售通行的统一价格，而对于网上用户又在原价的基础上标明一定的折扣来定价的策略。这种定价方式可以让顾客直接了解产品的降价幅度，明确网上购物获得的实惠，以吸引并促进用户的购买。这类价格策略常用在一些网上商店的营销活动中，它一般按照网上流行的价格进行折扣定价。如 Amazon 网站销售的图书一般都有价格折扣。

（3）低价促销策略。企业虽然以通行的市场价格将商品销售给用户，但为了达到促销的目的还要通过某些方式给用户一定的实惠，以变相降低销售价格。如果企业为了达到迅速拓展网上市场的目的，但产品价格又不具有明显的竞争优势，而由于某种考虑不能直接降价时则可以考虑采用网上促销定价策略。比较常用的促销定价策略是有奖销售和附带赠品销售等策略。

在采用低价定价策略时要注意的是，首先，由于互联网是从免费共享资源发展而来的，因此用户一般认为网上商品比一般渠道购买的商品要便宜，在网上不宜销售那些顾客对价格敏感而企业又难以降价的产品；其次，在网上公布价格时要注意区分消费对象，一般要区分一般消费者、零售商、批发商、合作伙伴，分别提供不同的价格信息发布渠道，否则可能因低价策略混乱导致营销渠道混乱；最后，网上发布价格时要注意比较同类站点公布的价格，因为消费者可以通过搜索功能很容易地在网上找到最便宜的商品，如果企业产品定价明显高于同类商品价格，不仅不能促进销售，而且还会在用户心中形成定价偏高或不合理现象。

2. 免费定价策略

免费概念是互联网最深入人心的竞争策略，许多企业都借助互联网这一特殊的载体获得了巨大成功，下面将介绍免费价格策略的有关问题。

（1）免费价格内涵。免费价格策略就是将企业的产品和服务以零价格形式提供给顾客使用，满足顾客的需求。免费价格策略是目前网络营销中常用的一种营销策略，主要用于促销和推广产品，这种策略一般是短期的和临时性的。

在网络营销实践中，免费价格不仅仅是一种促销策略，它还是一种有效的产品和服务定价策略。

（2）免费价格策略的形式。

① 完全免费，即产品（服务）在购买、使用和售后服务等所有环节都实行免费服务。如人民日报的电子版在网上可以免费使用；美国在线公司成立之初，在商业展览会场、杂志封面、广告邮件甚至飞机上，都提供免费的美国在线软件，连续5年后，吸引了100万名用户。

② 限制免费，即产品（服务）可以被有限次使用，超过一定期限或者次数后，取消这种免费服务。如金山软件公司免费赠送可以使用99次的WPS2000软件，使用次数完结后，消费者需要付款申请方可继续使用。

③ 部分免费，指对产品整体的某一部分或服务全过程某一环节的消费可以享受免费。如一些著名研究公司的网站公布部分研究成果，如果要获取全部成果必须先付款成为公司客户。

④ 捆绑式免费，即在购买某产品或者服务时可以享受免费赠送其他产品和服务的待遇。如国内的一些 ISP 为了吸引接入用户，推出了上网免费送计算机的市场活动。

（3）免费产品的特性。网络营销中产品实行免费策略是要受到一定环境制约的，并不是所有的产品都适合于免费策略。互联网作为全球性开放网络，它可以快速实现全球信息交换，只有那些适合互联网这一特性的产品才适合采用免费价格策略。一般说来，免费产品具有如下特性。

① 易于数字化。对于易于数字化的产品都可以通过互联网实现零成本的配送。这与传统产品需要通过交通运输网络花费巨额资金实现实物配送有着巨大区别。企业只需要将这些免费产品放置到企业的网站上，用户就可以通过互联网自由下载使用，企业通过较小成本就能实现产品推广，节省大量产品推广费用。

② 无形化。通常采用免费策略的大多是一些无形产品，它们通过一定载体表现出一定形态，如软件、信息服务（报刊、杂志、电视台等媒体）、音乐制品、图书等。这些无形产品可以通过数字化技术实现网上传输。

③ 零制造成本。这里所说的零制造成本主要是指产品开发成功后，只需要通过简单复制就可以实现无限制的产品生产。这与传统实物产品生产受制于厂房、设备、原材料等因素有着巨大区别。上面介绍的软件等无形产品都易于数字化，也可以通过软件和网络技术实现无限制自动复制生产。对这些产品实行免费策略，企业只需要投入研制费用即可，至于产品生产、推广和销售则完全可以通过互联网实现零成本运作。

④ 成长性。采用免费策略的目的一般都是利用高成长性的产品推动企业占领较大的市场，为未来市场发展打下坚实基础。如微软公司为抢占日益重要的浏览器市场，采用免费策略发放其浏览器探险者 IE，用以对抗先行一步的网景公司的航海者 Navigator，结果在短短两年之内，网景公司的浏览器市场丢失半壁江山，最后只有被迫出售兼并以求发展。

⑤ 冲击性。采用免费策略的产品主要目的是推动市场成长，开辟新的市场

领地，同时对原有市场产生巨大的冲击；否则免费价格的产品很难形成市场规模，并在未来获得发展机遇。如 3721 网站为推广其中文网址域名标准，以适应中国人不习惯使用英文域名的状况，采用免费下载和免费在品牌计算机预装策略，在 1999 年短短的半年时间迅速占领市场成为市场标准，对过去被国外控制的域名管理产生巨大冲击和影响。

⑥ 间接收益特点。企业在市场运作中，虽然可以利用互联网实现低成本的扩张，但免费的产品还是需要不断开发和研制，需要投入大量的资金和人力。因此，采用免费价格的产品（服务）一般具有间接收益特点，即它可帮助企业通过其他渠道获取收益。如 Yahoo 公司通过免费搜索引擎服务和信息服务吸引用户注意力。这种注意力形成了 Yahoo 公司的网上媒体特性，Yahoo 公司可以通过发布网络广告进行间接收益。这种收益方式也是目前大多数 ICP 的主要商业运作模式。

3. 拍卖定价策略

网上拍卖定价是网络营销活动中经常运用的一种定价方式。网上拍卖由消费者通过互联网轮流公开竞价，在规定的时间内叫价最高者可以获得产品的购买权。根据供需关系，网上拍卖竞价方式有以下几种。

（1）竞价拍卖。竞价拍卖一般属于 C2C 交易，主要是二手货、收藏品或者一些普通物品等在网上以拍卖的方式进行出售，它是由卖方引导买方进行竞价购买过程。

（2）竞价拍买。网上竞价拍买是竞价拍卖的反向操作，它是买方引导卖方竞价实现产品销售的过程。如拍买过程中用户提出计划购买商品或服务的质量标准、技术属性等要求，并提出一个大概的价格范围，大量的商家可以以公开或隐蔽的方式出价，消费者将与出价最低或最接近要价的商家成交。

（3）集体议价。集体竞价模式是一种由消费者集体议价的交易方式。在互联网出现前，这种方式在国外主要是多个零售商结合起来，向批发商（或生产商）以数量换价格的方式。互联网出现以后，普通的消费者也能使用这种方式购买商品。

在拍卖交易关系中，根据交易双方的关系又可以分为以下 4 种模式。

（1）"一对一"的交易模式。这是指拍卖过程中一个卖方与一个买方的交易过程。大部分的个人物品拍卖（C2C）、企业以拍卖方式出售商品的拍卖交易，均以这一模式。

（2）"一对多"的交易模式。这是指一个卖方面对众多买方的拍卖过程。多数企业对个人的交易（B2C）属于这种模式。这一模式中价格的形成，既有供方主导的正向定价法，也有通过集体议价需方主导的逆向定价法。

（3）"多对一"的交易模式。这是指众多卖方面对一个买方的拍卖过程。当任何一个供应商都无法满足需求方批量购买商品的要求时，将导致这种交易模式的使用，将有多个供应商集体提供商品或服务给该买方。

（4）"多对多"的交易模式。这是指多个卖方对多个买方的集体议价模式。当集体议价模式盛行，同时参与集体议价的需求方数量又超过了单一供应方的供给能力时，这种交易模式将会出现。

上面这些拍卖竞价方式是最市场化的方法，随着网上市场的逐步完善和成熟，将会有越来越多的产品在互联网上进行拍卖竞价交易。目前，拍卖竞价针对的购买群体主要是消费者市场，个体消费是目前拍卖市场的主体。但是，拍卖竞价不应是企业首选的定价方法，因为拍卖竞价可能会破坏企业原有的营销渠道和价格策略。采用网上拍卖定价的产品既可以是企业的一些库存积压产品，也可以是一些新产品，新产品通过拍卖也可以起到展示和促销的效果，许多企业将产品以低廉的价格在网上拍卖，目的在于以低廉的价格吸引消费者的关注。

4. 定制定价策略

在网络营销中，个性化服务作为重要的组成部分，按照顾客需要进行定制生产，是网络时代满足顾客个性化需求的基本形式。定制化生产根据顾客对象可以分为两类：一类是面对工业组织市场的定制生产，这部分市场属于供应商与订货商的协作问题；另一类是面对大众消费者的定制生产，由于消费者的个性化需要差异大，加上消费者的需求量又少，因此企业实行定制生产在管理、供应、生产和配送各个环节上，都必须适应这种小批量、多式样、多规格和多品种的生产和销售变化。

定制生产策略是在企业能实行定制生产的基础上，利用网络技术和辅助设计软件，帮助消费者选择配置或者自行设计能满足自己需求的个性化产品，同时承担自己愿意付出的价格成本。如 Dell 公司允许用户根据自己的实际需要在其定制网页上对计算机配件进行选择，配置出自己最满意的产品。在配置计算机的同时，消费者也相应地选择了自己认为合适的价格产品，因此对产品价格有比较透明的认识，增加了企业的信用。目前这种允许消费者定制定价还只是初步阶段，消费者只能在企业有限的范围内进行挑选，还不能要求企业完全满足消费者所有的个性化需求。

5. 使用定价策略

所谓使用定价策略，就是顾客通过互联网注册后可以直接使用某公司的产品，顾客只需要根据使用次数进行付费，而不需要将产品完全购买。这不但减少了企业为完全出售产品进行的大量生产和包装费用，同时还可以吸引那些有顾虑的顾客使用产品，扩大市场份额。顾客每次只是根据使用次数付款，节省了购买产品、安装产品、处置产品的麻烦，还可以节省不必要的开销。如微软公司在2000年将其产品Office2000放置到网站上，用户通过互联网注册使用，按使用次数付费。

采用按使用次数定价，一般要考虑产品适合通过互联网传输，可以实现远程调用。目前，比较适合的产品有软件、音乐、电影等产品。另外，采用按次数定价对互联网的宽带提出很高要求，因为许多信息都要通过互联网进行传输，如互联网宽带不够将影响数据传输，势必会影响顾客租赁使用和观看。

6. 声誉定价策略

这是根据产品在消费者心中的声誉和社会地位来确定价格的一种定价策略。声誉定价可以满足部分消费者的特殊欲望，如地位、身份、财富、名望等，因此这一策略适用于一些传统的民族特色产品以及知识度高、深受市场欢迎的驰名品牌。比如，劳力士手表价格高达十几万元人民币，我国的景泰蓝瓷器在国际市场价格为2000多欧元，这都是成功地运用声誉定价的典范。为了是声誉价格得以维持，需要适当控制销售量。劳斯莱斯的价格在所有汽车中雄踞榜首，除了其优势的性能、惊喜的全手工制作外，严格控制市场供给量也是一个很重要的因素。网络营销中，如产品具有良好的品牌形象，网上零售商在消费者心中享有声誉，则他出售的网络产品的价格可比一般零售商高些。

三、促销策略

在网络营销活动的整体策划中，网上促销是其中极为重要的一项内容。网络促销是指利用现代化的网络技术向虚拟市场传递有关商品和服务的信息，以激发消费者的需求欲望，刺激消费者购买产品和服务，实现网络营销目标。

（一）网络促销的特点

（1）网络促销是利用计算机技术和网络技术传递商品和服务的性能、功效及特征等信息的，因此网络促销不仅需要营销人员熟悉传统的营销技巧，掌握必要的商务知识，而且需要具有相应的计算机和网络技术知识，包括各种软件的操作和某些硬件的维护。

（2）网络促销是在互联网这一虚拟市场上进行的。除了要满足消费者在现实社会活动中的交易需要外，还要满足另外三种需要，即兴趣的需要、聚集的需要和交流的需要，从而为企业培养大批来自网络的忠诚客户。

（3）互联网虚拟市场的出现，打破了传统的区域性市场的空间局限，使竞争范围发展到全球，而且在这个虚拟市场上，企业的大小、规模、类型等概念将日渐模糊。这迫使每个企业都必须掌握在全球统一大市场上做生意的游戏规则和技巧；否则，就会有被淘汰的危险。

（二）网络促销的策略

根据网络营销活动的特征和产品服务的不同，网络促销的策略主要有以下几个方面。

1. 网络广告

网络广告类型很多，根据形式不同，可分为旗帜广告（横幅广告）、按钮广告、弹出式广告、文字广告、电子邮件广告、新闻组广告、电子杂志广告、公告栏广告、博客广告等。

2. 搜索引擎

对于网络营销而言，企业需要将自己的网站和产品信息送达目标受众，并通过用户点击量，进一步了解目标受众所需要的信息；而用户也希望方便地找到自己需要的产品的信息。目前，互联网上的网站数已达数百万个，并且还在以惊人的速度增长。企业如何去突出自己的网站，用户如何快速地搜寻到自己需要的信息，就成为网络营销策划人员首先要考虑的问题。搜索引擎作为互联网上的信息搜索和网站入口工具，事实上已经成为用户使用最多的网络服务之一，也是网民发现新网站和搜索新信息最常用的方法。国际互联网市场数据分析也表明，网站访问量80%以上来源于搜索引擎。

搜索引擎是互联网上最有效的信息查找工具和网站推广工具。在互联网上可采用的搜索引擎有几百个。像 Yahoo、Sohu、Google、Baidu 和其他一些专业领域内使用的搜索引擎，对于网络营销都具有很高的价值。

搜索引擎营销的实质是如何将企业的网站和网页信息登录到搜索引擎中，并通过搜索引擎优异地表现出来。企业的营销人员，通过免费注册搜索引擎、交换链接或付费的竞价排名、关键字广告等手段，使自己的网址被各大搜索引擎收录到各自的索引数据库中。因此，企业网站注册搜索引擎时，是否获得理想的排名，是否设计出较为准确的关键字，都直接影响搜索效果。另外，由于不同的搜索引擎有一定差异，每一个搜索引擎搜集的网站和网页都不够全面。据统计，目前搜索引擎搜集的网站仅有实际网站的1/3，因此最好向多个搜索引擎注册；注册时采用与本企业的广告、营销、成功案例、创新、新闻等有关的关键词，以达到使客户看到该词就能联想到企业的目的。

在著名搜索引擎上用关键词注册，方便消费者利用搜索引擎查询网址，是推广网站和宣传企业产品的有效方法。

3. 提供免费资源和服务

提供免费资源和服务促销是互联网上最有效的促销法宝。通过这种促销方式取得成功的站点很多，有的提供免费信息服务，有的提供免费贺卡、音乐、软件下载，从而扩大站点的吸引力，增加站点的访问量。

4. 网上赠品促销

在新产品推出试用、产品更新、对抗竞争品牌、开辟新市场等情况下，利用赠品促销，可以达到较好的促销效果。

5. 积分促销

在网络上应用积分促销，比传统营销方式要简单得多，也更容易操作，网上积分活动很容易通过编程和数据库等来实现。积分促销一般设置价值较高的奖品，消费者通过多次购买或多次参加活动来增加积分，以获得奖品。如"QQ梦想地带"积分是QQ用户和手机用户付费使用腾讯公司的服务或者参加腾讯公司的指定推广活动所获得的积分，分为消费积分和奖励积分两种。消费积分指QQ用户以QQ为身份标识，付费使用腾讯公司的服务或者购买腾讯公司的产品产生的积分；奖励积分指腾讯公司为了奖励用户的忠诚度、贡献度、活跃度或参加指定推广活动而赠送的额外积分。

6. 发行虚拟货币来促销

当消费者申请成为网站会员或参加某种活动时，可以获得网站发给的虚拟货币，用来购买该网站的商品，如腾讯 Q 币、新浪 U 币、盛大元宝、网易 POPO 币。Q 币是腾讯公司为聊天工具 QQ 的用户提供的一种虚拟货币。通过支付 Q 币的形式，可以玩游戏，购买电子贺卡、网上头像，参与网上交友等。用 Q 币可以在 QQ 商城购买琳琅满目的商品，设计自己的 QQ 秀。

7. 网上打折促销

网上打折促销，也称折扣，是指企业对标价或成交价实行降低部分价格或减少部分收款的促销方法。商品打折销售，可对某些商品直接打折，也可按购买的数量给予不同的折扣，还可采取季节打折的方法。通过打折降价销售来吸引消费者，是不少网站常用的促销方式，如当当书店等。

8. 促销联盟

与非竞争性厂商进行线上联盟促销，通过互联网和线上的资料库，增加与潜在消费者接触的机会，这样一方面不会使本企业产品受到冲击，另一方面又拓宽了产品的消费层面。

9. 网络文化

将网络文化与产品融合，借助网络文化的特点来吸引消费者。如将产品广告融于网络游戏中，使网络使用者在潜移默化中接受促销活动。通过组建用户俱乐部吸引大批网友来交流意见，实现网络文化的传播。企业可以将其产品和企业形象精确地渗透到每一个对产品真正有兴趣的用户，同时企业也可以通过网络交流影响网络文化，从而制定有效的营销策略。

四、网络广告

网络广告就是广告主以付费方式运用互联网络劝说公众的一种信息传播活动。世界第一条网络广告是 1994 年 10 月 14 日 AT&T 等 14 个客户在美国著名 Wired 杂志的网络版 Hotwired 的主页上发布的广告，而国内首条商业广告直到 1997 年 3 月才在 Chinabyte 的网站出现。

据上海艾瑞市场咨询有限公司（iResearch）报告显示，2008 年中国网络广告联盟市场总体规模为 21.7 亿元，比 2007 年增加 10.6 亿元，增长了 105.7%，随着 2009 年金融危机的进一步扩大，网络广告联盟市场增长将有所减缓。艾瑞咨询预计 2009 年中国网络广告联盟市场的总体规模将达到 29.4 亿元，同比增长 35%。网络正在成为电视、报纸、广播、杂志后的第五大广告媒体。

1. 网络广告的种类

（1）旗帜广告（Banner）。它是互联网上最常见的广告类型，广告效果最佳而收费最贵。旗帜广告又称横幅广告，是一幅放置在网页最上端表现广告客户广告内容的矩形图。旗帜广告又有静态和动态之分，为吸引更多的浏览者的注意力，往往以动画形式出现。

在设计上，旗帜广告往往只是提示型广告，它可能就是一个标题，或是一个招牌，浏览者只要点击它，就能进一步看到有关该产品的详尽信息，达到全面介绍信息、展示产品和及时获得用户反馈等目的。旗帜广告的主要优点之一就是能根据目标顾客群定制，广告客户能决定集中于哪一个细分目标市场。

（2）按钮广告（Button）。按钮广告也叫图标式广告，是旗帜广告的特殊形式，其制作方法、付费方式和自身属性与旗帜广告没有区别，仅在形状和大小上有所不同。由于所占空间较小，可以被设置在网页的任何位置。通常是一个链接广告客户主页或站点的企业标志（Logo），并注明"Click me"字样，希望浏览者主动点击。为了吸引浏览者的注意，有的设计者把它制作成浮动式的，又称浮动广告或浮标广告。

（3）弹出式广告。弹出式广告又称插页广告、弹跳广告或画中画广告，是在浏览者打开一个新的网页或关闭某个网页时弹出一个包含广告内容的新窗口。这种广告的出现具有强迫性，都是自行出现在浏览器上，是网民对互联网最反感的方式之一。

（4）游动广告。游动广告是网页上不断移动的小图片，点击后可通过链接进入其他的页面。游动式广告宣传可以吸引浏览者的较多注意力，但有些网站将其放在一些热点位置，比如免费邮箱的入口处，耽误了网民的时间。

（5）文字链接广告。有些广告发布者，为了节省有限的网页空间或者节约成本，常常在网页中只做一段或一句带有特别颜色或者下划线的文字。文字链接广告长度通常为 10~20 个文字，内容多为一些吸引人的标题，单击后链接到指定页面。文字链接广告是一种对浏览者干扰最少，但却最有效果的网络广告形式。文字链接广告的另一种形式，就是关键词广告。在浏览者检索信息的同时出现的广告，简称为关键词广告。广告客户可以买下搜索引擎的流行关键词，凡是输入这个关键词的浏览者都可以被吸引到一个公司的网站上去。关键词广告的最大优点是有助于网站寻找目标群体。Google 为广告客户提供了使用最少的精力获取高目标受众的关键词广告方案。根据广告客户购买的关键词，以纯文本方式将广告安置在相关搜索页面的右侧空白处，每个页面最多放置 8 个这样的文字链接。这些关键词或关键语句与浏览者的查询紧密匹配，让许多浏览者对广告发生了兴趣。

（6）电子邮件广告。企业利用收集的电子邮件地址或网站的电子刊物服务中的电子邮件列表，准确有效地将广告信息发放给邮箱所有人。用于广告活动时，非常像直邮广告。

（7）电子杂志广告。电子杂志广告即利用免费订阅的电子杂志发布广告。由于电子杂志是由网民根据兴趣与需要主动订阅的，同垃圾邮件有本质的区别，所以此类广告更能准确有效地面向潜在客户。此外，电子邮件杂志还可以让数百万订户不必花费很多时间和上网费，就可以获得大量的中文优质信息，在这类专业杂志上面投放广告，不仅费用低廉，而且效果非常显著，能够将企业的产品和服务等广告信息在互联网上迅速推广传播。

（8）全景广告。通过移动鼠标，客户可上下左右 360 度全景观看广告。全景广告由 3D 全景式图片无缝拼接而成，可实现内外部动态展示和虚拟操作，常用于房屋、汽车、旅游景点介绍等。

2. 网络广告的特点

网络广告本身是一种很有潜力的广告载体，它具有传统媒体广告所无法比拟的优势。

（1）经济性。电视、报纸、广播的广告价格很高，是因为其价格取决于占用的空间、广告投放的天数（或次数）等因素。与其他传统广告媒体比较，网络广告投入成本极为低廉，因此网络广告在价格上具有极强的竞争优势。

（2）信息全面性。传统广告媒体的受众是社会公众，受播放时段和空间篇幅的局限，不可能将必要的信息详细介绍，并且广告信息难以保留。网络广告弥补了传统传媒广告的很多缺陷。网络广告不受电视、广播广告的时间限制，也不受报纸广告的版面约束。网络广告的信息内容极为丰富，一个站点的信息承载量可以大大超过公司所有印刷宣传品，不仅可以详细介绍产品信息，而且还可以宣传公司的现状、历史、职员情况等相关内容。可以说，公司花很少的钱却提供了关于企业和产品的百科全书式的信息。

（3）交互性。传统广告是一种单向的强迫他人接受的广告形式，采用基于印象的联想型劝诱机制，通过反复的感官冲击，使受众留下印象。网络广告具有广告发布的直接性和交互性，这是传统广告媒介无法比拟的，也是网络广告的魅力所在。网络广告主要是采用基于信息的理性说服机制，通过提供海量信息、信息比较，甚至可以通过智能化软件，使消费者作出更为理性的判断。消费者可以随心所欲地主动选择自己感兴趣的广告信息，或者通过电子邮件向厂商进一步咨询，或者提出自己的意见和要求。厂商也能够在很短的时间里收到信息，并根据客户的要求和建议及时作出积极回应。网络广告采取双向交流的方式，将广告、咨询、技术指导及订购有机地连成一体，提高了经营效率。

（4）易统计性。传统媒体广告的目标受众游离在广告客户的监控之外，广告客户无法确切统计哪些人观看了广告，广告效果较难测试和评估。网络广告在统计方面有较大的优势，广告客户可以通过目标受众发回的电子邮件直接了解目标受众的反应，还可以通过 LOG 访问记录软件随时获得浏览者的详细访问记录。据此获得本企业网址访问人数、访问过程、浏览的主要信息等方面的情况，并可随时监测广告的有效性，更好地跟踪广告受众的反应，及时了解用户和潜在用户的信息，便于及时调整市场策略，准确捕捉商机，从而为网络营销的准确定位打下良好的基础。

（5）主动性。主动选择是网络广告的显著特点，网络广告的阅读取决于浏览者的个人意愿，不感兴趣的产品广告完全可以不去点击。网络广告提供商往往能够针对相关的群体更准确地投放广告；可以根据站点注册用户的购买行为很快地改变广告的投放页面；可以根据访问者的 IP 地址或访问时的搜索主题等信息有选择地显示广告。

（6）实时性。浏览者的注意力资源是有限的，经常更新的广告，可以吸引浏览者的注意力，否则再好的广告，也会出现熟视无睹的现象。在传统媒体上做的广告发布后很难更改，即使可改动也须付出较高的经济代价。而网络编程语言的日趋成熟使网上广告的制作更加迅速。这样，企业便可以根据整体营销计划及时推出网上广告，以配合整个营销活动的进程。同时，企业还可以方便地对网上广告进行动态更新。

（7）形式多样。网络广告在尺寸上可以采取旗帜广告、巨型广告，在技术上可以用动画、视频、游戏等方式，在形式上可以有在线收听、收看、试用、调查等，可以吸取各种传统媒体形式的精华，从而达到传统媒体无法具有的效果。

3. 网络广告的发布方式

网络广告的发布方式有很多种。广告客户应根据自己产品所表达的信息、网络营销的整体策略等方面作出选择。

（1）主页形式，即建立公司自己的网站。主页形式是公司在互联网进行广告宣传的主要形式。通过主页，企业可以载入大量的、涵盖企业各个方面的广告信息。

（2）网络内容服务商。网络内容服务商（ICP）的站点上，由于提供了海量的浏览者感兴趣的信息，吸引了很多人关注，这些站点是网络广告发布的有效空间。投放站点广告的首要原则是将广告投放到目标受众经常光顾的站点，还有考察所选择的站点本身的经营策略、经营方法及效果。一般来说，应选择信息量较大、内容充实、栏目条理清晰而且内容丰富的站点。

（3）专类销售网。专类销售网是一种在互联网上专门从事某种产品销售的站点，这类网站上汇集了大量该类产品的详细信息，无疑成为有明确购买方向的消费者的首选查询目标。

（4）新闻组和电子公告牌。新闻组（Newsgroup）和电子公告牌（BBS）等虚拟社区把具有相同爱好的客户联系起来，是公众讨论与分享信息的自由空间。具有大量用户的、稳固的虚拟社区可以产生巨大的网络效应。对于一个公司来说，选择在与本公司产品相关的新闻组上发表自己的公告将是一种非常有效的传播信息的渠道。

（5）使用公共黄页和行业名录。公共黄页是在互联网上提供查询检索服务的网站，如 Yahoo、Infoseek 等。像电话黄页一样，这些网站在设计时，把在其站点登记的企业按类别分类，浏览者只须在搜索栏中输入某个关键字，网页上就会显示和该关键字相关的公司的广告图标，并可以链接到广告客户的主页上。在这些站点做广告，优点是针对性好，而且位置醒目，容易成为广告客户的首选。

（6）加入广告交换网。可利用一些专门从事全球范围内网络广告自由交换服务的站点发布广告。加入广告交换网不仅互为免费，而且广告接触面广，又可以即时、准确地统计广告效果。Google 搜索引擎是雅虎的一个合作伙伴。如果浏览者输入一些特定的搜索字符串，雅虎中国无法找到相应的网站，这时雅虎会自动将浏览者的搜索要求转到 Google 中。而 Google 的搜索结果是在雅虎的相关网页目录下。

（7）使用邮件列表发布广告。广告客户把广告信息定期通过电子邮件直接发给个人。广告客户可以建立自己的邮件列表服务器，也可以借用其他公司的电子邮件列表。

（8）搜索引擎。通过搜索引擎来发布广告，可给网站带来显著的访问量。搜索引擎广告被称为性价比最高的在线广告，越来越多的搜索引擎提供广告管理系统，极大地提高了广告效果。如亚马逊在雅虎和 Excite 做广告，他们向亚马逊提供信息，通过访问亚马逊网站的人数和实际购买人数来评估广告的效果。

（9）博客。由于越来越多的用户开始阅读博客文章并开始自己的博客写作，提供博客内容托管服务的网站就积聚了大量的人气，这种注意力为博客成为一种营销手段奠定了基础。博客网络广告具有较高的投资回报，同时可以触及那些拥有话语权、具有社会影响力的人群。

4. 网络广告的收费模式

（1）基本概念。

①点击次数（Hits 或 Click-throughs）：网站各页面或广告被点击浏览次数的总和。

②页面访问次数（Pageviews 或 Visits）：又称综合浏览量、页面印象、页面浏览数，是网络被登录访问的总人次数，是较客观反映网站受欢迎程度的统计量。

③印象（Impressions）：含有广告的页面被访问的次数。

④回应单击（Clicks）：单击网络广告，进一步了解相关信息。

⑤点击率（Click-through Ratio）：回应单击次数与所在页面访问次数之比。

（2）计费方式。

①千人印象成本（Cost Per Mille，或者 Cost Per Thousand Impressions，CPM）：
千人印象成本=广告购买成本/广告所在页面的访问次数×1000

例如，某网站栏目的千人印象成本为 180 元，该栏目的访问次数是 25 万人，广告主就要付出 4.5 万元购买广告。

②每点击成本（Cost Per Click-through, CPC）：按广告的点击进入次数收取费用。广告主一般更偏爱 CPC 付费方式，虽然收费较 CPM 高，但较客观地反映了看到广告的受众人数。

③每行动成本（Cost Per Action, CPA）：按广告投放后实际回应的有效问卷或订单来付费。一般以点击广告，链接到主网页的次数计费。

④每购买成本（Cost Per Purchase, CPP）：广告主为规避广告费用风险，按广告投放后实际产生的在线订单数付给网站的费用。

⑤每销售成本（Cost Per Sale, CPS）：广告投放后带来的销售量来计费。

⑥包月方式：很多国内网站的广告收费是不管效果好坏，不管访问量有多少，一般一个从，按照"一个月多少钱"这种固定收费模式来收费的，这对客户和网站都不公平，无法保障广告客户的利益。

⑦按业绩付费（Pay-For-Performance, PFP）：由于网络广告买方市场的形成，广告主为规避风险，越来越追求广告收费模式由目前的 CPM 或 CPC 转变为 PFP 的模式。

五、渠道策略

（一）网络营销渠道的功能

1. 订货功能

网络营销渠道能够为消费者提供产品信息，用户和消费者通过浏览企业网页上的商品，选中以后可以直接下订单，并进行支付和交货。企业的订货系统为消费者提供产品信息，同时方便厂家获取消费者的需求信息，以求达到供求平衡。一个完善的订货系统可以最大限度地降低库存，减少销售费用。如我国联想计算机公司，在开通网上订货的当天，订货额就高达 8500 万元。

2. 结算功能

该功能由结算系统实现。消费者在购买商品后，可以通过多种方式方便地付款，因此企业应该有多种结算方式。目前国外的结算方式主要有信用卡、电子货币、电子支票等；而国内付款结算方式主要有邮局汇款、货到付款、信用卡、电子货币等。我国一些银行也开通了网上支付，如招商银行和"一卡通"配套的"一网通"、中国建设银行提供的"网上银行"和中国银行以信用卡为基础的"电子钱包"等。

3. 配送功能

该功能由配送系统实现。一般来说,产品分为有形产品和无形产品,对于无形产品,如服务、软件、音乐等,可以直接通过网上进行配送;对于有形产品的配送,要涉及运输和仓储问题。国外已经形成了专业的配送公司,如著名的美国联邦快递公司(FedEx),其业务覆盖全球,可以实现全球化快速的专递服务,以至于从事网上直销的 Dell 公司将美国货物的配送业务都交给它完成。对于开展网上直销的生产企业而言,可以有两种途径管理和控制物流。一种是利用自己的力量建设自己的物流系统,如 IBM 公司的蓝色快车就拥有自己的"e物流"。另一种方式是通过选择合作伙伴,利用专业的物流公司为网上直销提供物流服务。这是大多数企业的发展趋势,如美国的 Dell 公司就与美国的联邦快递公司合作。

(二)网络营销渠道的类型

在传统分销渠道中,中间商的作用至关重要。因为中间商凭借其娴熟的业务、固定的客户、丰富的专业经验和规模化的营销方式,能够获得企业自营所达不到的高效率和高利润。但是随着互联网的迅速发展和广泛的应用,传统中间商的地缘优势被互联网的虚拟性所替代,产生了网络环境下的新型分销渠道,主要有网络直销、网络间接分销、分销渠道渗透法等。

1. 网络直销

网络直销(也称直接法)是指生产者通过互联网直接把产品销售给客户和消费者的分销渠道。它一般适合于大宗商品交易和产业市场的交易模式,如B2B。网络直销主要有两种形式,一种是企业在互联网上建立自己的电子商务网站,申请域名,制作主页和销售网页,由网络管理员处理产品的销售事务;另一种做法是企业委托信息服务商在其网站发布信息,企业利用有关信息与顾客联系,进而直接销售产品。目前许多企业都利用自己的网站进行网络直销。网络直销不仅为企业打开了一个面向全球的市场窗口,而且给中小企业提供了与大企业平等竞争的机会。其突出的优点表现在如下几方面。

(1)能够促使产需直接见面。

(2)达到了买卖双方的共赢目的。网络直销减少了流通环节,节约了买卖双方的费用。

(3)网络工具是企业开展营销活动的重要手段。网络直销工具中的电子邮件、公告牌等,使企业能够及时了解用户对产品的意见和需求,从而使企业有针对性地开展技术服务,解答难题,提高产品质量,改善企业经营管理。

2. 网络间接分销

所谓网络间接分销(也称间接法)就是指企业通过一些网络商品交易中介机构来实现商品的网上销售。这些中介机构一般拥有网上商品交易中心或所谓的网上商城,目前这种网上商城主要有两种类型:第一种是电子零售型(e-Tailers)。这种网上商店直接在网上设立网站,网站中提供一类或几类产品的信息供选择购买;第二种是电子拍卖型(e-Auction),这种网上商店提供商品信息,但不确定商品的价格,商品价格通过拍卖形式由会员在网上相互叫价确定,价高者就可以购买该商品。

网络间接分销一般适合于小批量商品和生活资料的销售。网络间接分销克服了网络分销的缺点,使网络商品交易中介机构成为网络时代连接买卖双方的枢纽。网络间接销售渠道的功能如下。

(1)简化了市场交易流程。网络上的海量信息为商家和消费者提供机会的同时,也为人们对信息的选择和比较带来了难度,如果有中介机构的作用,那么企业只需要与之发生关系即可。

(2)有利于为买卖双方创造价值。作为连接生产者和消费者的一种新型纽带,网络商品交易中介机构可以有效地克服传统营销渠道的弊端。一方面,它能够以最短的渠道销售商品,满足消费者对商品价格的要求;另一方面,它能够通过计算机自动撮合的功能,组织商品的批量订货,满足生产者对规模经济的要求,提高了交易的成功率,确保了双方的利益。

(3)便利了买卖双方的信息收集。消费者或者生产者只要进入一个中介机构的网站,就可以如愿以偿,大大简化了交易过程,加快了交易速度。中国商品交易中心、商务商品交易中心就是这类中介机构。

(4)实现了网上交易活动的常规化。由于是虚拟市场全天24小时运转,消除了时间和时差上的限制;买卖双方的意愿通过固定的交易表格规范地表达,避免了纠纷;中介机构所属分散在全国各地的配送中心,可以最大限度地减少运输费用。显然,由于网络商品交易中介机构的规范化运作,减少了交易过程中大量不确定因素,降低了交易成本,提高了交易成功率。

3. 分销渠道渗透法

所谓分销渠道渗透（也称双道法），是指企业同时使用网络直接分销渠道和网络间接分销渠道，以达到销售量最大的目的。特别是在我国买方市场日趋激烈的市场环境下，要应对势头强劲的国外厂商的竞争，采用双道法进行市场渗透，是一种明智的选择。

随着信息经济和网络技术的发展，越来越多的企业积极尝试利用网络间接分销渠道销售自己的产品，通过中介商的信息服务、广告服务、撮合服务、配送服务，扩大企业的影响，开拓企业的海外市场。因此，对于从事传统分销活动的企业，必须转变原有的分销理念，调整分销模式，及时研究和熟悉国内外电子商务交易中介商的类型、性质、功能、特点及其相关情况，一方面可借助于原有的分销渠道，巩固已有的市场地位；另一方面正确选择网络中介商，建立广泛的扁平化分销渠道。

（三）选择网络营销渠道模式

营销渠道的选择是整个市场营销组合策略的重要组成部分。作为一种新型的市场形式，网络虚拟市场同样存在一个分销渠道选择的问题。

1. 建立企业的网络直销渠道

企业建立网站，一方面为自己打开了一扇对外开放的窗口；另一方面也建立了自己的网络直销渠道。

企业建立其自己的网站后，还要努力推销自己，提高网站的知名度和访问量，其中一个有效的手段就是将自己的网站与一些著名的信息服务商、搜索引擎等连接。

2. 选择企业的网络间接销售渠道

企业除利用自己的网站进行网络直销外，还必须积极利用网络间接分销渠道销售自己的产品，通过电子商务中介商的信息服务、广告服务与撮合服务，扩大企业的影响，开拓企业产品的销售领域，降低销售成本。因此，对于从事网络营销活动的企业来说，必须熟悉、研究国内外电子商务中介商的类型、业务性质、功能、特点及其他有关情况，以便能够正确地选择中介商，顺利地完成商品从生产到消费的整个转移过程。

在国外众多企业的网络营销活动中，选择营销渠道的最佳方案是双道法，即企业同时使用网络直接分销渠道和网络间接分销渠道，以达到销售量最大的目的。

（四）确定网络营销渠道策略

（1）从分销商服务的对象来看，主要有 B2B、B2C 两种模式：

B2B 模式，即企业之间进行的商务活动模式。如工商企业通过计算机网络向上游企业采购原材料，向下游企业提供产品。这种模式的特点是每次的交易量大、购买集中，因此订货系统是 B2B 的关键。它既可以通过网上结算付款，又可以专门配送，既节省了时间又保证了质量。

B2C 模式，也是企业与消费者之间进行的一种商务活动模式。这种活动的特点是每次交易量少，交易次数多，而且购买者分散，因此 B2C 网上分销的关键是完善的订货、安全的结算和高效的物流配送。

（2）从渠道的长短来看主要有直接渠道、间接渠道与渗透型渠道。究竟采用哪一种要考虑多种因素。

（3）从渠道的宽度来看主要有密集型分销、选择型分销与独家分销。

密集型分销策略，即选择尽可能多的分销商来销售自己的商品，这种策略使顾客随时随地都能够购买到商品，一般适合于低值易耗的日用品。

选择型分销策略，即在一个地区选择有限的几家经过仔细挑选的分销商销售自己的产品，分销商之间存在有限竞争，它提供给客户的主要是一种安全、保障和信心，它一般适合于大件耐用消费品。

独家分销策略，即在一个地区只选择一家经过仔细挑选的分销商来销售自己的产品，它提供的是一种独一无二的产品和服务，但价格昂贵，客户较少。

六、客户服务策略

（一）网络营销服务概述

服务是企业围绕顾客需求提供的功能和礼仪，网络营销服务的本质也就是让顾客满意。顾客是否满意是网络营销服务质量的唯一标准。要让顾客满意就是要满足顾客的需求，顾客的需求一般是有层次性的，如果企业能够提供满足顾客更高层次需求的服务，顾客的满意程度就会更高。网络营销服务利用互联网的特性可以更好地满足顾客不同层次的需求。

1. 了解产品信息

网络时代，顾客需求呈现出个性化和差异化特征，顾客为满足自己个性化的需求，需要全面、详细了解产品和服务信息，寻求最能满足自己个性化需求的产品和服务。

2. 解决问题

顾客在购买产品或服务后，可能面临许多问题，需要企业提供服务解决这些问题。在企业网络营销站点上，许多企业的站点提供技术支持和产品服务以及常见的问题释疑（FAQ）。有的还建设有顾客虚拟社区，顾客可以通过互联网向其他顾客寻求帮助，自己学习、自己解决。

3. 接触公司人员

对于有些比较难以解决的问题，或者顾客难以通过网络营销站点获得解决方法的问题，顾客也希望公司能提供直接支援和服务。这时，顾客需要与公司人员进行直接接触，向公司人员寻求帮助，得到直接答复或者反馈顾客的意见。

4. 了解全过程

顾客为满足个性化需求，不仅仅是通过掌握信息来选择产品和服务，还要求直接参与产品的设计、制造、运送等整个过程。个性化服务是一种双向互动的企业与顾客之间的密切关系。企业要实现个性化服务，就需要改造企业的业务流程，将企业业务流程改造成按照顾客需求来进行产品的设计、制造、改进、销售、配送和服务。顾客了解和参与整个过程意味着企业与顾客需要建立一种"一对一"的关系。互联网可以帮助企业更好地改造业务流程以适应对顾客的"一对一"营销服务。

上述几个层次的需求之间是一种相互促进的作用。只有低层次需求满足后才可能促进更高层次的需求，顾客的需求越得到满足，企业与顾客的关系也越密切。

（二）网上个性化服务策略

1. 网上个性化服务概述

个性化服务也叫定制服务，就是按照顾客特别是一般消费者的要求提供特定服务。个性化服务包括三个方面：服务时空的个性化，人们在他希望的时间和地点得到服务；服务方式的个性化，能根据个人爱好或特色进行服务；服务内容个性化,不再是千篇一律、千人一面,而是各取所需、各得其所。

个性化服务会出现相应的问题。首先是隐私问题,个人提交的需求、信息提供者掌握的个人偏好和倾向,都是一笔巨大的财富。大多数人不愿公开自己的"绝对隐私"。因此,企业在提供个性化服务时,必须注意保护用户的隐私信息,更不能将隐私信息进行公开或者出卖。侵犯用户的隐私信息,不但招致用户的反对,而且可能导致用户的控诉甚至报复。其次,提供的个性化服务要是用户真正需要的。此外,个性化服务还涉及许多技术问题,用户需要做到不论何时、不论何地都可以接收信息,而且接收的信息是用户需要的和选择的。

2. 网上个性化的信息服务

网站是一种影响面广、受众数量巨大的市场营销工具,伴随着受众范围和数量的"无限"增大,受众在语言、文化背景、消费水平、经济环境和意识形态,直至每个消费者具体的需求水平等方面存在的差异就成为一个非常突出的问题了。于是,怎样充分发挥互联网在动态交互方面的优势,尽量满足不同消费者的不同需求,就成为定制服务产生的市场动因。

(1) 网上个性化的信息服务方式。个性化服务,改变了信息服务"我提供什么,用户就接受什么"的传统方式,变成了"用户需要什么,我就提供什么"的个性化方式。信息的个性化服务主要有下面一些方案。

①页面定制。Web 定制使预订者获得自己选择的多媒体信息。许多网站都推出了个性化页面服务,如雅虎推出了"我的雅虎",可让用户定制个性化主页。用户根据自己的喜好定制显示结构和显示内容,定制的内容包括新闻、政治、财经、体育等多个栏目,还提供了搜索引擎、股市行情、天气预报、常去的网址导航等。用户定制以后,个人信息被服务器保存下来,以后访问"我的雅虎",用户看到的就是自己定制的内容。

②电子邮件定制方案。新闻邮件定制服务多采用专用客户机软件,如股票软件、天气软件等可以传送广泛的待售品、多媒体信息,客户机不需要保持与互联网的永久链接。

③需要客户端软件支持的定制服务。如 www.pointcast.com 可通过运行在读者计算机上特制的软件包来接收新闻信息,这种软件以类似屏幕保护的形式出现在计算机上,而接收哪些信息是需要读者事先选择和定制的。这种方式与上述方式最大的不同在于,信息并不是驻留在服务器端的,而是通过网络实时推

送到客户端，传输速度更快，让用户察觉不出下载的时间。

（2）网上个性化信息服务应注意的问题。网上个性化服务是一种非常有效的网络营销策略，但网上个性化服务是一个系统性工作，它需要从方式上、内容上、技术上和资金上进行系统规划和配合，否则个性化服务是很难实现的。对于一般网站提供个性化服务，要注意下面三个问题。

①个性化服务是众多网站经营手段中的一种，是否适合于企业的网站应用，应用在网站的哪个环节上，是需要具体情况具体分析的。

②应用个性化服务首先要做的是细分市场，细分目标群体，同时准确地确定不同群体的需求特点，这几个方面的因素决定着个性化服务的具体方式，也决定着个性化服务的信息内容。

③市场细分的程度越高，需要投入到个性化服务中的成本也会相应提高，而且对网站的技术要求也更高，网站经营者要量力而行。

第七章 物流与供应链管理

第一节 物流概述

一、物流的概念

物流（Physical Distribution）一词最早出现在美国，直译是"后勤"的意思。1915年，阿奇·萧在《市场流通中的若干问题》一书中就提到物流一词。第二次世界大战中，美国军队围绕战争供应建立了"后勤"理论，并将其应用于战争活动中。其中所提出的"后勤"是指战时的物资生产、采购、运输、配给等活动，后来在商业活动中得到了广泛应用，包含了生产过程和流通过程的物流，形成了范围更广泛的概念。20世纪50年代，日本考察美国的物流技术，引进了"物流"的概念，日本的物流概念是从英文的Physical Distribution翻译过去的，到了70年代日本已成为世界上物流最发达的国家之一。20世纪80年代初，我国从日本直接引入"物流"概念至今。

作为社会经济活动和企业管理中的概念，目前在国际上比较流行的是美国物流管理协会（Council of Logistics Management，CLM）对物流的定义。CLM对物流的定义：物流是供应链过程的一部分，是以满足客户需求为目的，以高效和经济的手段来组织产品、服务，以及相关信息从供应到消费的运动和存储的计划、执行和控制的过程。

欧洲物流协会对物流的定义为：物流是在一个系统内对人员或商品的运输、安排以及相关的支持活动的计划、执行与控制，以达到特定的目的。

日本对物流的定义为：物流是物质资料从供给者向需要者的物理性移动，是创造时间性、场所性价值的经济活动。从物流的范畴来看，包括包装、装卸、保管、库存管理、流通加工、运输、配送等各种活动。如果不经过此过程，物就不能移动。

中国对于物流的定义受国外的影响较大,《物流术语》中国家标准将物流定义为：物品从供应地向接收地的实体流动过程，根据实际需要，将运输、储存、装卸、搬运、包装、流通加工、配送、信息处理等基本功能实施有机结合。

国家经贸委提出的《关于加快我国现代物流发展的若干建议》中对现代物流的定义是：现代物流泛指原材料、产成品从起点至终点及相关信息有效流动的全过程，它将运输、仓储、装卸、加工、整理、配送、信息等方面有机结合，形成完整的供应链，为用户提供多功能、一体化的综合服务。

各国对物流的定义虽然表述不同，却包含了以下几个基本内容。

（1）物流产生的目的，是为了满足消费者的需求或为了全面实现某一个战略、目标或任务。换言之，物流管理的目标是达到一定的客户服务水平。

（2）物流是一个空间上的物流性移动，存在一个起点和终点，并且从起点到终点的物流性移动过程包括装卸、运输、供应、仓储、采购等几个基本的环节。

（3）物流过程中移动的主体是货物及与之相关的信息。这里，货物包括原材料、零部件、中间过程的库存及产成品；相关信息包括在流通过程中发生的必需的各种单证、消费者需要的各种信息和物流活动管理者需要的各种信息。

（4）物流是一种管理活动，必须进行恰当的计划、实施与控制，确保物流过程中各个环节功能最优化，保证物流过程的有效性。

因此，通常可以这样理解物流，物流是经济主体为满足顾客的需求或其他目标，所发生的从供应起点到需求终点的物质、服务、信息的流动过程，以及为使该过程有效、低成本地进行而从事的计划、实施和控制行为。通过信息传递，把运输、储存、包装、装卸搬运、配送、流通加工等业务活动联系起来，协调一致，以提高物流整体作业效率，取得最佳经济效益。就物流过程中的一次流转，各活动环节表现的逻辑关系如图7-1所示。

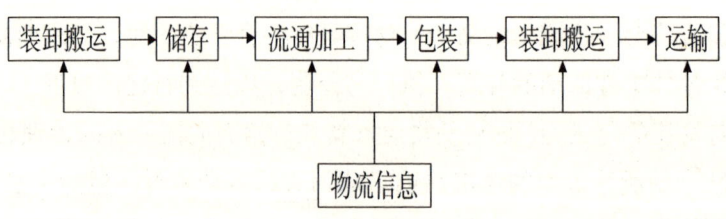

图7-1　物流环节逻辑关系图

二、物流的分类

按照不同的标准，可将物流作不同的分类。通常，物流可以按以下几种方式分类。

1. 按研究对象分类

（1）社会物流，也称大物流或宏观物流。它是指全社会物流的整体，是国民经济的重要组成部分。政府宏观经济政策和物流政策对宏观物流具有重要作用。国家的基础设施，如港口、机场、码头、航道、铁路、公路以及重要物资的仓储基地等都会对宏观物流的发展产生重大的影响，决定着宏观物流的整体效益。

（2）行业物流，同一行业中的企业是市场上的竞争对手，但在物流领域中常常可以互相协作，共同促进行业物流系统的合理化。例如，日本的建设机械行业提出行业物流系统化的具体内容为：各种运输手段的有效利用；建设共同的零部件仓库，实行共同集中配送；建立新旧设备及零部件的共同流通中心；建立技术中心，共同培训操作人员和维修人员；统一建设机械的规格等。

（3）企业物流，属于微观物流的范畴，是从企业角度上研究与之相关的、围绕企业经营的物流活动，按企业性质不同可划分为不同种类，包括生产物流、供应物流、销售物流、回收物流和废弃物物流等。

2. 按商品运动方式分类

（1）流通业物流，是为了克服产品生产点与消费点之间存在的空间和时间上的间隔而产生的一种物品运动方式。它主要通过运输、储存、包装、流通加工、配送等物流运作手段，以最低的成本，把特定的产品和服务在特定的时间提交给特定的客户。流通业物流的运作对象一般是产成品，除了少量的流通加工对物品具有一定的生产性作用外，流通业物流中，物品自身形态不发生变化，而只是发生空间上的转移和时间上的延迟。

（2）制造业物流，是为了将各种物料、零件、配件等物品从原始形态转成特定的产品形态而产生的一种物品运动方式。制造业物流中，物品形态随着生产加工的进行而不断变化，直至最后成为特定形态的产成品。制造业物流中按其所发挥的职能可分为以下几种。

①供应物流，制造业的供应物流是企业组织原材料、零部件、燃料、辅助

材料或备件的物流活动。流通领域的供应物流是销售商采购商品的物流活动。供应物流包括原材料采购、运输、装卸、仓储、库存管理、用料管理和供应管理。供应物流强调原材料的配套储存、分拣、及时配送、加工处理和预处理等。供应物流不仅要保证供应的目标，而且还要以最低成本、最少消耗来组织供应物流活动，满足限定的条件，因此带来很大的难度。在目前非短缺商品市场环境下，要降低物流过程的成本，就必须解决供应网络、供应方式和库存等问题。

②生产物流，是在企业生产过程中发生的物流活动。生产物流与生产流程同步，从工厂的原材料购进入库起，直到工厂产品库的产品发送为止，原材料以及半成品等按照工艺流程在各个加工点之间不停地移动、流转，形成了生产物流。生产物流是制造产品的企业所特有的，生产物流合理化对工厂的生产秩序和生产成本有很大的影响。

生产物流是一种工艺过程性物流，一旦企业的生产工艺、装备及生产流程确定，生产物流就很稳定，成为工艺流程的重要组成部分。其流动过程大致为：原材料、零部件、燃料、辅助材料或备件从仓库进入生产流水线开始端，随着生产加工过程各个环节的运动，原材料、零部件被加工至半产品及产成品，再运动至成品仓库便终结了生产物流的过程。

③销售物流，是指生产企业将产品送交客户或消费者的分销物流。销售物流的顺畅将使企业迅速及时地将产品传送到客户或消费者手中，达到扩大商品销售、加速资金周转、降低流通费用的目的。销售物流管理包括对产品进行包装，对产成品进行储存，为客户提供订单并进行信息处理，对客户所订货物进行配送以及货物的装卸搬运。

配送工作的各个环节紧密连接、相互促进、相互制约，形成一个有机统一体，即配送系统。配送系统主要由环境、输入、输出、处理和反馈等方面构成。

④回收物流，是指商品退货、回收物流。在采购、进货过程中，有时会发现一些不合格或不符合要求的商品，往往需要退回货主，这一过程会产生运输、包装、装卸搬运等物流运动。对仓库、货架上、直接销售过程中的残、次、过期商品，往往需要回收、返销制造商，其中涉及多项物流功能。由于这些物流的方向与大部分物流的方向相反，所以也称为逆向物流。

⑤废弃物流，商品的生产和流通系统中所产生的无用的废弃物，如开采矿山时产生的土石等，如不妥善加以处理，就地堆放会妨碍生产甚至造成环境污

染，要根据实际需要进行收集、分类并分送到专门处理场所，对这类废弃物的处理形成的物品实体流动产生了废弃物流。

3. 按物流发展的历史过程分类

（1）传统物流，其主要精力集中在仓储和库存的管理及配送上，而有时又把主要精力放在仓储和运输方面，以弥补时间和空间上的差异。实际上仓储和运输是物流系统的两大支柱，前者承担着改变物品时间状态的重任，后者承担着改变物品空间状态的重任。研究发现仓储是物品在生产过程中顺利进行到下一步存在着的必要物流停滞，既是保证生产正常进行的必要条件，同时也衔接了生产与消费时间上的背离、地理上的分离，还起到调节生产与消费方式差异的作用。

（2）综合物流，其不仅提供运输服务，还包括配送、保管、包装、加工等很多工作，是对整个供应链的管理。

（3）现代物流，其是为了满足消费者需要而进行的从起点到终点的原材料、中间过程库存、最终产品和相关信息有效流动及储存计划、实现和控制管理的过程。现代物流突出强调了物流的两个本质内容：一是物资实体的流动，二是物流的职能，即空间效用、时间效用和形质效用。

4. 根据提供服务的主体分类

（1）代理物流，也称第三方物流（Third-Party Logistics，TPL），是指由物流劳务的供方、需方之外的第三方去完成物流服务的运作模式。因为它常常以物流外包合同的形式进行操作，因此又被称为合同物流（Contract Logistics）、物流外包（Logistics Outsourcing）。第三方就是提供物流交易双方的部分或全部物流功能的外部服务提供者，一般是比较专业化的物流公司，能够承担全部的物流服务，所以有时又被称为全方位物流公司（FullService Distribution Company，FS-DC）、物流联盟（Logistics Alliance）。第三方物流使物流业务集中转向少数专业化的物流企业，使物流活动集约化、专业化、规模化、高技术化。

（2）企业内部物流，是指一个生产企业从原材料进厂后，经过多道工序加工成零件，然后零件组装成本件，最后组装成成品出厂，这种企业内部物料的流动称为企业内部物流。企业内部物流是与整个生产工艺过程伴生的，实际上已构成了生产过程的一部分。

（3）企业自营物流，是指企业的物流由企业自己承办。很多企业自身并不是物流企业，他们的主业是生产或者流通，或者机关、学校等，自己承办自己的物流活动。这种自营物流既有优点也有缺点，优点是比较主动、灵活、机动，便于控制，也可以利用一些闲散资源；缺点是分散了精力和资源，效率低、成本高，质量得不到保证。要根据企业的实际情况进行评估，决定是否选择此种物流模式。

5. 根据物流的流向分类

（1）流入物流，是企业从生产资料供应商进货所引发的原材料、零部件和产品流动，即企业从市场采购的过程。

（2）流出物流，是从企业到消费者之间的产品流动，即企业将产品送达市场并完成与消费者交换的过程。

6. 根据企业的数量分类

（1）单个企业物流，是指单个企业内部物流和与该企业相关的外部物流的集成物流。这是最基本、最普遍的企业物流形式，它基本上由购进物流、企业内部物流和分销物流三部分构成。

（2）多个企业物流，包括供应链物流和第三方物流两大类。供应链是由相互联系、互相协调、关系稳定的多个企业组成的系统，采用一些如供应商库存（VMI）、连续补货（CRP）、准时化送货（JIT）等物流方式和物流组织形式。

三、物流的效益

一个企业的物流是综合能力的体现，目的是帮助企业按最低的总成本创造出价值。长期以来，人们认为创造利润的环节集中在生产领域，因此把在生产过程中节约物质消耗而增加的利润称作"第一利润源泉"，把因降低劳动消耗而增加的利润称作"第二利润源泉"，而往往忽略因物流费用节省而增加的利润的存在。由于科技进步的迅速扩散，当某企业开始利用一项先进技术时，其他企业即会纷纷仿效，依靠"第一利润源泉"获取超额利润的可能性已越来越小；与物质资源的节约相似，依靠提高劳动生产率而创造"第二利润源泉"的潜力也变得越来越小。早在20世纪60年代，美国著名的管理学家彼得·德鲁克曾预言：物流领域是"一块经济界的黑大陆"，具有极大的"利润创造空间"，是降低资源消耗、提高劳动生产率之后的"第三利润源泉"。

1. 降低物流成本

目前,许多企业面临的困难之一就是物流成本过高。1999—2000 年物流成本占总成本的比重大致为:美国和欧洲为 10%~15%,亚洲地区平均水平为 30%。在我国大多数工业企业中,直接劳动成本占总成本的比重不到 10%,而物流成本占总成本的比重却高达 40%左右。因此,降低物流成本,有利于企业充分利用资本,减少总成本,提高市场竞争力。

2. 减少库存

现代物流的发展,最直接的效益是有效降低累计库存额,提高经济运行效率和质量。降低库存的直接原因是现代物流能使企业更好地根据市场需求组织生产,建立起灵敏的物流体系,努力减少库存,采用以销定产的方式,减少了不需要的生产及降价处理损失,避免了货物积压。

我国的众多生产和经营企业都存在着产品商品库存庞大的问题。目前,我国工业企业历年积累的库存达数万亿元之巨,且不断有新生的库存商品增加。存量库存加上增量库存,其沉淀的资金目前已达 4 万亿元,几乎占我国国内生产总值的 50%,严重制约国民经济的健康有序发展。因此,发展现代物流产业,让流通领域的沉淀商品加快运转速度,使库存商品减少到最低限度,将具有重要的意义。

3. 加快资金周转

长期以来,我国流通领域存在着运行速度缓慢、效率低下的问题。在商品的整个生产与销售过程中,用于制造和加工的时间只占 10%,用于流通过程的时间却占到 90%。由于流通领域的商品和资本周转速度慢,巨大的库存商品占用了大量的资金,导致整体的资本周转速度极其缓慢。我国国有商业流动资本年平均周转 2~3 次,对应于已建立现代物流体系的日本制造业,其流动资本年平均周转 15~18 次。海尔集团在建立了现代物流系统后,企业的资本年平均周转速度也提高了 15 次。现代物流通过选择合理的配送模式,减少了商品在装卸、包装、运输等环节的耗费,提高了商品流转速度,因此,在加快资本周转速度方面,物流业也发挥着极其重要的作用。

四、电子商务对物流的影响

电子商务是指在互联网上进行的商务活动。从广义上来讲,电子商务的内涵是十分丰富的，外延也是十分广泛的。它不仅可以进行无形商品的商务活动，也可以进行有形商品的商务活动。近几年来，随着电子商务环境的改善以及电子商务所具备的巨大优势，电子商务受到了政府、企业界的高度重视，纷纷以不同的形式介入电子商务活动中，使电子商务在短短的几年中以惊人的速度在发展。有形商品的网上商务活动作为电子商务的一个重要构成方面，在近几年中也得到了迅速的发展。在这一发展过程中，人们发现作为支持有形商品电子商务活动的物流，不仅已成为有形商品电子商务的一个障碍，而且也已成为有形商品电子商务活动能否顺利进行和发展的一个关键因素。因为没有一个高效、合理、畅通的物流系统，电子商务所具有的优势就难以得到有效的发挥，没有一个与电子商务相适应的物流体系，电子商务就难以得到有效的发展。是电子商务改变物流，还是物流将影响电子商务的发展？对此，编者认为，物流与电子商务是相互促进、相互影响的。

电子商务对物流的影响，主要表现在以下几个方面。

1. 电子商务将改变人们传统的物流观念

电子商务作为一个新兴的商务活动，它为物流创造了一个虚拟性的运动空间。在电子商务的状态下，人们在进行物流活动时，物流的各种职能及功能可以通过虚拟化的方式表现出来，在这种虚拟化的过程中，人们可以通过各种的组合方式，寻求物流的合理化，使商品实体在实际的运动过程中，达到效率最高、费用最省、距离最短、时间最少的功能。

2. 电子商务将改变物流的运作方式

电子商务可使物流实现网络的实时控制。传统的物流活动在其运作过程中，不管其是以生产为中心，还是以成本或利润为中心，其实质都是以商流为中心，从属于商流活动，因而物流的运动方式是紧紧伴随着商流来运动（尽管其也能影响商流的运动）。而在电子商务下，物流的运作是以信息为中心的，信息不仅决定了物流的运动方向，而且也决定着物流的运作方式。在实际运作过程中，通过网络上的信息传递，可以有效地实现对物流的实时控制，实现物流的合理化。

（2）网络对物流的实时控制是以整体物流来进行的。在传统的物流活动中，虽然也有依据计算机对物流实时控制，但这种控制都是以单个的运作方式来进行的。例如，在实施计算机管理的物流中心或仓储企业中，所实施的计算机管理信息系统，大都是以企业自身为中心来管理物流的。而在电子商务时代，网络全球化的特点，可使物流在全球范围内实施整体的实时控制。

3. 电子商务将改变物流企业的经营形态

（1）电子商务将改变物流企业对物流的组织和管理。在传统经济条件下，物流往往是从某一企业来进行组织和管理的，而电子商务则要求物流以社会的角度来实行系统的组织和管理，以打破传统物流分散的状态。这就要求企业在组织物流的过程中，不仅要考虑本企业的物流组织和管理，而且更重要的是要考虑全社会的整体系统。

（2）电子商务将改变物流企业的竞争状态。在传统经济活动中，物流企业之间存在激烈的竞争，这种竞争往往是依靠本企业提供优质服务、降低物流费用等来进行的。在电子商务时代，这些竞争内容虽然依然存在，但有效性却大大降低了。原因在于电子商务需要一个全球性的物流系统来保证商品实体的合理流动，对于一个企业来说，即使它的规模再大，也是难以达到这一要求的。这就要求物流企业应相互联合起来，在竞争中形成一种协同竞争的状态，在相互协同实现物流高效化、合理化、系统化的前提下，相互竞争。

4. 电子商务将促进物流基础设施的改善和物流技术与物流管理水平的提高

（1）电子商务将促进物流基础设施的改善。电子商务高效率和全球性的特点，要求物流也必须达到这一目标。而物流要达到这一目标，良好的交通运输网络、通信网络等基础设施则是最基本的保证。

（2）电子商务将促进物流技术的进步。物流技术主要包括物流硬技术和软技术。物流硬技术是指在组织物流过程中所需的各种材料、机械和设施等；物流软技术是指组织高效率的物流所需的计划、管理、评价等方面的技术和管理方法。从物流环节来考察，物流技术包括运输技术、保管技术、装卸技术、包装技术等。物流技术水平的高低是实现物流效率高低的一个重要因素，要建立一个适应电子商务运作的高效率的物流系统，加快提高物流的技术水平则有着重要的作用。

（3）电子商务将促进物流管理水平的提高。物流管理水平的高低直接决定和影响着物流效率的高低，也影响着电子商务高效率优势的实现问题。只有提高物流的管理水平，建立科学合理的管理制度，将科学的管理手段和方法应用于物流管理当中，才能确保物流的畅通进行，实现物流的合理化和高效化，促进电子商务的发展。

5. 第三方物流成为物流业的主要组织形式

第三方物流将在电子商务环境下得到极大发展,一是由于跨区域物流;二是由于电子商务时代的物流重组需要第三方物流的发展。

6. 电子商务对物流人才提出了更高的要求

电子商务不仅要求物流管理人员具有较高的物流管理水平,而且也要求物流管理人员具有较高的电子商务知识,并在实际的运作过程中,能有效地将二者有机地结合在一起。

五、电子商务物流的特点

电子商务时代的来临,给全球物流带来了新的发展,使物流具备了一系列新特点。

1. 信息化

电子商务时代,物流信息化是电子商务的必然要求。物流信息化表现为物流信息的商品化、物流信息收集的数据库化和代码化、物流信息处理的电子化和计算机化、物流信息传送的标准化和实时化、物流信息存储的数字化等。因此,条码技术(Bar Code)、数据库技术(Database)、电子订货系统(Electronic Ordering System,EOS)、电子数据交换(Electronic Data Interchange,EDI)、快速反应(Quick Response,QR)及有效的客户反映(Effective Customer Response,ECR)、企业资源计划(Enterprise Resource Planning,ERP)等技术与观念在我国的物流中将会得到普遍的应用。信息化是一切的基础,没有物流的信息化,任何先进的技术设备都不可能应用于物流领域,信息技术及计算机技术在物流中的应用将会彻底改变世界物流的面貌。

2. 自动化

自动化的基础是信息化,自动化的核心是机电一体化,自动化的外在表现是无人化,自动化的效果是省力化,另外还可以扩大物流作业能力、提高劳动生产率、减少物流作业的差错等。物流自动化的设施非常多,如条码/语音/射频自动识别系统(Bar Code/Speech/Radio Frequency Automatic Identification System)、自动分拣系统(Automated Sorting System)、自动存取系统(Automatic Storage Retrieval System)、自动导向车(Automated Guided Vehicle)、货物自动跟踪系统（Automatic Goods-Tracking System）等。

3. 网络化

物流领域网络化的基础也是信息化。这里的网络化有两层含义，一是配送系统的计算机通信网络，包括物流配送中心与供应商或制造商的联系要通过计算机网络，另外与下游顾客之间的联系也要通过计算机网络；二是组织的网络化，即所谓的企业内部网（Intranet）。物流的网络化是物流信息化的必然，是电子商务下物流活动的主要特征之一。当今世界互联网等全球网络资源的可用性及网络技术的普及为物流的网络化提供了良好的外部环境。

4. 智能化

智能化是物流自动化、信息化的一种高层次应用，物流作业过程大量的运筹和决策，如库存水平的确定、运输（搬运）路径的选择、自动导向车的运行轨迹和作业控制、自动分拣机的运行、物流配送中心经营管理的决策支持等问题都需要借助于大量的知识才能解决。在物流自动化的进程中，物流智能化是不可回避的技术难题。好在专家系统、机器人等相关技术在国际上已经有了比较成熟的研究成果。为了提高物流现代化的水平，物流的智能化已成为电子商务下物流发展的一个新趋势。

5. 柔性化

柔性化本来是为实现"以顾客为中心"的理念而在生产领域提出的，但要真正做到柔性化，即真正能根据消费者需求的变化来灵活调节生产工艺，没有配套的柔性化的物流系统是不可能达到目的的。柔性化的物流正是适应生产、流通与消费的需求而发展起来的一种新型物流模式。这就要求物流配送中心要根据消费需求"多品种、小批量、多批次、短周期"的特色，灵活组织和实施物流作业。

此外，物流设施、商品包装的标准化，物流的社会化、共同化也都是电子商务下物流模式的新特点。

第二节　物流系统

一、物流系统的组成

物流系统是由运输、仓储、包装、装卸搬运、配送、流通加工、物流信息等各环节所组成的,这些环节也称物流子系统。作为系统的输入是各个环节(输送、储存、搬运、装卸、包装、物流情报、流通加工等)所消耗的劳务、设备材料等资源,经过处理转化,变成全系统的输出,即物流服务。

物流系统是"有效地达成物流目的的一种机制",物流系统作为一个整体,内部因素是不可分割的。系统论的一个观点是:局部的最优不等于全局最优。所以,只有将物流系统内部的各要素综合考虑,相互配合,服从物流系统整体的功能和目的,才能使作为整体的物流系统达到最优。整体优化的目的就是使输入最少,即物流成本、消耗的资源最少,而作为输出的物流服务效果最佳。物流系统是一个复杂的系统工程,涉及通信系统、交通运输系统、资源管理系统以及信息管理系统等多种系统的综合功能。

1. 物流配送中心

物流配送中心是物流系统的核心。物流配送中心是集存储保管、集散转运、流通加工、商品配送、信息传递、代购代销、连带服务等多功能于一体的现代化物流管理中心,承担物资的集中和分发等多种功能。

2. 物流信息网络系统

物流信息网络系统是整个物流系统管理和调度的信息平台,是物流系统信息基础设施。所有的管理信息、物流信息和客户服务信息都是通过这个数据通信网络平台传输和管理的。同时,物流信息网络应该实现同上下游企业或其他合作伙伴物流企业之间的信息通信连接。这个网络的有无,反映了电子商务物流和传统物流的根本区别。物流信息系统还应该提供公共的信息服务平台,便于各种客户对系统的访问。这个系统的高效运行,是提高物流系统效益的基本条件。物流信息网络系统要使用各种现代网络通信技术,如移动通信和数据安全等技术。

3. 物流运输网络

物流运输网络是由分布于不同地域,由各种运输工具和相应的管理系统和工作人员组成,主要完成货物运输的系统。物流运输系统是在物流中心管理系统的统一调度的控制下,实现物流运输资源的最佳配置和最佳运输线路的安排等管理功能。物流运输网络也可能是由多个物流企业结成联盟,共同实现物流效益的最大化。

4. 物流仓储

现代化的大型仓储场地和设备是物流系统存储、管理货物的基地，也是现代物流的标志之一。现代物流仓储无论是设备还是管理方式都不同于传统的物资仓库管理。为了实现存储空间的高效利用和货物的快速分拣，现代物流仓储需要立体的存储货架、现代化存取货物的机械设备以及智能化仓储管理信息系统。

5. 客户服务系统

快速、便捷、透明的物流服务是使客户满意，从而获得更多忠诚客户的重要条件。因此，一个功能完善的物流系统应该包括完善的客户服务系统，为客户提供全方位的物流信息服务，如客户物流跟踪信息、客户投诉和信息反馈以及客户查询信息功能等。

6. 物流管理系统

物流管理系统通过物流管理组织，对整个物流活动进行计划、实施、评价的工作，以不断提高物流的经济效益。物流管理包括规划、组织实施和协调控制的过程，其目的是以最低的物流成本达到客户所满意的服务水平。物流系统的组织和管理需要大量的各种类型的专业物流管理人才。

二、物流系统的目标与功能

物流系统概括起来说，主要有五大目标（5S）和七大功能。

1. 物流系统的目标

（1）服务性目标（Service）。物流系统是"桥梁、纽带"作用的流通系统的一部分，它具体地联结着生产与再生产、生产与消费，因此要求有很强的服务性。物流系统采取送货、配送等形式，就是其服务性的体现。在技术方面，近年来出现的"准时供货方式""柔性供货方式"等，也是其服务性的表现。

（2）快捷性目标（Speed）。快捷性不但是服务性的延伸，也是流通对物流提出的要求。快捷既是一个传统目标，更是一个现代目标。其原因是随社会大生产发展，这一要求更加强烈了。在物流领域采取的诸如直达物流、联合一贯运输、高速公路、时间表系统等管理和技术，就是这一目标的体现。

（3）有效地利用面积和空间，即节约目标（Space-saving）。节约是经济领域的重要规律，在物流领域中除流通时间的节约外，由于流通过程消耗大而又基本不增加或提高商品使用价值，所以依靠节约来降低投入，是提高相对产出的重要手段。

（4）规模适当化目标（Scale-optimization）。以物流规模作为物流系统的目标，是以此来追求"规模效益"。生产领域的规模生产是早已为社会所承认的。由于物流系统比生产系统的稳定性差，因而难于形成标准的规模化格式。在物流领域以分散或集中等不同方式建立物流系统，研究物流集约化的程度，就是规模优化这一目标的体现。

（5）库存控制目标（Stock-control）。它是服务性的延伸，也是宏观调控的要求，当然，也涉及物流系统本身的效益。在物流领域中正确确定库存方式、库存数量、库存结构、库存分布就是这一目标的体现。

2. 物流系统的功能

（1）运输功能。运输是物流的核心业务之一，也是物流系统的一个重要功能。运输功能所实现的是物质实体由供应地点向需求地点的移动，对技术、组织等工作有特殊的要求。选择何种运输手段对于物流效率具有十分重要的意义，在决定运输手段时，必须权衡运输系统要求的运输服务和运输成本，可以以运输机具的服务特性作判断的基准：运费、运输时间、频度、运输能力、货物的安全性、时间的准确性、适用性、伸缩性、网络性和信息等。

（2）仓储功能。在物流系统中，仓储和运输是同样重要的构成因素。仓储功能包括了对进入物流系统的货物进行堆存、管理、保管、保养、维护等一系列活动。

物流系统现代化仓储功能的设置，以生产支持仓库的形式，为有关企业提供稳定的零部件和材料供给，将企业独自承担的安全储备逐步转为社会承担的公共储备，减少企业经营的风险，降低物流成本，促使企业逐步形成零库存的生产物资管理模式。

（3）包装功能。为使物流过程中的货物完好地运送到用户手中，并满足用户和服务对象的要求，需要对大多数商品进行不同方式、不同程度的包装，包装在物流系统中具有十分重要的作用。包装是生产的终点，同时又是物流的起点，它在很大程度上制约物流系统的运输状况。对产品按一定数量、形状、重量、尺寸大小配套进行包装，并且按产品的性质采用适当的材料和容器，不仅制约着装卸搬运、堆码存放、计量清点是否方便高效，而且关系着运输工具和仓库的利用效率。包装分工业包装和商品包装两种。工业包装的作用是按单位分开产品,便于运输,并保护在途货物。商品包装的目的是便于最后的销售。因此,包装的功能体现在保护商品、单位化、便利化和商品广告等几个方面。前三项属物流功能,最后一项属营销功能。

(4)装卸搬运功能。装卸搬运是随运输和保管而产生的必要物流活动,是对运输、保管、包装、流通加工等物流活动进行衔接的中间环节,以及在保管等活动中为进行检验、维护、保养所进行的装卸活动,如货物的装上卸下、移送、拣选、分类等。装卸作业的代表形式是集装箱化和托盘化,使用的装卸机械设备有吊车、叉车、传送带和各种台车等。在物流活动的全过程中,装卸搬运活动是频繁发生的,因而是产品损坏的重要原因之一。对装卸搬运的管理,主要是对装卸搬运方式、装卸搬运机械设备的选择和合理配置与使用,以及装卸搬运合理化,尽可能减少装卸搬运次数,以节约物流费用,获得较好的经济效益。

(5)流通加工功能。流通加工功能是在物品从生产领域向消费领域流动的过程中,为了促进产品销售、维护产品质量和实现物流效率化,对物品进行加工处理,使物品发生物理或化学性变化的功能。这种在流通过程中对商品进一步的辅助性加工,可以弥补企业、物资部门、商业部门生产过程中加工程度的不足,更有效地满足用户的需求,更好地衔接生产和需求环节,使流通过程更加合理化,是物流活动中的一项重要增值服务,也是现代物流发展的一个重要趋势。

(6)配送功能。配送是物流中一种特殊的、综合的活动形式,是商流与物流的紧密结合。从物流来讲,配送几乎包括了所有的物流功能要素,是物流的一个缩影或在某小范围中物流全部活动的体现。

配送功能的设置,可采取物流中心集中库存、共同配货的形式,使用户或服务对象实现零库存,依靠物流中心的准时配送,而无须保持自己的库存或只须保持少量的保险储备,减少物流成本的投入。配送是现代物流的一个最重要的特征。

(7)信息服务功能。现代物流是需要依靠信息技术来保证物流体系正常运作的。物流系统的信息服务功能,包括进行与上述各项功能有关的计划,预测,动态(运量、收、发、存数)的情报及有关的费用情报,生产情报,市场情报活动。对物流情报活动的管理,要求建立情报系统和情报渠道,正确选定情报科目和情报的收集、汇总、统计、使用方式，以保证其可靠性和及时性。物流管理信息系统是一个以人为主导，利用计算机硬件、软件、网络通信设备以及其他办公设备，进行物流信息的收集、传输、加工、储存、更新和维护，以提高物流企业效率和效益为目的，支持物流企业高层决策、中层控制、基层运作的集成化的人机系统。

第三节　物流模式

一、企业自营物流

1. 企业自营物流的概念

企业自身经营物流，称为自营物流。一般来说，企业自身组织物流，自己掌握经营的重要环节，有利于控制交易时间，更好地在市场中竞争，更全面地了解其所属市场的情况与特点，保证企业的运作质量。从企业竞争战术的角度来考虑，物流系统最重要的决策变量有两个：一是看是否能够提高企业运营效率；二是看是否能够降低企业运营成本。前提是社会物流企业的服务是否能够满足所要求的物流服务标准。很多跨国公司在拓展中国市场时，之所以要从本土带物流企业甚至是配套企业到我国来为其提供物流服务，主要就是因为我国的物流企业在服务理念和服务水平上无法达到客户所要求的服务标准，所以在我国也存在自营物流的合理性。

自营物流通常有两种方法：自行筹建或是依托原有局部区域单一业务的物流系统加以改造，其代表分别有亚马逊（www.amazon.com）和上海梅林正广和（www.85818.com.cn）。

2. 企业自营物流的优点

（1）掌握控制权。对于企业内部的采购、制造和销售环节，原材料和产成品的性能、规格，供应商以及销售商的经营能力，企业自身掌握最详尽的资料。企业自营物流，可以运用自身掌握的资料有效协调物流活动的各个环节，能以较快的速度解决物流活动管理过程中出现的问题，获得供应商、销售商以及最终顾客的第一手信息，以便随时调整自己的经营战略。

（2）盘活企业原有资产。据统计，目前生产企业中 73% 的企业拥有汽车车队，73% 的企业拥有仓库，3% 的企业拥有机械化装卸设备，3% 的企业拥有铁路专用线。企业选择自营物流，可以在改造企业经营管理结构和机制的基础上盘活原有物流资源，带动资金流转，为企业创造利润空间。

（3）降低交易成本。选择物流第三方，由于信息的不对称性，企业无法完全掌握物流服务商完整、真实的资料。而企业通过内部行政权力控制原材料的采购和产成品的销售，不必为运输、仓储、配送和售后服务的佣金问题进行谈判，避免多次交易花费以及交易结果的不确定性，降低交易风险，减少交易费用。

（4）提高企业品牌价值。企业自建物流系统，就能够自主控制营销活动，一方面可以亲自为顾客服务到家，使顾客近距离了解企业、熟悉产品；另一方面，企业可以掌握最新的顾客信息和市场信息，并根据顾客需求和市场发展动向对战略方案作出调整。

3. 自营物流的劣势

（1）投入大。企业自营物流所需的投入非常大，建成后对规模的要求很高，大规模才能降低成本，否则将会长期处于不盈利的境地。

（2）缺乏物流管理能力。对于一个庞大的物流系统，建成之后需要管理人员具有专业化的物流管理能力，否则仅靠硬件是无法经营的。目前我国的物流理论与物流教育严重滞后，物流师的资格认证刚开始，这都导致了我国物流人才的严重短缺。企业内部从事物流管理的人员的综合素质也不高，面对复杂多样的物流问题，经常是凭经验来解决问题，这是企业自营物流一大亟待解决的问题。

4. 企业自营物流适合的条件

（1）业务集中在企业所在城市，送货方式比较单一。由于业务范围不广，企业独立组织配送所耗费的人力不是很大，所涉及的配送设备也仅仅限于汽车以及人力车而已，如果交由其他企业处理，反而浪费时间、增加配送成本。

（2）拥有覆盖面很广的代理、分销、连锁店，而企业业务又集中在其覆盖范围内的。这样的企业一般是从传统产业转型或者依然拥有传统产业经营业务，如计算机生产商、家电企业等。

（3）对于一些规模比较大、资金比较雄厚、货物配送量巨大的企业来说，投入资金建立自己的配送系统以掌握物流配送的主动权也是一种战略选择。

二、第三方物流

1. 第三方物流的概念

第三方物流（Third Party Logistics）的概念源自管理学中的 Out-Sourcing，意指企业动态地配置自身和其他企业的功能和服务，利用外部的资源为企业内部的生产经营服务。将 Out-sourcing 引入物流管理领域，就产生了第三方物流的概念。

第三方物流是指由与货物有关的发货人和收货人之外的专业企业，即第三方物流企业来承担企业物流活动的一种物流形态。在美国的有关专业著作中，将第三方物流供应者定义为：通过合同的方式确定回报，承担货主企业全部或一部分物流活动的企业。所提供的服务形态可以分为与运营相关的服务、与管理相关的服务以及二者兼而有之的服务三种类型。

对第三方物流的另一种定义：第三方物流也称合同物流，是第三方物流提供者在特定的时间段内按照特定的价格向使用者提供的个性化的系列物流服务，这种物流服务是建立在现代电子信息技术基础上的。

第三方物流是通过物流企业将物品从供应地向接收地的实体流动过程。根据供应方和需求方实际需要提供物料运输、仓储、存储、装卸、搬运、包装、流通加工、产品配送运输、信息处理等各项物流服务。第三方物流是供应方和需求方之间的联结纽带，它是以满足顾客的需求为目标，把制造、运输、销售等市场情况统一起来考虑的一种战略措施，追求的是降低成本、提高效率与服务水平，进而增强企业竞争力。

在某种意义上，可以说它是物流专业化的一种形式。它包括一切物流活动，以及发货人可以从专业物流代理商处得到的其他一些价值增值服务。提供这一服务，是以发货人和物流代理商之间的正式合同为条件的。这一合同明确规定了服务费用、期限及相互责任等事项。因此，第三方物流又称合同制物流。

2. 第三方物流的特征

（1）信息网络化。信息流服务于物流，信息技术是第三方物流发展的基础，在物流服务过程中，信息技术发展实现了信息实时共享，促进了物流管理的科学化，提高了物流服务效率。实现物流信息网络化管理，必须以数据库技术作为主要支撑技术，数据库系统的功能和技术水平往往决定整个信息系统的功能和效率。数据库技术是总称，包括数据库（DB）、数据库管理系统（DBMS）、数据库系统（DBS）三部分。

（2）关系合同化。首先，第三方物流是通过合同形式来规范物流经营者和物流消费者之间的关系。物流经营者根据合同的要求，提供多功能直至全方位一体化的物流服务，并以合同来管理所有提供的物流服务活动及其过程。其次，第三方发展物流联盟也是通过合同形式来明确各物流联盟参与者之间的关系。

（3）功能专业化。第三方物流公司所提供的服务是专业化的服务，对于专门从事物流服务的企业，它的物流设计、物流操作过程、物流管理都应该是专业化的，物流设备和设施都应该是标准的。专业化的物流公司具有运输、储存、装卸、包装、流通加工、信息等各方面的物流职能，具有较强的实力和规范化操作，面向整个物流市场，各个企业承包物流业务，因此具有集约化、规模化、专业化、高技术、高水平、高质量运作的能力，是现代物流的发展方向。

（4）服务个性化。不同的物流消费要求提供不同的物流服务，第三方物流企业根据消费者的要求，提供针对性强的个性服务和增值服务。个性化的着力点主要存在于企业形象、业务流程、产品特征、顾客需求特征、竞争需要等方面；另外，个性化服务有助于第三方物流企业集中优势资源，形成核心竞争力，提高市场竞争力。

3. 第三方物流的优势

第三方物流企业所追求的最高境界应该体现为，物流企业对于其所面对的可控制资源与可利用资源进行最大限度的合理化开发与利用。这种合理化表现为物流企业对于自身物流能力的客观评估与正确定位，对外部环境与市场需求的深刻了解与合理预期，对企业自身发展方向与发展时机准确把握，使物流企业能够将可控制资源进行有机融合，并在市场运作中以各类有效方法与措施使上述两种资源始终处于相互协调、相互支持的动态平衡状态，使之成为推动和促进物流企业实现其总体发展战略目标的重要动力。

（1）节约成本。对于企业来说，自营物流会有很多隐性成本，公司自行承担物流功能需要车辆、仓库、办公用房等固定资产占用，要负担相应的维修及折旧费用，要负担有关人员的工资奖金费用。而将物流业务外包给第三方物流公司，就可以享受全套物流服务。如果把外包与自营物流的总成本加以对比，一般来说外包物流的成本是相对低廉的。物流外包可以使企业不必把大批资金投入到物流的基础设施上,而投入到能产生高效益的主营业务上去。

(2)提高服务质量。企业与第三方物流公司进行供应链的优化组合,可以使物流服务功能系统化,在传统的储存、运输、流通加工服务的基础上,增加了市场调查与预测、采购及订单处理、配送、物流咨询、物流解决方案的选择与规划、库存控制的策略建议、货款的回收与结算、教育培训等增值服务。这种快速、高质量的服务,必然会塑造企业的良好形象,提高企业的信誉,提高消费者的满意程度,使产品的市场占用率提高。

4. 第三方物流的劣势

在我国的具体情况下,把物流外包给第三方物流公司,有以下几点需要注意。

(1)所选择的第三方物流企业是否成熟。我国第三方物流企业大多尚未成熟,没有达到一定的规模化与专业化,成本节约、服务改进的优势在我国并不明显,而且常常会造成外包物流的失败。外包物流失败的原因有以下几个方面。

①物流公司缺乏合格的专业人员。物流公司既然得到报酬,理应聘任合格专家来管理物流的具体操作。在中国高素质的物流专家非常少,虽然一些物流商声称专门聘请专业顾问设计物流作业流程,但事实是将客户要求的物流规划交给了资质很差的人员来进行,导致物流效率较低。

②第三方物流商一旦获得客户,保质保量完成合同的动力就消失了,导致物流外包项目实施到后来,服务质量越来越差。

③合同不规范或双方都不知道怎样规定合同条款中的服务要求。缺少明确的服务要求的合同已经成为导致物流外包失败中的关键因素。在中国,企业对外包物流没有经验,而第三方物流企业也没有经验,双方签订的合同对很多条款规定是模糊的,这就导致以后的纠纷,或者是物流商没能提供企业满意的服务。有过丰富物流外包操作经验的惠普公司要求供应商签署两份合同:第一个合同是一般性项目及一些非操作性的法律问题,如赔偿、保险、不可抗力、保密等;第二个合同是服务的具体内容,是服务要求的体现,使物流商非常清楚需要完成项目中规定的哪些具体的服务以及出现失误后应作出的赔偿。

(2)容易受制于人。如果合作的第三方物流不成熟,企业过分依赖供应链伙伴,容易受制于人。例如,第三方物流公司送货不及时、送错货物、损坏货物,会使委托企业在供应链关系中处于被动地位。由于第三方的介入,企业对物流的控制能力必然受到影响，在双方协调出现障碍时很可能导致物流失控的风险，从而影响到企业的客服水平。另外，企业内部也容易出现相互推卸责任的现象。

（3）客户关系管理的挑战。由于企业将部分或全部物流职能外包给第三方企业，与客户的接触必定减少，对于建立长期、稳定、良好的客户关系不利。而且，第三方物流企业不止为一家企业服务，在为企业竞争对手提供服务时存在泄露客户信息的风险。

（4）连带经营风险。第三方物流企业与客户之间是一种长期的合作关系，其自身出现经营困境时，企业会受到影响，造成经营风险的增加、经营成本的提高。

由此可以看出，第三方物流在给企业带来多方面的利益的同时，也存在一系列问题，因此，并不是所有企业都应选择这种经营模式，而应经过分析评估，慎重作出决策。

三、物流联盟

1. 物流联盟的概念

联盟是介于独立的企业与市场交易关系之间的一种组织形态，是企业间由于自身某些方面发展的需要而形成的相对稳定的、长期的契约关系。

物流联盟是指企业在物流方面通过签署合同形成优势互补、要素双向或多向流动、相互信任、共担风险、共享收益的物流伙伴关系。一般来说，组成物流联盟的企业之间具有很强的依赖性，物流联盟的各个组成企业明确自身在整个物流联盟中的优势及担当的角色，内部的对抗和冲突减少，分工明晰，使物流商把注意力集中在提供客户指定的服务上，最终提高了企业的竞争能力和效率，满足企业跨地区、全方位物流服务的要求。

2. 物流联盟的优点

（1）长期供应链关系发展成为联盟形式，有助于降低企业的风险。

（2）企业，尤其是中小企业通过物流服务提供商，结成联盟，能有效地降低物流成本，提高企业竞争能力。

（3）第三方物流公司通过联盟有利于弥补在业务范围内服务能力的不足。

（4）大企业通过物流联盟迅速开拓全球市场，如 Laura Ashley，正是与联邦快递联盟，完成其全球物流配送，从而使业务在全球范围内展开。

3. 物流联盟的方式

（1）纵向：垂直一体化。这种联盟方式是基于供应链一体管理的基础形成的，即从原材料到产品生产、销售、服务形成一条龙的合作关系。垂直一体化联盟能够按照最终客户的要求为其提供最大价值的同时，也使联盟总利润最大化，但这种联盟一般不太稳固，主要是在整个供应链上，不可能每个环节都能同时达到利益最大化，因此打击了一些企业的积极性，使它们有随时退出联盟的可能。

（2）横向：水平一体化。由处于平行位置的几个物流企业结成联盟，包括第三方物流。这种联盟能使分散物流获得规模经济和集约化运作，降低了成本，并且能够减少社会重复劳动。但也有不足的地方，如它必须有大量的商业企业加盟，并有大量的商品存在，才可发挥它的整合作用和集约化的处理优势，此外，这些商品的配送方式的集成化和标准化也不是一个可以简单解决的问题。

（3）混合模式。既有处于上下游位置的物流企业，也有处于平行位置的物流企业的加盟。他们的核心是第三方物流机构。由于同一行业的中小企业存在着类似的物流需求，可以将自身的物流外包给第三方物流机构，共同采购，共同配送，形成相互信任，共担风险，共享收益的集约化物流伙伴关系，提高企业经济效益。

（4）以项目为管理的联盟模式。利用项目为中心，由各个物流企业进行合作，形成一个联盟。这种联盟方式只限于一个具体的项目，使联盟成员之间合作的范围不广泛，优势不太明显。

4. 联盟时应注意的问题

（1）选择联盟伙伴时，要注意物流服务提供商的种类及其经营策略。多功能的服务企业其类型及经营策略是多种多样的，故表现为市场主体也是多元化的。一般可根据企业物流服务的范围大小和物流功能的整合程度这两个标准，确定物流企业的类型。物流服务的范围主要是指导业务服务区域的广度、运送方式的多样性、保管和流通加工等附加服务的广度；物流功能的整合程度是指企业自身所拥有的提供物流服务所必要的物流功能的多少，必要的物流功能是指包括基本的运输功能在内的经营管理、集配、配送、流通加工、信息、企划、战术、战略等各种功能。不同类型的物流企业在市场竞争中所采取的经营策略有很大的区别，企业可根据自己的需要来进行选择。

（2）联盟采取的每一项措施都要考虑每一个成员的利益，争取让每一个成员都是受益者，尽量协调成员间的摩擦，提高客户服务能力，获得持久竞争优势。尽量保持联盟领导层的稳定，减少前后领导决策差异带来的风险。

四、第四方物流

1. 第四方物流的定义

第四方物流最初由美国埃森哲咨询公司于1998年提出，其定义是：第四方物流（Fourth Party Logistics，4PL）供应商是一个供应链的集成商，它对公司内部和具有互补性的服务供应商所拥有的不同资源、能力和技术进行整合和管理，提供一整套供应链解决方案。

从定义可以看出，第四方物流可以通过对整个供应链的影响力，提供综合的供应链解决方案，为顾客带来更大的价值。它不仅控制和管理特定的物流服务，而且对整个物流过程提出策划方案，并通过电子商务将这个过程集成起来。因此，第四方物流成功的关键在于为顾客提供最佳的增值服务，即迅速、高效、低成本和人性化服务等。

2. 第四方物流的特征

通过对第四方物流概念的分析可以看出，第四方物流是在第三方物流的基础上，将自身资源与具有互补性服务供应商所拥有的不同资源、能力和技术进行整合与管理，为客户提供一整套完善的供应链解决方案。其具备以下几个特征。

（1）第四方物流有能力提供一整套完善的供应链解决方案，能有效适应需求方多样化和复杂化的需求，集中所有资源为客户完美地解决问题。

（2）第四方物流是通过对供应链产生影响的能力来增加价值，从而增长利润、提高资产利用率、降低运营成本和经营成本。

第四方物流成功地影响着大批的服务者（第三方物流、网络工程、电子商务、运输企业等）以及客户的能力和供应链中的伙伴。它作为客户间的连接点，通过合作或者联盟提供多样化服务。第四方物流的优点集中表现在可以迅速、高质量、低成本地完成各种服务。

3. 第四方物流的功能

（1）供应链管理，即管理从货主到客户的整个供应链的全过程。

（2）运输一体化，即负责管理运输公司、物流公司之间在业务操作上的衔接与协调问题。

（3）供应链再造，即根据货主在供应链战略上的要求，及时改变或调整战略战术，使其保持高效率运作。

4. 第四方物流的优势

（1）提供综合性供应链解决方案。第四方物流向客户提供了综合性供应链解决方案，通过供应链的参与者将供应链规划与实施同步进行，或利用独立的供应链参与者之间的合作提高规模和总量；通过业务流程再造，将客户与供应商信息和技术系统一体化，把人的因素和业务规范有机结合起来，使整个供应链规划和业务流程能够有效地贯彻实施，使物流的集成化上升为供应链的一体化。

（2）整体功能转化。通过战略调整、流程再造、整体性改变管理和技术，使客户间的供应链运作一体化；通过改善销售和运作规划、配送管理、物资采购、客户响应以及供应链技术等，有效地适应需方多样化和复杂的需求，提高了客户的满意度和忠诚度。

（3）降低物流成本。利用运作效率提高、流程增加和采购成本降低实现物流企业的低成本策略。流程一体化、供应链规划的改善和实施将使运营成本和产品销售成本降低。通过采用现代信息技术、科学的管理流程和标准化管理，使存货减少而降低成本，使物流企业的综合经济效益得到最大幅度提高。

第四节 供应链管理

一、供应链与供应链管理的概念

1. 供应链的概念

供应链（Supply Chain）是指由原材料和零部件供应商、产品的制造商、分销商和零售商到最终客户组成的价值增值链，分成内部供应链和外部供应链两种。内部供应链由采购、制造、分销等部门组成；外部供应链包括原材料和零配件供应商、制造商、销售商和最终客户。

供应链意味着在上下游企业之间形成一条从供应商到制造商再到分销商的贯穿所有企业的"链",把所有相邻企业依次联结起来,实现了管理的"垂直一体化"。这条链上的节点企业必须达到同步、协调运行,才有可能使链上的所有企业都能受益。供应链是围绕核心企业,通过对信息流、物流、资金流的控制,从采购原材料开始,制成中间产品以及最终产品,最后由销售网络把产品送到消费者手中的将供应商、制造商、分销商、零售商直到最终客户连成一个整体的功能链状结构模式。

供应链包含所有加盟的节点企业,从原材料的供应开始,经过链中不同企业的制造加工、组装、分销等过程直到最终客户。节点企业在需求信息的驱动下,通过供应链的职能分工与合作,以资金流、物流为媒介实现整个供应链的不断增值。

供应链的运作方式有两种:推动式和牵引式。推动式供应链的运作方式以制造商为核心,产品生产出来后从分销商依次推向客户。分销商和零售商处于被动接受地位,各个企业之间的集成度较低,通常采用提高安全库存量的办法应付需求变动,因此整个供应链上的库存量较高,对需求变动的响应能力较差。牵引式供应链的驱动力产生于最终客户,整个供应链的集成度较高,信息交换迅速,可以根据客户的需求实现定制化服务。采用这种运作方式的供应链系统库存量较低。

2. 供应链管理的概念

供应链管理(Supply Chain Management,SCM)就是对整个供应链中各参与组织、部门之间的物流、信息流与资金流进行计划、协调与控制等,其目的是通过整合、提高所有相关过程的速度和确定性,使所有相关过程的净增价值最大化,以提高组织的运作效率和效益。实行供应链管理可以使供应链中的各成员企业之间的业务关系得到强化,变过去企业与外部组织之间的相互独立关系为紧密合作关系,形成新的命运共同体。供应链管理可以显著提高物流的效率,降低物流成本,大幅度提高企业的劳动生产率。供应链管理实行的是一种集成的管理思想和方法,它执行供应链中从供应商到最终客户的物流计划、组织、协调和控制一体化等职能的管理过程。

供应链管理主要涉及四个领域:供应、生产计划、物流和需求。它是以同步化、集成化生产计划为指导,以各种技术为支持,尤其以 Internet/Intranet 内部网为依托，围绕供应、生产作业、物流、满足需求来实施的。它把所有加盟的节点企业集成起来，使供应链上各个企业分担的采购、生产、销售职能成为一个协调发展的有机体，提高整个供应链的效益，共享供应链管理为企业带来的经济效益。在电子商务环境下，最终形成集成化供应链管理体系，把供应商、生产商、分销商、零售商等一条链路上的所有环节都联系起来进行优化，使生产资料以最快的速度，通过生产、分销环节变成增值的产品，送到有消费需求的消费者手中。这不仅降低了成本，减少了社会库存，而且使社会资源得到优化配置，更重要的是通过信息网络、组织网络实现了生产及销售的有效连接和物流、信息流、资金流的合理流动，从而实现了供应链管理的最终目标——社会目标（满足社会就业需求）、经济目标（创造最佳效益）和环境目标（保持生态与环境平衡）的最佳融合。

物流管理是供应链管理中的重要环节。及时、准确、灵活多样的物流服务，是供应链协调运作的前提条件。供应链管理环境下，信息的流量大大增加，通过互联网可以将信息从客户一直传送到供应商，避免了信息的失真现象，降低了整个供应链的库存压力，为实现供应链的敏捷性、精细化运作提供了基础性保障。

二、电子商务条件下供应链管理的特点

传统的供应链是"推式"的管理体系，制造商生产什么，流通企业就推销什么，客户没有选择余地。这种供应链管理体系灵活性差、周期长、效率低，已经不能适应现代客户个性化、多样化、快速反应的需求。

新型电子商务条件下的供应链是以客户需求为中心的"牵引式"的管理体系，以消费需求刺激、促进和拉动商品供给。这种供应链的管理体系具有以下三个特点。

1. 灵活性强

零售企业通过商业收款系统，可以得到很多商品销售资料及分配情况，且数据及时、准确，为营销决策提供了有力的支持，使供应链更灵活。

2. 交易成本低

信息技术的发展，提高了商品信息的流通速度，减少了商品流通的中间环节，整个交易的成本大幅度降低，这对买卖双方都是非常有利的。

3. 供应链条短

由于供、产、销直接见面，商品流通的中间周转环节大大减少，提高了商品的流转速度。新型电子商务供应链的目标是实现供销一体化。通过电子商务供应链技术，使商品的供应商、制造商、零售商通过互联网联系在一起，建立起最大范围的供应链；通过这个供应链，可以使生产企业了解产品销售信息，并按照这个信息组织产品生产和对零售商的供货；通过供应链管理，既可以减少库存占有的费用，也可以降低商品的销售成本，从而达到增加利润的目的。

电子商务条件下的供应链管理是一个适应市场需求的新科学管理体系。它是实现电子商务的关键，它要求广泛收集客户需求信息，根据信息作出能够保持良好利润水平的采购预测，及时与制造商沟通信息，有效实行物流的跟踪与库存控制，降低成本，增加利润。

三、供应链管理的方法

1. 快速反应（QR）

快速反应（Quick Response）是美国纺织服装业发展起来的一种供应链管理方法。它是美国零售商、服装制造商以及纺织品供应商开发的整体业务概念，目的是减少整个供应链上的时间和库存，最大限度地提高供应链管理的运作效率。

（1）快速反应的概念。随着市场的不断变化，快速反应的概念也在不断地发展。美国纺织服装联合会对快速反应的定义为："制造者为了在精确的数量、质量和时间的条件下为客户提供产品，将订货提前期、人力、材料和库存的花费降到最小；同时，为了满足竞争市场不断变化的要求而强调系统的柔性。"Fisher 和 Raman（1996）将快速反应定义为：为缩短制造和分销提前期的一系列技术方法。我国国家标准《物流术语》中对快速反应的定义为：物流企业面对多品种、小批量的买方市场，不是储备了"产品"，而是准备了各种要素，在客户提出要求时，能以最快速度抽取要素，及时"组装"，提供所需服务或产品。由上述定义可见，快速反应不是个别技术的简单组合，而是通过这些技术的使用来加强和完善整个供应链效率的动态优化系统。因此，快速反应作为一种战略已经从最初的只注重供应商的集成发展到整个供应链的集成。

（2）快速反应的实质。供应链是涉及将产品或服务提供给最终消费者的过程和活动的上游及下游企业组织所构成的网络。快速反应供应链的实质就是在供应链企业之间建立战略合作伙伴关系，使整个供应链体系能够及时对需求信息作出反应，为消费者提供高价值的商品和服务。它的基本思想是：为了在以时间为基础的竞争中占优势，企业必须建立一个对市场环境能够敏捷和迅速反应的系统。因此，快速反应是将信息系统和 JIT(Just in Time)物流系统相结合，实现在特定的时间和特定的地点将特定的商品交给客户。在传统的供应链体系中，供应链成员的关系是在一定的市场份额下如何分配利益的关系，供应链中上下游企业之间的对抗多于合作，而快速反应则是供应链成员共同努力扩大市场份额、共享利益的关系。在快速反应供应链过程中，供应链和制造商制定双方共同的目标：提供市场最需要的商品。这样，就能够在消费者、零售商与制造商之间建立快速反应的网络关系，直接沟通，加速商品和信息的传递，从而提高物流和信息流的运行效率。

（3）成功实现快速反应的条件。在美国及欧洲一些国家有许多企业实施快速反应并取得了成功。例如，意大利的服装品牌商 Benetton，在全世界 60 多个国家每年要销售 5000 多万件服装，全球一共有 5000 家 Benetton 专卖店、80 多个销售代理商，整个销售系统只在意大利一个非常小的城市有一个配送中心。这个配送中心的投资是 3000 万美元，一共有 30 万个货位，每年可以处理 23 万件休闲服装，只有 8 个管理人员，配送中心对全球订单反应时间非常短，在全球范围内从收到订单到组织生产、检验、包装、发运到将订货送到商店，整个周期最快的只有一个星期。这条供应链无论在哪一个环节上哪怕耽误一个小时，反应的速度都达不到这么快。

Black Burn 在对美国纺织服装业研究的基础上，认为快速反应的成功实施应该具备以下五个条件。

①改变传统的经营方式、企业经营意识和组织结构。企业要树立通过与供应链各方建立合作伙伴关系，努力利用各方资源来提高经营效率的现代意识；零售商在垂直型快速反应系统中起主导作用，零售店是垂直型快速反应系统的起点；在垂直型快速反应系统内部，通过 POS 数据等销售信息和成本信息的相互公开和交换，来提高各个企业的经营效率；明确垂直型快速反应系统内各个企业之间的分工协作范围和形式，消除重复作业，建立有效的分工协作框架；必须改变传统的事务作业的方式，通过利用信息技术实现事务作业的无纸化和自动化。

②开发和应用现代信息处理技术。这些信息技术包括条码技术、电子订货系统（EOS）、销售时点系统（POS）、电子数据交换（EDI）、电子转账（EFT）、卖方管理库存（VMI）、连续补货程序（CRP）等。

③与供应链各方建立战略伙伴关系。具体内容包括两方面：一是积极寻找和发现战略合作伙伴；二是在合作伙伴之间建立分工和协作关系。合作的目标定为削减库存，避免缺货现象的发生，降低商品风险，避免大幅度降价现象发生，减少作业人员和简化事务性作业等。

④改变传统的对企业商业信息保密的做法。将销售库存、库存信息、生产信息、成本信息等与合作伙伴交流共享，并在此基础上，要求各方在一起发现问题、分析问题和解决问题。

⑤供应方必须缩短生产周期，降低商品库存。供应方应努力做到缩短商品生产周期，进行多品种少批量生产和多频度少数量配送，降低零售商的库存水平，提高客户服务水平，在商品实际需要将要发生时采用 JIT 方式组织生产，减少供应商自身的库存水平。

2. 有效客户反应（ECR）

（1）有效客户反应（Efficient Customer Response）的概念。它是 1992 年从美国的食品杂货业发展起来的一种供应链管理策略，也是一个由生产厂家、批发商和零售商等供应链成员组成的，各方相互协调和合作，以更好、更快并以更低的成本满足消费者需要为目的的供应链管理解决方案。

有效客户反应是以满足顾客要求和最大限度降低物流过程费用为原则，能及时作出准确反应，使提供的物品供应或服务流程最佳化的一种供应链管理战略。

（2）实施 ECR 的步骤。

①应联合整个供应链所涉及的供应商、分销商以及零售商，改善供应链中的业务流程，使其最合理有效。

②以较低的成本，使这些业务流程自动化，以进一步降低供应链的成本和时间。

具体地说，实施 ECR 需要将条码、扫描技术、POS 系统和 EDI 集成起来，在供应链（由生产线直至付款柜台）之间建立一个无纸系统，以确保产品能不间断地由供应商流向最终客户，同时，信息流能够在开放的供应链中循环流动。

（3）实施 ECR 的原则。

①以较少的成本，不断致力于向食品杂货供应链客户提供更优的产品、更高的质量、更好的分类、更好的库存服务以及更多的便利服务。

② ECR 必须由相关的商业带头人启动。该商业带头人应决心通过代表共同利益的商业联盟取代旧式的贸易关系，而达到获利之目的。

③必须利用准确、适时的信息以支持有效的市场、生产及后勤决策。这些信息将以 EDI 的方式在贸易伙伴间自由流动，它将影响以计算机信息为基础的系统信息的有效利用。

④产品必须随其不断增值的过程，从生产至包装，直至流动至最终客户的购物篮中，以确保客户能随时获得所需产品。

⑤必须采用通用一致的工作措施和回报系统。

3. QR 与 ECR 的比较

（1）QR 与 ECR 的差异。

①侧重点不同：QR 侧重于缩短交货提前期，快速响应客户需求；ECR 侧重于减少和消除供应链的浪费，提高供应链运行的有效性。

②管理方法的差别：QR 主要借助信息技术实现快速补发，通过联合产品开发缩短产品上市时间；ECR 除新产品快速有效引入外，还实行有效商品管理、有效促销活动。

③适用的行业不同：QR 适用于单位价值高、季节性强、可替代性差、购买频率低的行业；ECR 适用于产品单位价值低、库存周转率高、毛利少、可替代性强、购买频率高的行业。

④改革的重点不同：QR 改革的重点是补货和订货的速度，目的是最大限度地消除缺货，并且只在商品需求时才去采购；ECR 改革的重点是效率和成本。

（2）QR 与 ECR 的共同之处。

① 贸易伙伴间商业信息的共享。

② 商品供应方进一步涉足零售业，提供高质量的物流服务。

③ 企业间订货、发货业务全部通过 EDI 来进行，实现订货数据或出货数据的传送无纸化。

第八章　电子商务法律规范

第一节　电子商务法律概述

一、国内建设电子商务法律制度的概况

由于电子商务发展迅猛，电子商务遇到的法律问题在网络交易发展过程中不断出现，虽然中国在电子商务法律环境建设方面取得了很大的成绩，但是与发达国家相比，由于受传统法律局限性的约束，又缺乏必要的创新性的法律规范，政策法规的制定相对滞后，电子商务的政策法规体系存在较多空白点。电子商务因其独特的技术环境和特点，对传统的法律规则势必带来冲击和挑战。电子商务法存在广狭义之争：狭义的电子商务法是指名为"电子商务法"或"电子签名法"的那些法律，广义的则指与电子商务有关的一切法律。

就电子商务法律制度而言，便无所谓广狭义之别。换言之，电子商务对传统法律的冲击和挑战无疑是全方位的，远非传统民商法所能涵盖。其中既有民商法等私法问题，也有刑法、诉讼法、行政法等公法问题；既有实体法问题，也有程序法问题；既有国内法问题，也有国际法问题。总之，从我国现行的部门法来看，电子商务肯定会对合同法、隐私权法、消费者权益保护法、刑法、程序法、证据法、国际私法、税法以及广告法等产生深远的影响。

1. 电子商务的合同法问题

一般来说，一个完整的电子商务活动可以分解为三个阶段：一是寻找商品、服务和交易前准备；二是订立合同阶段；三是支付和履行阶段。从这个全过程可以看出，电子商务同传统商务在本质上似乎没有什么区别，所不同的是方式、手段与环境，即至少上述某个阶段是借助电子手段完成的。例如，买卖双方以网络为广告平台，传递商品或服务的信息；或者借助电子数据交换或其他电子

通信方式协商并订立合同；或者以电子支付和电子交货方式履行合同等。

正因为电子商务所赖以进行的方式、手段与环境发生了变化，这就产生了我们必须研究的合同法问题，即电子商务在实际运作中，同以纸质文件或口头形式为基础的传统合同法之间不可避免地发生的冲突。其主要表现为以下几个方面。

（1）电子合同的签订问题。对于数据电文传递过程中的要约与承诺、合同条款、合同成立及生效的时间和地点等，传统合同法已无法应付。如何在电子商务中开展要约和承诺，网络等在网页上展示的商品信息属于要约还是承诺，如何确定电子要约和承诺发出的时间、地点，电子要约和承诺可否撤销，如何保证要约人或承诺人的意思表示真实，以及在电子文书上签名，等等，均需要重新梳理或建立一套新规则。

（2）电子合同的形式问题。我国现行《中华人民共和国合同法》（以下简称《合同法》）将合同区分为书面合同和口头合同，对合同的成立有一定的形式要求。虽然原则上可将电子合同划归书面合同一类，但电子合同达到什么标准才真正符合书面形式要求，仍有待于从法律上进一步明确。而对于划归书面形式的电子合同，何谓原件、何谓复制件亦需要确立法定标准。

此外，若电子商务通过网上支付的，还会遇到因货币电子化出现的电子资金划拨问题，如怎样保障电子货币、电子现金、电子钱包等支付方式的合法性和安全性，以及该电子货币是否有效、如何确定支付地点等问题。

2. 电子商务的隐私权法问题

在电子商务活动中若隐私权得不到保护，显然将会使许多人望而却步。如今，如何保证商业隐私不被泄露或盗用，如何防止商业欺诈，以及如何判定交易人的身份及用户的信用，特别是如何正当开展个人数据的收集、个人数据的二次开发与个人数据交易的相关业务等，正逐渐成为人们关注的热点。随着网络环境下侵犯隐私权的方式花样翻新，侵权行为变得越来越隐蔽或模糊，世界各国采取立法措施保护电子商务隐私权，也变成了一种潮流。我国亟待启动个人数据保护立法，并推动开发全方位保护个人隐私的新局面。

3. 电子商务的消费者权益保护法问题

消费者在商务活动中一般处于弱势地位，各国法律普遍予以专门的保护。而电子商务这种全新交易模式的流行，则对保护消费者权益提出了许多挑战，例如，如何防止网上欺诈、保证支付安全与个人数据以及寻求国际司法协助等。在当今，美国和欧盟秉持同等保护原则，对确保消费者知情权、支付安全权、无条件解除合同权、拒绝强迫消费权以及反对垃圾邮件权等，作了力度不尽一致的规定，我国在这方面的国家立法仍在起步阶段，亟需全面反思和大力完善。

4. 电子商务的刑法问题

电子商务领域的犯罪对电子商务发展的负面影响最大。各国面临的普遍任务是如何认识电子商务犯罪以及适用合适刑罚的问题。为应对电子商务对刑法提出的冲击和挑战，欧美国家纷纷调整了国内法或参与缔结了《欧盟网络犯罪公约》等国际条约。而从我国现行刑法来看，电子商务涉及的刑法问题集中体现为罪名太少、罪状不切实以及刑罚措施跟不上等。今后一段时期的主要任务必然是尽快充实和完善相关的刑事法律体系，包括增补必要的罪名和修正条文的表述，以及适当调整制裁措施等。

5. 电子商务的程序法问题

程序法一般包括刑事诉讼法、民事诉讼法、行政诉讼法以及仲裁法等。它们是保障各种实体性权利得以实现的重要法律规范。电子商务纠纷发生后，当事人必须搞清楚有哪些救济方式，即是通过诉讼还是通过仲裁、调解、和解或者 ODR 机制；如果打官司，究竟应该由哪个国家的司法机关管辖，以及具体由该国的哪个法院或其他司法机关管辖。解答这些难题，各国必须在纠纷解决制度、管辖制度与报案制度方面及时作出调整和突破。

6. 电子商务的证据法问题

在电子商务中，确定各方当事人权利义务的合同和单证等通常采用电子形式，由此出现的各种数据电文或电子信息就是电子证据。由于电子证据的信息载体为各种电子介质等，其中信息受到"不留痕"改动或破坏的可能性很大，而且这些信息本身处于一个不同于物理场所的"虚拟环境"中，因此人们普遍对电子证据的法律地位、原件形式、取证手段、保全机制以及真实可靠性标准等存在怀疑与争议。要解决电子商务所面临的证据难题，证据法发达的国家基本上采用立法、行政、司法与合同途径并用的思路。显然，我国的最佳因应措施是开展电子证据立法，即通过制定单行《中华人民共和国证据法》或修订三大诉讼法的方式，全面系统地规定有关的电子证据规则。

7. 电子商务的国际私法问题

电子商务地域性的不明显导致了跨国电子商务的大量出现。其跨国性不仅仅与物理空间相关，而且主要体现在虚拟空间。但是虚拟空间的跨国案件仍需要依靠位于传统物理空间的司法机关解决。这就使现行国际私法的原则和规则受到极大的动摇和冲击。例如，现行国际私法的连接点相对固定，包括国籍、住所、合同履行地、合同缔结地、侵权行为地、物之所在地、婚姻缔结地、当事人的合意等，显然它们并不能简单应用于电子商务纠纷中；又如，现行国际私法要求司法机关选择最合适国家的法律作为判案的准据法，而一些国家尚未制定电子商务法，这就容易导致电子商务纠纷的准据法落空等。为此，我国既要有选择地适用传统国际私法原则，又要通过立法或司法方式对不合适部分加以必要修正和突破，并走上国际合作的道路。

8. 电子商务的税法问题

电子商务涉及的税法问题主要针对借助因特网进行的无形交易。例如，对于提供电子出版物、软件或网上服务等，以及对于通过因特网订购但仍采用普通方式的有形交易，如何征缴税款与保障税收公平等。显然，在电子商务中，传统税法上征税地、征税科目等概念变得模糊不清，需要重新界定，而且对网上交易不同定性会导致不一样的征税结果。此外，由于网络便利使跨国电子商务交易增多，如何规定跨国税收规则、如何避免双重征税等，也是有待解决的棘手问题。目前，西方国家对如何就电子商务征税有着截然不同的观点，争论非常激烈。我国则有必要在维护国家主权和税收利益的前提下，切实加强税收原则、征税机构、税种设置与税收征管等方面的调整与改革。

9. 电子商务的广告法问题

网络是不同于报纸、广播与电视的第四媒体，电子商务涉及的特殊广告法问题主要就是指网络广告。传统的广告管理规则是以地域因素为基础的，而这一地域因素对于无地理限制的网络广告而言几乎起不到作用。例如，在法国烟草广告是被禁止的，但国际互联网具有超国界性，使香烟"万宝路"广告完全可以通过国际互联网被法国公众知晓，这样一来法国的烟草广告禁令就在国际互联网面前成了一纸空文。此外，网络广告还会带来如何防止虚假广告、不正当竞争、隐性广告、侵犯隐私权以及垃圾邮件等问题。这些都使制定新的网络广告管理规则，成为迫在眉睫的事情。

诚然，电子商务对传统法律的影响并非仅仅以上九个方面，还会涉及知识产权法、公司法、金融法以及安全管理法等领域。而且，随着电子商务的深入发展，上述波及的广度和深度仍必将大量增强。

二、国外建设电子商务法律制度的概况

随着计算机技术和电子商务的蓬勃发展，世界范围内用于规范这种新经济的法律制度也随之诞生和茁壮成长。据不完全统计，自美国犹他州1995年制定世界上第一部《数字签名法》以来，迄今为止已经有近百个国家制定了名为"电子商务法""电子交易法""数字签名法""电子签名法"之类的专门性法律。至于通过修订传统法律而调整电子商务活动的做法，则更为普遍，且时间更早。回顾国外建设电子商务法律制度的历史脉络，能够为我国提供重要的参考与借鉴。

在国际组织方面，联合国国际贸易法律委员会与欧盟堪称推动电子商务立法的代表。前者主持制定了一系列调整国际电子商务活动的法律文件，主要包括《计算机记录法律价值的报告》《电子资金传输示范法》《电子商务示范法及其颁布指南》以及《电子签名示范法及其颁布指南》等。后者则先后提出或通过了《欧洲电子商务行动方案》《关于信息社会服务的透明度机制的指令》《电子签章指令》以及《电子商务指令》等。此外，国际商会（ICC）于1988年出版了《电子传输贸易数据交换行为统一规则》，国际海事委员会（CMI）于1990年通过了《电子提单规则》，经济合作与发展组织（OECD）于1998年发表了《全球电子商务行动计划》，欧洲理事会（COE）于2001年正式批准了《欧洲网络犯罪公约》。可以说，这些国际组织都不同程度地积极参与推动和协调成员国电子商务法律制度的建设工作，其立法成果不仅对于成员国而且对于非成员国均产生了极为重要的示范作用。如果没有它们卓有成效的工作，国际电子商务法律制度的建设事业不可能迅速取得重大发展。

在主权国家方面，各大洲开展的电子商务立法活动可谓方兴未艾，成绩斐然。美国是其中杰出代表，不仅立法最早，而且成果最丰硕。截至目前，美国的电子商务法律文件主要包括犹他州等44个州的《数字签名法》、统一州法委员会的《统一电子交易法》与《统一计算机信息交易法》、国会通过的《全球与国内商务电子签名法》等，其他法律规范如《联邦证据规则》中也有可用于调整电子商务的条款。另外，菲律宾、印度、日本、新加坡、韩国、马来西亚、

泰国、俄罗斯、德国、意大利、爱尔兰、立陶宛、加拿大、阿根廷、百慕大群岛、巴西、哥伦比亚、厄瓜多尔、墨西哥、秘鲁、澳大利亚、新西兰与突尼斯等国亦通过了电子商务的专门法律（如表8-1所示）。

表8-1 国外主要电子商务立法概说

洲别	国别	电子商务立法
亚洲	菲律宾	《2000年电子商务法》《电子证据规则》
	印度	《1998年电子商务支持法》《1999年信息技术法》
	日本	《电子签名与认证服务法》
	新加坡	《1998年电子交易法》《电子交易（认证机构）规则》《认证机构安全方针》
	韩国	《电子商业基本法》《电子署名法》
	马来西亚	《1997年数字签名法》
欧洲	俄罗斯	《俄罗斯联邦信息法》《信息存储标准暂行要求》《电子数字签名法》
	德国	《信息与通信服务法》
	意大利	《数字签名法》《数字签名技术规则》
	爱尔兰	《2000年电子商务法》
北美洲	加拿大	《电子商务与信息、消费者保护修正案以及马尼托巴省证据修正法》《1998年统一电子证据法》
	美国	《全球与国内商务电子签名法》《犹他州数字签名法》《统一电子交易法》《统一计算机信息法》
大洋洲	澳大利亚	《1999年电子交易法》
其他国家和地区		阿根廷、百慕大群岛、巴西、哥伦比亚、厄瓜多尔、墨西哥、秘鲁、新西兰、立陶宛、泰国与突尼斯均通过了《电子商务法》

综上可见，在短短的十几年时间内，电子商务法律制度的建设几乎刮起一场世界级潮流，而且这些立法颇有一些相似之处。这表明各国的电子商务立法活动具有天然的全球性，它们主要是为促进电子商务的发展扫除障碍，提供强有力的保障。同时，我们也要考察不同国家立法之间的差异性，关注其发展趋势和动向，以便更好地从中汲取有益经验。

三、我国构建电子商务法律制度的现状

面对电子商务的茁壮成长，我国立法机关早已敏锐地捕捉到它给传统法律制度造成的全面冲击和挑战，在立法方面积极进行了有益的探索。虽然我国建设电子商务法律制度的历史并不长，但已初步形成了一套具有特色的电子商务法律体系。

其中，居于核心地位的是 2004 年 8 月 28 日由全国人大常委会通过的《中华人民共和国电子签名法》，自 2005 年 4 月 1 日起生效。该法总共 5 章 36 条，包括电子签名的原则、数据电文制度、电子签名与认证制度以及电子认证服务者等的法律责任。这既是我国电子商务领域的基本法，也体现出我国电子商务立法的"后发优势"，对电子政务活动、电子司法活动等其他社会活动同样适用。至于我国的一些其他法律、行政法规、司法解释、部门性规章、地方性规章和其他规范性文件，也是调整电子商务的重要法律渊源。

在基本法律层面，《中华人民共和国合同法》《中华人民共和国刑法》与《全国人民代表大会常务委员会关于维护互联网安全的决定》等虽不专门针对电子商务问题，但其中分别含有电子合同、打击电子商务犯罪与违法行为的重要条款。

在行政法规层面，《中华人民共和国计算机信息网络国际联网管理暂行规定》提出了对国际互联网实行统筹规划、统一标准、分级管理、促进发展的基本原则，《中华人民共和国著作权法实施条例》《计算机软件保护条例》《中华人民共和国商标法实施条例》与《中华人民共和国专利法实施细则》适应国际通行趋势，已规定可通过电子通信方式提出申请等。

在最高人民法院、最高人民检察院颁布的司法解释层面，《最高人民法院关于审理涉及计算机网络著作权纠纷案件适用法律若干问题的解释》《最高人民法院关于审理涉及计算机网络域名民事纠纷案件适用法律若干问题的解释》《最高人民法院、最高人民检察院关于办理利用互联网、移动通讯终端、声讯台制作、复制、出版、贩卖、传播淫秽电子信息刑事案件具体应用法律若干问题的解释》《最高人民法院关于民事诉讼证据的若干规定》以及《最高人民法院关于行政诉讼证据若干问题的规定》等，分别对如何处理电子商务案件的管辖权、实体认定与证据规则等做了规定。

在部门性规章层面，我国的一些行政机关在其业务范围内制定了一些具体的行政规章，如证监会的《网上证券委托暂行管理办法》、教育部的《教育网站和网校暂行管理办法》、国家工商总局的《经营性网站备案登记管理暂行办法》及其实施细则、《网站名称注册管理暂行办法》及其实施细则等。

在地方性规章层面，《上海市国际经贸电子数据交换管理规定》与《上海市电子商务价格管理暂行办法》《海南省数字证书认证管理试行办法》《广东省对外贸易实施电子数据交换（EDI）暂行规定》与《广东省电子交易条例》《北京市工商行政管理局关于网上经营行为登记备案的通告》与《北京市工商行政管理局关于对利用电子邮件发送商业信息的行为进行规范的通告》等，均对推动地方电子商务的发展功不可没。上海从2009年3月1日起开始实施《上海市促进电子商务发展规定》，它明确了电子商务企业的法律地位，同时对其权利与义务作了明确交代。

除大陆地区外，香港地区与台湾地区也对电子商务有所规定。

如前所述，我国目前的电子商务立法已经形成粗略架构，应该肯定其立法成果是喜人的。但是，我们也应该意识到其中的重大不足。

（1）我国仍然缺乏支撑电子商务发展的基础性法律——《电子商务法》或《电子商务支持法》。由于缺少一部真正意义上的《电子商务法》，散存于各主管部门的规章之间缺少呼应、协调，稳定性不够，正在成为电子商务企业发展的一大桎梏。尽管《电子签名法》与《合同法》在一定意义上确立了我国的数据电文制度、电子签名制度和电子合同制度，然而它们的功能是有限的。在具体实施细则特别是电子认证规则与电子缔约规则尚未出台的情况下，这几部法律的意义似乎仅仅是"象征性"的，即只是从表面上承认了数据电文、电子签名与电子合同的法律效力。广大从事电子商务活动的人士，仍然急切盼望着有关电子商务的缔约规范问世。

（2）我国的电子商务法律存在关键性疏漏之处。例如，电子商务的消费者权益保护问题、个人数据保护问题、在线争端解决机制、电子证据规则、法律适用问题、征税问题以及广告审查机制等处于法律"空白地带"。另外，还应该注意到，我国电子商务涉及的法律问题既有世界性，无外乎同合同法、隐私权法、消费者权益保护法、刑法、程序法、证据法、国际私法、税法以及广告法密切相关，也有本国性，同本国相关传统法律部门存在联系。

因此，要进一步完善我国的电子商务法律制度，构建完整而有效的电子商务法律体系，应当结合本国国情，从以下思路出发构建。这也是本书的基本框架。

第二节 电子商务交易的法律规范

一、电子商务重要法律介绍

中国在电子商务的立法上起步较晚，及时研究跟踪国际电子商务立法的发展进程及特点，掌握国际电子商务立法的发展趋势，防止大国对电子商务立法的控制具有重要意义。在中国，从2000年开始，来自业界和学术界的关于电子签名立法的呼声开始出现，并且这一需求随着中国电子商务的普及和深化而更加突出，大量电子商务交易由于无法在电子文件、电子合同和电子签名等方面得到法律的有力支持而受到阻碍，电子签名、数据电文、电子合同的合法性问题已经成为中国发展电子商务的"瓶颈"问题之一。虽然海南省、广东省和上海市先后进行了地区性的电子商务立法，但受区域性的局限，这些地方立法发挥的作用有限，并且由于缺乏更高层次立法的指引，地方立法之间存在一些冲突和需要协调的地方。

2004年8月28日，第十届全国人民代表大会常务委员会第十一次会议通过《中华人民共和国电子签名法》，它是中国第一部真正意义的电子商务法，自2005年4月1日起施行。《电子签名法》共5章36条，包括总则、数据电文、电子签名与认证、附则。

第一章为总则，主要阐述电子签名法的目的和适用范围以及电子签名的含义。

第二章为数据电文，明确了数据电文的发送、接收及证据力在法律上的认可方式。

第三章为电子签名与认证，主要阐述电子签名符合法律规范的要求。

第四章为法律责任，主要是规定了交易双方和电子认证服务提供者，在信息交流过程中各自应该承担的责任以及违反该责任后应该受到的处罚。

第五章为附则，主要阐述本法实施的时间，所用到术语的含义以及其他政务活动中的电子签名也可以同时参照该法。

与此同时，信息产业部颁布了作为《电子签名法》配套细则的《电子认证服务管理办法》，这是《电子签名法》授权制定的、与《电子签名法》配套施行的部门规章，具有重要的法律效力和作用。

国务院办公厅 2005 年 3 月 7 日发布的《国务院办公厅关于加快电子商务发展的若干意见》，是中国第一个关于电子商务的政策性文件，该文件的发布是中国电子商务政策法律环境继出台《电子签名法》后的又一重大事件。

中国第一部网络著作权行政管理规章《互联网著作权行政保护办法》已于 2005 年 4 月 30 日发布，并于同年 5 月 30 日起正式实施。

《中华人民共和国电子签名法》立法的直接目的是规范电子签名行为、确立电子签名的法律效力、维护各方合法权益；立法的最终目的是促进电子商务和电子政务的发展、增强交易的安全性。该法很好地借鉴了国际电子商务立法的经验，充分考虑了中国电子商务及认证机构的实际情况，针对中国电子商务发展中最为重要的一些法律问题，重点解决了五个方面的问题：一是确立了电子签名的法律效力；二是规范了电子签名的行为；三是明确了认证机构的法律地位及认证程序，并给认证机构设置了市场准入条件和行政许可的程序；四是规定了电子签名的安全保障措施；五是明确了认证机构行政许可的实施主体是国务院信息产业主管部门。

二、数据电文的法律规范

1. 数据电文的概念

联合国《电子商务示范法》规定："数据电文，是指以电子手段、光学手段或类似手段生成、发送、接受或存储的信息，这些手段包括但不限于电子数据交换、电子邮件、电报、电传或传真。"

联合国《电子商务示范法颁布指南》对数据电文作了以下更为详细的解释。

（1）"数据电文"的概念并不仅限于通信方面，还应包括计算机产生的并非用于通信的记录。"电文"这一概念应包括"记录"这一概念。

（2）所谓类似手段，并不仅指现有的通信技术，而且包括未来可预料的各种技术。"数据电文"定义的目的是要包括所有以无纸形式生成、储存或传输的各类电文。为此，所有信息的通信与储存方式，只要可用于实现与定义内所列举的方式的相同功能，都应当包括在类似手段中。

（3）"数据电文"的定义还包括其废除或修改的情况。中国《电子签名法》规定:"本法所称数据电文,是指以电子、光学、磁或者类似手段生成、发送、接收或者储存的信息。"

2. 电子签名、数据电文的法律效力

电子签名、数据电文虽然以电子形式出现而与手写签名、书面文件不同,但是法律不应仅因为这一点而不承认其法律效力。只要符合法律规定的条件,电子签名、数据电文与手写签名、书面文件具有同等的法律效力。因此,有关国际组织、国家和地区的电子商务法或电子签名法一般都对电子签名、数据电文的法律效力问题作出规定,要求不得因其采用电子形式而加以歧视。如联合国《电子商务示范法》规定:"不得仅仅以某项信息采用数据电文形式为理由而否定其法律效力、有效性或可执行性。"韩国《电子商务基本法》规定:"除非法律另有特别规定,不得因为信息采用电子形式而否认其相对于其他的纸面信息形式具有的法律效力。"美国《国际与国内商务电子签章法》规定:"一项交易中的合同,不能因为其在缔结过程中使用了电子签名或电子记录而否定其法律效力或可执行性。"此外,美国《统一电子交易法》、澳大利亚《电子交易法》、新加坡《电子交易法》等也作了类似规定。

中国《电子签名法》规定:"当事人约定使用电子签名、数据电文的文书,不得仅因为其采用电子签名、数据电文的形式而否定其法律效力,即在当事人约定使用电子签名、数据电文的情况下,不能以该文书中某项信息或签名采用了电子形式,作为否定其法律效力的唯一理由。"

3. 关于数据电文符合法定书面形式要求的规定

在传统的民商法律中,合同的签订与履行以及交易中的文件、单据等无不涉及书面形式要求;但是,电子交易中的文件是通过数据电文的发送、交换、传输、储存来形成的,没有书面载体。从传统法律的角度来看,电子文件显然不能满足书面形式的要求。这无疑限制了电子商务对某些商务领域的进入,阻碍了电子商务的发展。

为了解决法律上的这一障碍,联合国国际贸易法委员会提出了"功能等同法"的解决方案。"功能等同法"立足于分析传统书面要求的目的和作用,以确定如何通过电子技术来达到这些目的或作用。通过对传统书面规范体系进行剖析,从中抽象出功能标准,再从电子商务交易形式中找出具有相应效果的手段,以确定其效力。据此,联合国《电子商务示范法》规定:"如法律要求信息须采用书面形式，则假若一项数据电文所含信息可以调取以备日后查用，则满足了该项要求。"一些国家也采用了联合国示范法的做法，在国内法中对数据电文的书面形式要求作出类似规定，如美围《统一电子交易法》规定："如果当事人同意以电子手段进行交易，并且某一法律要求一方应以书面形式向另一方提供、发送或者送达信息，那么若此信息依情形是由在接收器接收信息时有接收保持信息能力的电子记录来提供、发送或者送达的，则上述该法律的要术即被满足。"此外，澳大利亚《电子交易法》、新加坡《电子交易法》、中国香港地区《电子交易条例》等也对数据电文的书面形式要求作了类似的规定。

借鉴联合国《电子商务示范法》，中国《电子签名法》规定："能够有形地表现所载内容，并可以随时调取查用的数据电文，视为符合法律、法规要求的书面形式。"

4. 关于数据电文符合法定原件形式要求的规定

原件，即原始文件、原始资料，一般是指信息内容首次以书写、印刷等形式固定于其上的纸质或其他有形的媒介物。原件是与传统法律环境下的书面形式相联系的，只有传统的书面形式的文书才会有原件和副本的区别。数据电文是通过电子形式输入、生成、传输和储存的，以有形形式表现出来的总是"副本"，不可能有什么原件。因此，在法律要求某一文书采用原件形式时，在传统的法律环境下，数据电文是不能满足要求的。

在这一问题上，联合国《电子商务示范法》同样采用了"功能等同法"。从文书原件所要达到的功能出发，找到实现"原件功能"的基本要求，然后再规定符合这一要求的数据电文就视为符合原件的形式要求。

借鉴联合国《电子商务示范法》，中国《电子签名法》规定："视为符合法律、法规规定的原件形式要求的数据电文，应当符合下列条件：①能够有效地表现所载内容并可供随时调取查用；②能够可靠地保证自最终形成时起，内容保持完整、未被更改。但是，在数据电文上增加背书以及数据交换、储存和显示过程中发生的形式变化不影响数据电文的完整性。"

三、电子签名的法律规范

电子商务交易及信息传递的有效性、安全性和不可抵赖性等问题，一直是关系到电子商务得以顺利开展的核心问题之一，而日前以非对称密钥系统为主的电子签名技术的应用可以基本解决此类问题,该技术在电子认证机构的支持下得到快速应用和发展,其安全可靠性已经过大量实践的检验。所以,从法律的角度给予电子签名以传统签名、盖章同等法律地位就成为电子签名得以广泛应用和发挥功效的前提,这也是近十年国际电子商务立法的核心内容。

1. 电子签名的概念

签名,一般是指一个人亲笔在一份文件上写下名字或留下印记、印章或其他特殊符号,以确定签名人的身份,并确定签名人对文件内容予以认可。传统的签名必须依附于某种有形的介质,而在电子交易过程,文件是通过数据电文的发送、交换、传输、储存来形成的,没有有形介质,这就需要通过一种技术手段来识别交易当事人、保证交易安全,以达到与传统的手写签名相同的功能。这种能够达到与手写签名相同功能的技术手段,一般就称为电子签名。

我国《电子签名法》规定:"本法所称电子签名,是指数据电文中以电子形式所含、所附用于识别签名人身份并表明签名人认可其中内容的数据。"

电子签名有多种形式,例如,附着于电子文件的手写签名的数字化图像,包括采用生物笔迹辨别法所形成的图像;向收件人发出证实发送人身份的密码、计算机口令;采用特定生物技术识别工具,如指纹或是眼虹膜透视辨别法等。

2. 我国《电子签名法》与国外相关法律的共性特点

(1)技术问题复杂,但法律问题却相对简单。虽然作为电子签名法调整对象的电子签名所涉及的技术问题比较复杂,但这些技术问题本身并不属于法律要解决的问题。电子签名法所要解决的法律问题相对比较简单,因为商务活动的绝大多数法律问题在传统法律中已经解决,电子签名法只须解决因商务活动信息载体的变化所涉及的法律问题,而这些问题大多只须采用"功能等同"的办法作出相应规定即可。因此,联合国示范法和许多国家、地区的电子签名法的内容都很简单。例如,联合国《电子商务示范法》只有 17 条、《电子签名示范法》只有 12 条,欧盟《电子商务指令》只有 27 条,美国《国际与国内电子签名法》只有 11 条,俄罗斯《电子签名法》只有 21 条。

(2)具有很强的国际统一趋势。电子商务最显著的优势就在于可以利用不受国界限制的互联网方便地进行网上交易,这就必然要求电子签名法律制度应当是国际统一的。联合国有关机构为统一各国的电子签名法律制度做了大量工作,组织各国专家制定了示范法。目前,许多国家有关数据电文和电子签名法的主要规定大体上都是一致的，否则无法与电子商务的国际化接轨。中国《电子签名法》的基本规定也与联合国示范法的规定大体一致。

（3）实行"技术中立"的订法原则，即法律只规定作为安全可靠的电子签名所应达到的标准，至于采用何种技术手段来实现这一标准，法律不作规定，以避免影响新技术的开发使用。联合国示范法和不少国家、地区的电子签名法都采用这一原则，中国电子签名法也采用了这一原则。但也有一些国家和地区的电子签名法采用了技术特定化的原则，针对安全可靠的电子签名所采用的技术作了具体规定。

3. 我国《电子签名法》较国外相关法律的个性特点

（1）体现引导性，而不是强制性。如在电子商务活动或电子政务活动中，可以用电子签名，也可以不使用电子签名；可以用第三方认证，也可以不用第三方认证。

（2）体现开放性，而不是封闭性。如虽然从条文规定来看主要适用于电子商务，但又不完全局限于电子商务，电子政务也同样适用。另从技术层面上看，并不局限于使用一种技术。

（3）条文规定体现的是原则性，而不是具体性。如条文中对"第三方"的界定、对认证机构的条件设置等，都是采用了"原则性"而非"具体性"的处理方式，留下了很大的法律空间。

四、电子商务认证的法律规范

1. 电子商务认证的概念

电子商务认证，是指专业从事认证服务的机构对电子签名及签名者的真实性等数字信息进行具有法律意义的鉴别活动，是保证电子交易安全的法律措施。电子商务认证是电子商务发展的基石，是从事电子商务各方相互信赖的基础。

我国电子商务认证服务业的发展大致分为两个阶段：一是1998—2005年的认证市场自由发展阶段。在这一阶段，认证机构从无到有，认证机构的数量不断增长。1998年5月17日，我国有了第一家电子商务认证服务机构（中国电信CA安全认证中心，简称CTCA），此后，超过了100家，但有效发证的机构不超过50家。二是2005年4月1日以后，认证服务市场重新洗牌阶段。

2. 提供电子认证服务应当具备的条件

（1）具有与提供电子认证服务相适应的专业技术人员和管理人员。

（2）具有与提供电子认证服务相适应的资金和经营场所。

（3）具有符合国家安全标准的技术和设备。

（4）具有国家密码管理机构同意使用密码的证明文件。

（5）法律、行政法规规定的其他条件。

3. 电子签名认证证书应当载明的内容

（1）电子认证服务提供者名称。

（2）证书持有人名称。

（3）证书序列号。

（4）证书有效期。

（5）证书持有人的电子签名验证数据。

（6）电子认证服务提供者的电子签名。

（7）国务院信息产业主管部门规定的其他内容。

4. 相关法律责任

（1）电子签名人知悉电子签名制作数据已经失密或者可能已经失密未及时告知有关各方并终止使用电子签名制作数据，未向电子认证服务提供者提供真实、完整和准确的信息，或者有其他过错，给电子签名依赖方、电子认证服务提供者造成损失的，承担赔偿责任。

（2）电子签名人或者电子签名依赖方因依据电子认证服务提供者提供的电子签名认证服务从事民事活动遭受损失，电子认证服务提供者不能证明自己无过错的，承担赔偿责任。

说明：电子签名认证证书是指可证实电子签名人与电子签名制作数据有联系的数据电文或者其他电子记录；电子签名人是指持有电子签名制作数据并以本人身份或者以其所代表的人的名义实施电子签名的人；电子签名依赖方是指基于对电子签名认证证书或者电子签名的信赖从事有关活动的人；电子签名制作数据是指在电子签名过程中使用的，将电子签名与电子签名人可靠地联系起来的字符、编码等数据；电子签名验证数据是指用于验证电子签名的数据，包括代码、口令、算法或者公钥等。

五、电子合同的法律规范

1. 电子合同的概念

电子商务合同通常被认为是数据电子合同，或简称电子合同，是指所有通过电子网络形成的合同，包括通过电子邮件等传输手段订立的合同和通过电子数据交换（Electronic Data Interchange，EDI）系统形成的合同。

同传统合同相比，电子合同具有下列特点.

（1）合同的要约与承诺通过网络进行，订立合同的双方或多方在网络上进行信息交流和沟通，可以互不见面，有关合同内容等信息记录在计算机中，其修改、存储、传递等过程均在计算机内进行。

（2）表示合同生效的传统签字盖章方式被电子签名所代替。

（3）电子合同所依赖的电子数据具有易消失性和易改动性。

2. 电子合同的编制原则

（1）肯定意思自治原则。电子商务中合同的成立与否不仅仅取决于法律的规定，更受制于一个客观因素，即技术。电子技术发展了电子商务，而电子技术的差异也影响着各国立法的宽严。可以说，电子商务技术越发达的国家越先出台电子商务立法，如美国、加拿大、新加坡等。无论在电子商务发展的早期还是现在，依然存在电子商务发展的不平衡，当事人协商选择法律仍然不失为一种合理途径，也就是允许当事人选择法律决定电子合同的形式、成立以及与合同相关的其他法律问题，这一基本原则也在各国立法中得以确立。

（2）不宜最密切联系原则。最密切联系原则在传统合同中的作用有目共睹，但并不适宜在电子合同中作为意思自治原则的补充规则予以适用，其根本原因在于网络的无界、迅速、便捷，而其中的技术以及各国立法的反差都将使最密切联系原则的灵活性落空。因此，易于当事人预见结果的、稳定的、明确的法律更有利于增强电子合同双方当事人的信任，从而有利于电子商务的有序发展。

（3）补充客观标志原则。最密切联系原则不适宜用来解决电子合同的法律争议，但在电子合同双方当事人没有选择法律的情况下，如何适用法律？受联合国国际贸易法委员会《电子商务示范法》的影响，很多国家采用了客观标志原则来确定法律，这些客观标志包括营业地、主要营业地、惯常居住地、信息系统地等。

六、电子商务的安全问题及应对策略

电子商务以其低廉的交易成本、简化的贸易流程、超越时空限制的经营方式和预期的巨大利润空间,引起了全球的关注。与此同时,电子商务在开放的互联网上进行贸易,纷繁复杂的商务信息在计算机系统中存放、传输和处理,也带来了关于电子商务安全方面的问题。

1. 安全控制要求

(1)信息的有效性。电子商务信息直接关系到个人、企业和国家的经济利益和声誉。对因网络故障、操作错误、应用程序错误、硬件故障、系统软件错误及计算机病毒所产生的潜在威胁加以控制和防范,以保证交易数据在确定的时刻和地点都是有效的。

(2)信息传输的保密性。

(3)交易信息的完整性。交易信息的完整性要求在存储时,能防止非法窜改和破坏网站上的信息。

(4)信息的不可否认性。

(5)交易者身份的真实性。交易双方确实是存在的,不是假冒的。

(6)信息的不可修改性。网络上传递的信息不能对其进行修改。

2. 电子商务安全问题的应对策略

引起电子商务安全问题的因素很多,解决安全问题应从多方面来考虑,在此主要讨论技术的应对策略。

(1)防火墙技术。防火墙是指在内部网与外部网之间实施安全防范的系统,由软件和硬件设备组合而成,位于企业或网络群体计算机与外界之间,具有限制外界用户对内部网络访问及管理内部用户访问外界网络的权限。防火墙能防范来自互联网对企业外部的攻击,但对"后院"(企业内部)起"火",却无能为力。企业内部的安全需要采用其他的安全技术。

(2)信息加密技术。信息加密技术是最基本的网络安全技术,主要用于保证数据在存储和传输过程中的保密性。该技术采用数学方法对原始信息进行再组织,使加密后在网络上公开传输的内容对于非法接收者来说成为不可理解的字符。而对于合法的接受者,可以利用其掌握的密钥,通过解密过程得到原始数据,从而达到保护信息的目的。

目前，加密技术按密钥的形式可分为两类：对称加密体制和非对称加密体制。

在对称加密体制中，加密所使用的密钥和解密所使用的密钥相同，或者虽不相同，但可以从其中一个密钥推导出另一个，即发送方和接收方使用同样密钥。使用对称密钥体制不必交换加密算法，只须交换加密密钥，因而简化了加密过程，加、解密速度快，但存在密钥的分配、保存和管理的问题。目前广泛应用的对称加密算法是 DES 算法。

在非对称加密体制中，对信息加密和解密所使用的密钥是不同的，并且从其中一个密钥无法推导出另一个密钥。非对称加密体制解决了对称加密体制存在的密钥分配、保存和管理的问题，但加密算法复杂，加解密速度慢。非对称加密体制最早的代表算法是 RSA 算法。由此可见，两种加密技术各有优缺点，在互联网开放网络环境中它们可以互补。

（3）数字签名技术（Digital Signature）。对文件进行加密只解决了传送信息的保密问题，而防止他人对传输的文件进行破坏，以及如何确定发送方的身份还需要采取数字签名技术。数字签名的主要方式是：报文的发送方从报文文本中生成一个 128bits 的散列值（或报文摘要），接着再用自己的私钥对这个散列值进行加密来形成发送方的数字签名。然后，将这个数字签名作为报文的附件和报文一起发送给报文的接收方。报文的接收方首先从接收到的原始报文中计算出 128bits 的散列值（或报文摘要），接着再用发送方的公钥来对报文附加的数字签名进行解密。如二者一致，那么接收方就能确认数字签名是来自发送方的。从以上过程可以看出，数字签名能确认两点：一是信息是由签名者发送的；二是信息自签发到接收为止未曾作过任何修改，从而可以解决否认、伪造、篡改及冒名等问题。

（4）数字认证（Digital Certification）。数字证书（Digital ID）是一个经证书认证机构（CA）数字签名的包含用户身份信息以及公开密钥信息的电子文件，通过电子手段来证实一个用户的身份和对网络资源访问的权限。它是电子商务主体在数字世界的身份证明，如同现实生活中证明个人身份的身份证，不可能被假冒。贸易伙伴间可以使用数字证书（公开密钥证书）来交换公开密钥，可以起到标识贸易方的作用，广泛用于电子邮件、电子商务、EFT、软件产品。数字证书一般由贸易各方都信赖的证书管理机构（CA 中心）签发，其格式一般采用

X.509 国际标准。

（5）数字摘要（Digital Digest）。数字摘要也称安全 Hash 编码法（SHA）。该编码法采用单向 Hash 函数将须加密的明文"摘要"成一串 128bits 的密文，这一串密文也称数字指纹（Finger Print），它有固定的长度，且不同的明文摘要成密文，其结果总是不同的，而同样的明文其摘要必定一致。因此，数字摘要可以解决电子商务交易中信息的完整性问题。

（6）数字时间戳（Digital Timestamp）。数字时间戳服务（DTS）是网上安全服务项目，由专门机构提供，时间戳是一个经加密后形成的凭证文档，它包括三个部分：须加时间戳的文件的摘要、DTS 收到文件的日期和时间及 DTS 的数字签名。时间戳产生的过程是：用户首先将需要加时间戳的文件用 Hash 码加密形成摘要，然后将该摘要发送到 DTS，DTS 在加入了收到文件摘要的日期和时间信息后，再对该文件加密（数字签名），然后送回用户。故数字时间戳能解决电子文件发表时间被伪造和篡改的问题。

（7）数字信封（Digital Envelope）。数字信封采用双重加密技术来保证只有规定的接收方才能阅读到信中的内容，从而有效地提高信息的保密性。它先采用对称加密技术对信息加密，然后将对称加密密钥用接收方的公钥进行加密，并将这二者一起发送给接收方。接收方用相应的私钥解密。

（8）安全认证协议。目前，在电子商务中有两种安全认证协议被广泛应用，即 SSL 协议和 SET 协议。SSL 协议适用于点对点之间的信息传输，通过在浏览器软件和 WWW 服务器建立一条安全通道，从而实现在互联网中传输保密文件。该协议成本低、较易实行，但不够严密，主要用于购物网站的交易。SET 协议是在开放网络环境中的卡支付安全协议，它采用公钥密码体制（PKI）和 X.509 数字证书标准，通过提供对消费者、商户和收单等的认证，确保交易数据的保密性、完整性和交易的不可否认性。该协议较复杂、成本高，且仅适用于卡支付。

电子商务交易安全技术并不限于以上所提到的，还有很多其他措施，如物理安全措施、入侵检测、防病毒技术、虚拟专用网（VPN）等。在现实中，常常将各种技术结合起来使用，以最大限度地提高电子交易的安全性，实现电子交易的基本安全控制要求。

第三节　电子商务知识产权的法律规范

一、网络著作权的法律保护

近年来，计算机信息网络在为人们带来信息和财富的同时，也带来了矛盾和困惑。置身于日新月异的网络环境中，人们旧有的价值观发生了倾斜和错位，传统的法律保护已经越来越不能满足信息技术与信息手段的发展，这在著作权保护领域中显得尤为突出。

1. 网络环境下著作权法律保护机制的必要性

从传统著作权来看，尽管其具有专有性，即他人未经权利人同意或者法律许可，不得使用和享有该项著作权；但由于其并不排斥他人创作类似或雷同的作品，因此较之其他知识产权的专有性要弱。而随着网络技术的飞速发展，作品以数字化形式存储并在网络上传播和使用，从而引发了复制行为的普遍性、复制效果的逼真性、复制和向公众传播的高速性以及成本的低廉性，这使网络著作权的专有性受到更大的削弱。应当说，直至王蒙等六作家状告北京一家网站侵犯其著作权，我们才意识到网络著作权法律保护的重要性。法院在该案的审理过程中，由于无法在《中华人民共和国著作权法》(以下简称《著作权法》)中找到直接的法律依据，只好采用了变通的方法来宣判王蒙等作家胜诉。

其实在国际上，强化网络著作权保护的趋势是很明显的，尽管这对广大发展中国家未必有利，但我们仍有必要应势来完善我国的网络著作权法律保护机制。"国际互联网条约"在中国正式生效之后，凡未经网络作者的允许，擅自使用其在网络上作品的人，都将承担侵权责任。应当说，这有利于加强我国在知识产权保护方面与国际社会的合作，借鉴国际社会在互联网领域版权保护的成功经验，有利于提高我国互联网版权保护水平，完善我国的著作权法律制度，从而促进我国互联网产业的迅速发展。

2. 网络环境下著作权的现状

著作权法的基本精神是通过赋予作者或其他著作权人对作品的专有权利而鼓励作品的创作与传播，促进科学、文化和艺术的进步与繁荣。维护著作权人与传播者和社会公众利益之间的平衡是著作权法制度安排的基本出发点。

在网络环境下，著作权法的这一精神并没有发生变化。对网络环境下出现的使用、传播作品以及技术措施保护行为，在处理著作权保护与信息传播的关系上，利益平衡仍然是基本的适用原则。以信息网络传播权为例，根据我国《著作权法》第四十七条第一项、第四项规定，除本法另有规定的除外，未经著作权人许可，复制、发行、表演、放映、广播、汇编、通过信息网络向公众传播其作品的，或未经录音录像制作者许可，复制、发行、通过信息网络向公众传播其制作的录音录像制品的，是著作权侵权行为，应承担侵犯著作权的法律责任。但是，著作权法却没有对此种权利规定任何限制性措施。

在实践中，那些带有公益性质的网络传输行为，如教育机构、公共图书馆内部网络进行数字化作品的传播行为以及提供基础技术性服务的电信运营商传输数字化作品的行为，自然不能视为侵犯信息网络传播权。

就网络空间著作权法实现的利益平衡来说，总的原则是因应权利扩张而增加对权利的限制性规定，其中比较突出的是技术措施与合理使用的协调。在网络空间著作权立法方面，美国 DMCA 作了比较详细的规定。2003 年提交美国国会讨论的《数字媒体消费者保护法》《增进作者利益且不限制进步或网络消费需求法》即有这方面规定。其中前者除了对技术措施的生产或者发行者施加了对消费者的告知义务以保障消费者的知情权外，扩大了合理使用的适用范围，将"为促进有关技术措施的科学研究"以及"如果对技术措施的规避并未导致侵犯作品著作权"纳入侵权例外。后者则将合理使用的范围从传统的复制和录制扩大到包括模拟和数字传输。又如，2001 年 5 月 22 日欧盟《关于信息社会著作权和邻接权的指令》第 14 条明确地指出了其目的是促进文化和知识的发展，并为教育和教学目的的公共利益规定了一些例外与限制。仅以复制权而论，根据该指令第 5 条的规定，包括私人拷贝、图书馆、博物馆、档案馆等公共机构实施的复制行为，广播组织的临时录制等。这些对著作权进行限制的措施就是为了重构在网络空间的著作权法的利益平衡。

就我国著作权立法来说，著作权法在增加信息网络传播权、技术措施和权利信息管理等规定的同时，却没有增加相应的权利限制措施方面的规定。从理论上说，法律赋予了著作权人在网络空间的新的权利，却没有相应地赋予网络作品传播者和使用者新的使用权利，著作权法就明显存在失衡现象。在网络空间，著作权人的利益和社会公众利益以及在此基础之上更广泛的公共利益应予以平衡的基本精神不会有任何变化。我国著作权法在进一步完善时需要重视对网络消费者利益的维护。因此，增加对信息网络传播权和技术措施等的限制是当务之急。这是使著作权法的平衡精神从模拟空间自然延伸到虚拟空间的必由之路。

3. 从公共信托原理认识网络环境下著作权保护的利益平衡

学者迈约恩·赖安从公共信托原理的角度探讨了信息网络空间著作权保护及其利益平衡问题。根据他的观点，公共信托资源适用于数字世界的信息，在因特网环境中，公众自由使用通讯媒体的主张能够通过公共信托原理作出合理解释。在数字化的网络环境中，公众也具有合法和正当的利益，因为数字环境的信息流动包含了思想以及科学和历史信息。使用因特网已成为信息社会的一种生活方式，在网络这种环境中对信息的接近和交流是如此重要，以致在这一环境中对作品著作权保护不能忽视公众接近作品的需要。虽然在这一领域信息政策关注的是作为一个整体的社区，我们却已经选择了把这一市场作为最合乎需要的机制，这一机制服务于在发展的经济中的信息分配。

赖安主张讨论著作权政策应当从公众的权利到一致主张信息的私人所有权来发展和解释。数字化作品附载的信息是固有的公共财产，通过著作权政策的管理受制于公共信托原理。他提出用公共信托理论在数字世界中建构著作权法原理，讨论要求政府从公众的权利的基线开始，因为信息是受制于公共信托原理的公共信托资源。在确定把一个特定的资源作为公共信托资源时，他主张公共信托资源应具有两个基本特点：一是由于资源的扩散性质，它们的管理趋向于不完美的政治和行政方法；二是由于它们是社会构成的资源，因而从公有物的基线看，应更好地管理它们。信息特别是在新的数字环境下的信息，同时满足了这两个条件，因而应当在法律中作为公共信托资源。这样，通过著作权政策的管理而受制于公共信托原理，这种公共信托原理比现行的著作权政策所展示的有更加重要的公共区域。这样一来，它将提供一个有必要复兴著作权法激励原理的机制，并且在著作权领域重新建立一个在公众的利益和私人的利益之间的适当平衡。

二、域名的法律保护

1. 域名的概念

域名（Domain Name）就是网址，是指在因特网上使用的用来区别不同网站主页的网络地址。从技术上讲，域名是为了方便计算机网络用户的使用或区分而采用的一连串有意义的字母或数字等组成的符号，它与计算机的 IP 地址是一一对应的，这种独有的技术特点决定了域名的基本法律特征，即标识性、唯一性、无形性、稀缺性。域名的标识性与传统标识有诸多不相同的地方，它不仅是技术层面上的寻址媒介，更具有满足一定显著性要求的表义功能，具有传统标识无法企及的易识别优势，更有利于建立标识与特定主体之间的联系，也因而为宣传的展开和商誉的附加提供了最基本的前提。由此，域名的财产功能突显无遗，围绕域名所产生的利益应该受到法律保护。同时，该利益的行使不能离开 IP 地址而存在，此技术特征决定了不可能将其划归现有的任何一种知识产权类型，应视其为一种独立的知识产权。在类别归属上，它可以与商标权、商号权、原产地认证标志权等传统权利合为一体，构成标识性权利集群。

2. 引起域名冲突的原因

（1）由域名和商标各自的特性所决定。域名具有全球唯一性，而商标则不同，它只在特定国家或地区受法律保护，同一商标在不同的国家或地区可能为不同的人所拥有，从而造成商标权权利主体的多重性，但域名权利主体的唯一性决定了多个商标权权利主体中只能有一个权利主体取得域名注册，这样就使域名注册人与其他商标权人的冲突不可避免。

（2）利益驱动的必然结果。域名是企业在互联网中求得生存和发展的首要需求，于是，如何更好地创造和发挥域名的商业价值已成为商务运作的关键所在，而域名的价值是一种典型的增值价值，基数越大，增值额越大，使用较高价值的注册商标作为域名就如同站在了巨人的肩头，所以采用注册商标作为域名的做法比比皆是。

（3）现行法律规定的不足。现行的域名注册制度没有很好地解决商标在因特网上的地位问题，对于使用他人注册商标注册域名的行为没有建立有效的预防或救济机制，而且对域名的管理和域名争议的解决都是以商标法为中心来解决的，有学者将这种现象形象地比喻为"旧瓶装新酒"，商标法这个旧瓶已被抛进了互联网这个大海，海水很多，水质也很复杂，不可能都装入瓶中。

（4）现行域名技术系统分配方法的局限。在一个完整的域名中，顶级域名和二级域名都是公用部分，只有三级域名才能体现注册人的个性。在这个狭小的空间内，竞争就格外激烈，域名争议比商标还大，因为商标是分好几十个类别的，而域名对应于企业只有一类，即.com 或.cn。

正是由于上述原因，域名取得了足以与商标的影响力抗衡的地位，因而使这两种权利之间的冲突表面化、尖锐化了。

3. 域名法律保护的具体对策

（1）构建域名权制度，明确域名权的性质及其权能。从权利性质上说，域名权应当是一种实体性权利，它主要与商标权等识别性知识产权类似，但由于商业用途仅为其使用方式之一，所以又与名称权等其他私法权利有重合之处。域名权应包括积极行使性权能和消极禁止性权能两个方面。积极行使性权能表现为域名使用权、域名变更权、域名注销权和域名转让权。尽管《中国互联网络域名注册暂行管理办法》（以下简称《管理办法》）第二十四条明确规定：注册域名可以变更或者注销，不许转让或者买卖。但在实践中，转让域名的行为屡见不鲜，而且，域名经过企业长期的使用、呵护，也成为企业的一项重要的无形财产，如不允许转让，则其财产功能无以体现，因此应当在将来的域名规则体系中明确地规定域名权人的转让权。域名权中的积极行使性权能主要是在网络上的使用权，这是它最常态的使用方式，除此之外，还可以在网络之外进行其他商业性使用，包括将域名用于广告宣传、产品包装、服务标记等各种既有商业标识性场合，表明域名所有者与特定商品或服务及其他域名使用人之间的固定联系。域名权的消极禁止性权能表现为，对所有域名而言，域名权人都有权禁止他人未经授权在网络中或以其他商业方式使用其域名。域名权的禁止性权能的内容涉及处理权利争议的一些基本原则，根据保护在先权利的精神，当商标在先注册时，我们需要考察商标权的禁止性权能所确立的权利范围底线，只要不与其发生冲突，域名权等其他标识性权利即可向该领域扩张效力；相反，域名在先注册的情况下，就应该考察域名权的禁止性消极权能，只有不进入这些权能限定的权利范围之内，商标权等其他标识性权利才有可能合法确立。

（2）建立防御登记体系，确立最低限度域名注册审查制度，尽量避免域名与商标冲突的产生。在国际互联网上，由国际互联网信息中心和中国国际互联网信息中心建立域名注册防御网址。当有域名注册申请时，先将申请注册的域名输入防御网址进行审查，若从中查不到相同或相近似的注册商标，即批准予以注册；若从中查到相同或相近似并足以引起混淆的注册商标时，则申请人负有证明其域名注册不存在引发域名与商标权利冲突的可能的举证责任，否则，驳回其注册申请。防御登记体系的目的有两个，一是防止他人对企业域名的淡化，避免消费者的误认与混淆；二是为本企业今后的发展保留必要的虚拟空间。对于域名商标，现在国际上有一条比较通行的原则，即"先申请不审查原则"，域名注册组织对申请注册的域名不作审查，谁先申请就先给谁注册。这一原则目前为多数国家及各种类型的域名注册组织普遍采用。他们认为这一原则不仅与域名注册组织拥有的资源和能力相适应，而且与互联网的飞速发展现实相一致。但是，他们只看到了这一原则积极的一面，而忽略了这一原则消极的一面，现实中许多的域名纠纷都因此而起，故笔者主张在域名的注册中应该使用最低限度审查原则，即所有域名注册机构应该根据统一而既定的类别确定原则，审核申请人提交的各国主管机构出具的证明文件，并以此作为申请人有权在某一特定类别注册域名的最终依据。

（3）完善域名异议制度，明确界定异议期间。《中国互联网络域名注册暂行管理办法》中规定了商标权人有权对域名注册人提出异议，但没有规定提出异议的期限。不规定异议期限，会使注册域名处于一种效力待定状态，域名随时都有被商标权人提出异议而注销的可能，特别是在经过长期的使用，该域名已取得了良好的信誉，并且域名注册人也为取得该良好的信誉付出了成本和代价的情况下，知名域名与在先商标权冲突，该保护谁的利益呢？如果此时一味强调保护在先权利，对域名注册人而言是显失公平的。可见，明确界定商标权人的异议期限，对域名注册人权利的保护非常重要。出于保证网络运作效力的考虑，借鉴《管理办法》中第二十三条对异议后果的相关规定，该异议期不宜太长，界定为30日比较合适。

（4）建立专门的域名管理机构，将域名的注册、管理及争议的解决合而为一，以便统一标准，提高效率，明确职责。目前在国外，域名的管理机构通常是一些民间组织，只是在个别国家（如中国），域名的管理机构是政府机关，这种状态决定了域名管理的松散性，从而为大量域名注册纠纷的产生留下了隐患。对此，域名组织往往通过制定域名注册的免责条款来为自己开脱。这种规定十分不合理，它人为地加剧了域名与其他无形财产权的冲突。从域名的取得、管理及运行都必须仰仗一些技术条件的特点出发，笔者认为可考虑将域名的管理机构与其注册机构、争议解决机构合而为一，该机构应由法学界、信息产业界、电信部门、商标注册与管理机关以及工商管理机关的相关专家组成。这样一方面避免冗长的诉讼程序,维护网络的高效运作;另一方面,该机构由各方面的专业人士组成,有利于保证裁决的客观、公正与权威。在注册条件、具体管理办法和争议解决的规则中,明确域名管理机构的法律地位和法律职责,其可根据自己的注册程序和规则独自进行域名注册和管理,并对在注册和管理中发生的争议进行裁决,只有当事人不服裁决结果时才能提交司法机关处理。

(5)引入物权法保护域名,当事人对域名可提起对物诉讼。目前,我国的法律体系规定有关域名的纠纷只能提起侵权之诉,能够解决是否构成侵权,是否应当承担停止侵权、赔偿损失的责任,它不能解决域名的归属问题,即使原告胜诉,也不能直接得到该域名,还必须向 CNNIC 提出申请,由于我国域名申请按照先申请先注册原则办理,因而有可能出现侵权诉讼胜诉后,被告域名被撤销,但又被其他预先申请者又注册的问题。如果引入对域名提起对物的诉讼,那么,通过确权之诉将直接确定域名的权利归属问题,避免了侵权之诉的上述不足,但对域名提起确权之诉,就不能提起损失赔偿,这是确权之诉的不足之处。笔者建议,我国域名法律保护体系中引入对物的诉讼,同时又保留侵权之诉,允许当事人根据个人的情况选择,这样有利于维护当事人的利益。

第四节 电子商务中的消费者权益保护问题

一、在线消费者权益保护

电子商务所依存的工具是计算机、互联网络、电子数据、各种繁多的认证等。作为经济全球化和全球信息化背景下的一种全新的商业机制,电子商务获得了空前发展。它的兴起拓宽了消费市场,增大了消费信息量和市场透明度。但是,它特殊的运行模式可以使欺诈行为人将其欺诈行为掩盖得天衣无缝,而被侵害者却往往无可奈何。这主要会牵涉消费者的公平交易权、隐私权等。更严重的,如使用不当,消费者的货物、资金安全也会存在相当程度的风险。因此,作为消费者,在新技术的载体下,充分了解电子商务的各种模式及交易形式,明了风险的来源,才能最大限度地规避风险,以促进我国网络经济的健康发展。

1. 电子商务的交易模式

电子商务有着各种形式,一般有 B2B(企业对企业)、B2C(企业对消费者)、C2C(消费者对消费者)等。无论哪种形式,都是以互联网为载体的买家、卖家、服务机构一体化的商务活动。只不过服务机构在交易过程中担当的角色有一定的差异,就形成了三种交易模式。第一种模式是买卖双方的直接沟通。第二种模式则带有交易平台,即日常商务中的"交易中心"。买家和卖家完成交易须经过这个中心完成。但是,资金流不通过交易平台。第三种交易模式则是在第二种交易模式的基础上,资金流发生变化,除货款外,物流配送的资金流也通过交易中心,这时交易中心还承当买卖双方担保人的角色。

2. 电子商务存在的风险概览

(1) 网络安全——三种交易模式下消费者的共同风险。互联网本身就是开放的网络。网络产品本身隐藏着不安全隐患,加之受技术、人为等因素的影响,不安全因素更显突出。例如,系统及应用程序的安全漏洞造成的非授权访问、冒充合法用户、破坏数据完整性、干扰系统正常运行等,还有各种病毒与恶意攻击、线路窃听等。

(2) 合同风险——第二种交易模式下消费者的风险。带有交易平台的电子商务模式的进行中,交易中心只是担负着交易撮合的角色,具体商务合同的制定一般是由卖方拟就的统一格式,对消费者来说,不同的商品其合同的条文应该是有明显的差别的,如退换货、索赔等详细的规定。因此,在第二种交易模式下,合同陷阱是消费者的重要风险。合同风险带来的间接风险是支付结算风险和物流配送风险。支付结算的方式一般是在合同中载明的,但是这种合同的公证方或者担保方在这种交易模式下是模糊的;同样,该模式下的物流配送一般都是由卖方指定或者卖方的合同方完成的,因此,消费者在这方面没有任何监督的可能。

(3) 商家信誉——第一种交易模式下消费者的风险。电子商务的基石就是诚信。它不像传统的交易方式,消费者可到实地观察卖方的经营场所、联系人,直接挑选自己的商品。消费者购买在计算机的浏览器里看到的商品的安全性,完全凭借的是商家的信誉度,这是对电子商务的真实写照。当传统的购物方式引发的各种纠纷还在"3·15"消费者权益日被频频曝光的环境下,消费者如何信任互不照面的网上交易?

(4) 退赔风险——第三种交易模式下消费者的风险。退赔风险是交易完成后产生的。交易完成后"货款两讫",网络上的交易结束,但是消费者拿到的商品不能满足在交易过程中所呈现的商品的功能,就必须重新和卖方进行下一轮的交涉，这就牵涉到后一轮的交涉成本，无疑这个风险对于消费者来说也是需要防范的。

3. 电子商务中消费者权益保护面临的问题

（1）网络消费欺诈问题。在电子商务中，消费者与商家都是在虚拟化的网络环境中进行交易，不良商家往往利用网络的虚拟性，提供不完整的商品信息、虚假信息及发布虚假广告，侵犯消费者的知情权，甚至涉及欺诈活动与非法传销。通常的网络消费欺诈行为表现为：电子商务经营者以提供网络商业、投资机会为幌子，诱使用户缴纳各种费用，或者通过网站上的平面媒体广告向消费者推销商品，消费者在寄出货款之后，发现得到的商品有瑕疵或者得到的是与广告推销根本不符的其他商品，有的甚至得不到商品。在我国，相关的法律法规、全社会的诚信体系和公民的信用记录还在建设和完善之中，因此，电子商务中信用缺失、网络消费欺诈的现象是比较严重的。

（2）网络交易安全问题。消费者在进行电子商务交易过程中能否获得安全保障是决定消费者是否进行网上交易的关键。消费者在进行网上交易时，一般采用电子支付手段，消费者网上支付的有关信息（如账号、密码、身份证号码等）被无意或有意泄露给第三者，甚至被冒用而导致侵犯消费者权益行为；以及非法分子通过盗窃或非法破解密码的方式，窃取消费者的个人财产使消费者的财产权遭受极大威胁。

（3）网络消费合同中的格式条款问题。在面向消费者的电子商务中大量应用包含格式条款的格式合同。几乎所有的网上交易条款都是经营者事先拟定好，消费者一般只能拒绝或接受。如果网上格式条款得不到合理控制，消费者权益受到侵害的可能性增加，最终导致消费者拒绝这种交易方式。常见的对消费者不公平的格式条款主要有以下几种类型：①电子商务经营者减轻或免除自己的责任；②加重消费者的责任；③限制或剥夺消费者的权利，如规定消费者在所购买的商品存在瑕疵时，只能要求更换，不得解除合同或减少价款，也不得要求赔偿损失；④不合理地分配风险，如规定系统故障、第三人行为（如网络黑客）等因素产生的风险由消费者负担；⑤缩短法定的瑕疵担保期限；⑥转移法定的举证责任；⑦约定有利于自己的纠纷解决条款。总之，这些格式条款的使用剥夺或限制了消费者的合同自由，使消费者面临不利的境地。

（4）网络消费纠纷的司法管辖问题。电子商务是以互联网为运行平台进行的商务活动，而互联网的网络无国界的特性打破了主权疆界的界限，并动摇了在传统的有形世界、地域主权基础上形成的司法管辖基础。虚拟的网络空间中地理界限的消失，使得很难判断网上活动发生的具体地点和确切范围，而将其对应到某一特定的司法管辖区域就更为困难。尤其是当网络交易中的当事人位处不同的国家，而接受或传送双方信息的服务器则位于另一个国家，则所发生的纠纷就可能涉及不同国家的主权与居民。此时，如何确定管辖，以维护网络消费者的权益，就成为消费者进行网络交易时一个非常敏感的问题。

4. 电子商务消费争议的解决方式

（1）建立权威的在线投诉网站。在线投诉网站应在各个地方设立分支机构，当消费者在网站投诉时，投诉资料就会被自动转发到被投诉电子商务经营者所在地的分支机构处。由该机构代表消费者与经营者协商解决纠纷。此种纠纷解决方式使消费者不必再费力查找电子商务经营者的所在地，而只需要在网站上进行投诉即可。

（2）加强对网上侵犯消费者权益的监管。网上侵犯消费者权益行为类型复杂，隐蔽性强，技术手段先进，对其进行监管的难度也大。因此，对网上侵犯消费者权益的监管要捕捉和识别违法行为的较高的科技手段，并设置相应的监测体系，如网上投诉网站、网上仲裁机构等，兼采取强硬的法律措施与手段让行政监管和司法救济相互配合、双管齐下，严厉打击各种侵犯消费者权益的违法行为。

（3）加强信用制度建设，建立覆盖全社会的信用体系。电子商务的交易特点，使它更多地依赖于交易双方彼此间的信用。但是单靠个人道德约束实现公平交易是不可靠的，除了运用法律的力量、政府的监管之外，一个覆盖全社会的社会化信用体系是不可缺少的。因此，加强信用制度建设，建立一个统一的、覆盖面广的信用体系，将信用缺失者的信用记录置于公众监督之下，从而大大提高其失信成本，只有这样，全社会的信用意识才能得到有效提高，网上消费才能变得更加轻松和可靠。

（4）积极参与国际合作。跨国消费、跨国欺诈日益增多，由此而涉及的司法管辖权问题也将日益突出，这就要求我们加强与世界各国的合作，通过签订双边或多边条约、国际公约等协调解决。同时积极参与各国政府、国际组织举行的双边、多边谈判和有关法律法规的制定，努力建设一个国际社会普遍接受的电子商务国际框架,给电子商务消费者营造一个安全、有序的参与环境。我国的电子商务正在快速发展,其中出现的侵犯消费者权益的手段和方法是多种多样的,但中国正在积极地建立和健全电子商务消费者权益保护体系,最终会为电子商务消费者创造一个公平、合理的交易环境。

二、网上个人隐私保护

1. 网络隐私权的概念

所谓网络隐私权,是指公民在网络中(包括局域网、广域网、互联网)享有的个人信息、网上个人活动依法受到保护,不被他人非法侵犯、知悉、搜集、复制、公开、传播和利用的一种人格权。网络隐私权有如下内容。

(1)知情权,信息主体有被告知其个人信息被收集处理及与数据控制者身份有关的信息的权利。

(2)个人信息使用权,个人信息资料搜集的使用权和选择权,信息主体有权决定如何使用这些信息,包括对个人信息的公开、修改、删除等;选择权即消费者对个人资料的使用用途拥有选择权。

(3)控制权,也称为支配权,是隐私权的核心。这一权利包括通过合理的途径访问个人资料,并针对错误的个人信息进行修改、补充、删除,以保证个人信息资料的准确、完整。用户有权决定是否允许他人收集或使用自己的信息的权利。

(4)个人信息安全权,数据主体享有个人信息不被他人窥视、非法收集、公开、虚假曝光、篡改的权利,是网络隐私权制度的基础。

(5)安全请求权,网络公司应该保证用户信息的安全性,阻止未被授权的非法访问。用户有权请求网站采取必要而合理的措施,保护用户的个人信息资料的安全。

(6)私生活安宁的隐私权,包括不被窥视、侵入的权利,主要体现在用户的计算机终端、个人信箱及网上账户、信用记录等的安全保密性;不被干扰的权利,主要体现在用户使用网络进行通信、交流信息、从事交易活动的安全保密性。

2. 我国网络信息隐私权的现状

目前,我国的隐私权保护法律基础与社会环境还相对薄弱,同时由于网络本身的开放性、全球性、不完善性，以及隐私权侵权案件的侦察、起诉、取证、审判等方面都存在困难，公民个人的网络隐私权的法律保护比较困难。就我国目前的现状而言，网上消费者既无专门的网络隐私保护的规定可供适用，也无法求助于传统隐私权的保护手段进行救济。对网络隐私的保护仅仅限于国内一些网站形同虚设的隐私保护声明，但这些隐私政策公告大多内容简单，且不涉及对个人资料的使用说明以及相关的安全保证，相反，还附上了许多免则条款，其效果可想而知。所以，用户的隐私根本没有办法得到实质保证。

3. 网络信息隐私权的侵权表现

在互联网上，用户的个人资料作为一种重要的网络资源被收集和利用是无法避免的。这势必会对用户的网络隐私权造成侵害。可以说，电子商务的发展，使网商的商业利益和个人的隐私权保护之间发生了明显的冲突。在网络中侵犯他人隐私权是指"未经他人许可，擅自通过网站上自己或他人的主页，将特定的他人隐私公之于众，或擅自通过第三人、第四人、众多他人发送 E-mail 的方式宣扬特定的他人的隐私，情节恶劣，后果严重的行为"。

网络侵权的主要主体有以下几种：①政府部门；②企业和商家；③网络个人用户；④网络服务商（Internet Service Provider，ISP）。在信息时代，个人信息扩散的最大威胁来自对信息技术的滥用与网络道德的败坏。个人信息一旦进入国际互联网，该信息就有可能在全球范围内广为传播，且被人无休止地转载复制。

4. 网络隐私权保护的基本原则

（1）"自己控制原则"，应该肯定网络用户对于自己隐私的控制权，是否披露、如何披露应赋予用户自主决定权，用户应拥有随意修改、删除其数据信息内容的权利，搜集用户的个人信息应履行告知义务等，这能在一定程度上确保在源头上保障用户个人数据信息不被侵犯，一旦发现个人数据信息被非法利用、歪曲、传播时，能及时遏止。

（2）"合理利用原则"，网络运营商基于网络运营的需要，可以合理利用网络用户的个人数据信息，但这种利用应是有限利用，未经用户许可不可随意将这些数据信息转让给第三方，禁止非法传播，尊重用户对于个人数据信息的知悉、修改、删除等方面的权利。

（3）"公共利益限制原则"，如政府可以按照法律规定的专门条件，依据法院传票、搜查令或者在某些情形下依据正式的书面要求，使用某用户的个人信息，使个人数据信息在与公共利益发生冲突的情况下，向公共利益倾斜。

5. 网络隐私权保护的法律责任体系

对网络用户输入的信息要进行经常性的检查，一旦发现有违禁的信息输入，要及时作出处理或报告给有关主管机关，以便使违禁信息及时得到查处。收集、使用网络用户的个人资料应严格遵守国家法律法规，要取得用户的同意，并不得违反社会公共道德和为了促销目的而使用用户的个人资料。要及时让用户知道其个人资料的采集、使用目的、使用方法、储存方式以及使用期限，并且要避免未经同意而擅自使用所采集的资料，以及擅自转让、分布用户资料的行为。发现有害信息应当及时向有关部门报告，并采取有效措施，不得使其扩散。

针对未成年人网络隐私权应建立特殊保护制度或是单独立法。因为未成年人这一主体的特殊性，在网络环境下这一群体的隐私权特别容易被侵犯，一些网站利用未成年人识别能力有限的特点，引诱其泄露涉及隐私的个人数据信息，并拒绝用户的删除要求，据此，可借鉴美国的立法经验，对于未成年人的网络隐私权进行特别的立法保护，进行单独立法或是在网络隐私权相关立法中独立成篇地规定未成年人网络隐私权的保护，如应主要规定收集信息时的公示原则、有限收集原则、父母亲可资证实的同意原则、不需要父母同意的例外情况、父母的权利、个人信息的安全保障原则、民事赔偿原则等。

第九章 电子商务经济学

第一节 新经济下的电子商务

电子商务虽然是一种新的经济现象,但基本的经济原理仍然适用。在网络环境下经济学界的研究中,人们认为摩尔定律、梅特卡夫法则和达维多定律是适合研究网络经济或信息经济的三个基本法规,电子商务是在网络环境下出现的一个新的经济活动,因此也是适用这三个基本法规的。

(1)摩尔定律。摩尔定律的基本描述是计算机的芯片功能每18个月在集成度上要翻一番,而价格却以半数减少。尽管人们对摩尔定律的继续适用性有异议,但30多年的成功实践证明,这个定律表明了高科技的电子产品生产中的一个特有的经济现象,即产量和性能增加而价格不升反降。因而,电子商务这种高科技与经济联姻的产物,它的市场价值分析是否受这种规律制约,是电子商务经济分析中值得探讨的问题。

(2)梅特卡夫法则。梅特卡夫法则是指网络的价值等于网络结点数的平方,或者可以说网络的价值随着网络用户数量增加而呈现指数增加,梅特卡夫法则揭示了互联网的价值随着用户数量的增长而呈算术级数增长或二次方程式的增长的规则。这是用于研究电子商务市场价值的一个较为适用的经济学原理,用经济学的基本原理对其进行分析是电子商务经济分析的基础。

(3)达维多定律。达维多定律认为进入市场的第一代产品能够自动获得50%的市场份额,所以任何企业在本产业中必须第一个淘汰自己的产品。英特尔公司的微处理器并不总是性能最好、速度最快的,但它几乎总是新一代产品的首家推出者。同样,微软公司的MS-DOS和Windows也并不是当时最好的微机操作系统,但它通过和IBM结成战略联盟,并不断推出新产品,终于成为市场的主流产品，无人能与之抗衡。实际上，达维多定律体现的是网络经济中的马太效应。

以上是目前各种关于网络经济的评论中公认的三大定律，并被认为是造成收益递增的主要因素。因此，使用这些经济学的原理去认识和研究电子商务经济现象是经济分析的重要内容。

电子商务交易比传统的任何一种交易形式都更具有优势，必然要成为21世纪商务交易的主要形式，它能存在和发展，主要是它体现和顺应新经济时代的特点，有更高的经济效益性。因此，经济效益角度分析是研究和预示电子商务现行存在的各种形式合理性的基本出发点，而新经济的特点究竟是什么呢？

一、新经济的概念

进入20世纪90年代后，美国经济出现一种经济高增长、低通胀，并伴随低失业率的连续9年的持续增长局面，而且从1994年开始，纳斯达克股指不断向上飙升，西方经济学家将这一现象称为新经济现象，有些人甚至认为新经济时代到来了。

专家们认为以知识发展和信息资源优化配置为基础，以数字技术为支撑，以网络为运行的基本模式，呈现高增长、低通胀、低失业率的经济现象就是新经济。通俗地讲，新经济就是生产力与现代高科技联姻而产生的经济持续增长的经济现象。

20世纪90年代中期，美国《商业周刊》首次提出"新经济"概念，使用它来描述美国近期所呈现出的经济特点。此后，"新经济"的说法便传遍世界。一般来说，新经济指的是"以高科技、信息、网络、知识为重要组成部分和主要增长动力的经济"。

在克林顿任期内，美国经济表现出举世瞩目的强劲发展势头，1991年4月—2000年3月，连续保持了108个月的增长，同时从1992年以来，通胀率已经由4%降到2%以下，失业率则从7%~8%降至4%。对于美国经济持续强劲增长原因的解释多种多样，不过，多数经济学家将原因归结于美国所处的历史时机与经济环境。他们认为科技发展、互联网的日益普及以及经济全球化为美国产品开辟了更多的市场，这些关键因素大大促进了美国的生产力的快速发展。有人便把这种以互联网为核心的经济称为"新经济"，认为"新经济"改变了美国创造财富的传统原理，是信息时代经济发展的新方向。

二、新经济现象的特点

经济学家们纷纷提出了自己的新经济理论。概括而言，目前的理论一般认为，新经济具有以下特点。

（1）网络是新经济的核心和基础，信息技术领域成为新经济的先锋产业。

（2）创新是新经济的发展动力。在信息技术时代，知识包括概念、创意、专利、许可证等，它们将变得比成熟的技术更为重要，所以"知本家"比资本家更容易成为企业家。

（3）风险投资风行。能承担更高风险的直接融资或以追求高风险、高回报为目的的民间资本，比银行的间接融资变得更为重要，新创企业的成长，主要依赖证券市场的"财富效应"，而不是靠利润来实现；企业家的报酬也主要依靠"股票期权"，而不是传统的工资奖金。

（4）新经济条件下，价格被"净化"，所有的产品一问世就处于最低的价格水平。

三、新经济核心的网络经济应研究的问题

以互联网技术为核心的网络经济是新经济的主要形式，它是未来社会发展的趋势。新经济给传统企业以及网络企业带来了机会与风险并存的世纪挑战，企业要想生存和发展，必须研究新经济的法则，以新经济的武器武装自己。任何企业，如果不根据新经济发展的需要进行调整，必将被历史淘汰。新经济时代的到来对传统经济理论也是一种挑战。

当今世界经济发展进入了一个知识经济持续发展的新时代。新时代的经济形态是以信息经济与高技术经济为主要支撑的知识经济，这是一种全新的经济模式与发展的经济形态；新时代的经济模式是以生态经济协调发展为核心的可持续发展经济。

在任何时代，物质资料的生产、分配、交换、消费的经济活动，始终是人类生存与经济社会发展的永恒问题，新经济时代也不例外。但是，由于新经济的活动方式、运行基础、依托力量、根本动力与传统经济相比都发生了根本性变革，因而新经济运行与传统经济运行的不同之处，就在于新经济运行的整个社会生产过程，不仅仅是物质资料生产过程，而且是信息、知识和生态生产相互交织和统一运动的生产过程，它能够使整个经济活动朝着物质资料生产、知

识智力生产和生态环境生产有机结合与协调发展的方向运行，从而形成可持续发展的经济。新经济形成与发展的最高层次含义及时代意义就在于此。因此，我们完全可以说，新经济既是人类创造物质财富的经济活动，又是人类创造知识财富的经济活动，还是人类创造生态财富的经济活动。

新经济的出现与兴起，对传统经济学提出了新的挑战，尤其是美国新经济发展正在呈现出一种反凯恩斯宏观经济学的形态，使包括当代西方经济学在内的传统经济学很不适应新经济时代的客观需要，专家们认为这是因为传统经济学在理论上存在以下两个根本的缺陷。

第一，传统经济学的理论体系是以物本经济为其理论框架的，是用物质资源和实物商品关系来解释和阐述物质资料生产与再生产中的经济现象和经济运动及其发展规律。正是从这个意义上说，过去所有的东西方经济学，可以称为物本经济学。在传统经济学的物本经济学理论框架内，很少研究制度变迁过程的经济学问题，而且也基本上没有研究以知识与智力等无形资产作为核心生产要素的经济运行过程的经济学问题，这就使传统经济学难以阐述物资资源与非物资资源之间的相互关系及其配置规律，难以科学地阐述物本经济与非物本经济的辩证关系及其运行规律，难以准确地揭示作为物本经济与非物本经济有机整体的现代市场经济运行的真实全貌及其发展规律。这就决定了传统经济学无法揭示当今知识经济、网络经济和生态经济及可持续经济的运行与成长规律。新经济作为知识经济和可持续发展经济的有机统一体，正是物本经济与非物本经济的有机整体。所以，用传统经济学的现有的原理和方法已不能完全解释新经济时代的经济行为、经济活动方式、经济运行特点及其发展规律。

第二，传统经济学理论是以生态与经济相背离为特征的，其理论范式是建立在纯经济学观念基础上的。它把自然界视为一个不变因素，只是就经济系统内部的物质资料生产与再生产的经济现象与过程来研究和揭示经济运动与发展的规律性，而没有将生态环境系统和经济社会系统作为一个有机整体来阐释和揭示经济运行与发展的客观规律，把经济发展过程看成纯粹是由社会经济系统本身的规律孤立支配的，而不受那些支配自然生态系统进化和发展的规律所制约，这就使包括西方经济学在内的所有传统经济学，都没有研究生态环境与经济发展之间的辩证关系及其演进规律。这就决定了传统经济学无法解决当今存在的自然资源枯竭、环境质量恶化、生态条件退化等严重的生态经济问题，因而也不能解决人类社会经济活动与自然生态环境发展关系的一系列重大理论与实际问题,在协调人与自然的发展关系,促使生态与经济协调发展问题上,显得无能为力。以新经济观点思考任何一个经济现象,一定要考虑生态与经济协调发展的问题,这对人类社会既是一个机遇,也是一个挑战。

在发展网络经济时代的电子商务时,要特别注意这两个特征。在网络环境的平台上不仅仅是进行电子商务活动的交易,在它后面还存在更深层次的网络经济规律性的研究问题。网络时代的社会更应考虑整个人类的可持续发展问题,这是传统经济学从未面临并研究的新问题,它既要能满足当代人的要求,又要充分考虑后代人的需求,这是新经济学在解决问题时的主要思考。我们发展电子商务的时候,不仅仅要满足当代人的需求,也要为后代人的发展创造条件。

可以这样来认识人类社会,人口是社会的基础,没有人口根本谈不上其他的一切,然后才有经济的发展,人口和经济构成了社会,社会构建了文化、政治和法律。经济要发展就要开发,这就要科技的支撑,社会要跟大自然和谐,而人类创造的财富统统在社会中,这就是人类社会的蓝图。社会是以人为本,搞电子商务也要以人为本。社会有一个中心,就是以经济发展为中心。经济讲究效率,社会强调公平,利益要重视兼顾,人与自然要力争和谐,这就是新经济学应思考的主要问题。

四、电子商务网络虚拟市场分析

1. 网络虚拟市场的特点

随着交易区域和国界的跨越,在网上形成了一个巨大的全球性的商业市场。这种网上的虚拟市场的出现将使企业的和生存和发展空间变得越来越大,而市场的地域界限则变得越来越模糊,公司的全球化、经济的一体化进程也随之加快,呈现出"企业将越来越大""国家将越来越小""商界将大于国界"的现象,在经济上这就表现为商业全球化,这就是市场虚拟化的无限性与传统市场地域性的不同特点。

电子商务的全部商务活动在网上进行,1~20 秒的时间就能完成其全部交易过程,它与传统的商务相比,是一次空前的高效率、低成本的巨大创新,是一场商务上的大革命,而由电子商务所创建的虚拟市场中的交易与传统的交易相比,具有以下两个明显的特点。

（1）以电子作为信息的载体，电子的传播速度是每秒钟 30 万千米，传递速度快，瞬间即可完成，没有时间和空间的限制。

（2）商务活动是在网上进行，从区域上已经没有地域的限制，市场的发展和范围及区域是呈正比的，规模越大成本就越低，效益就可能越大。

这两个显著的特点是进行电子商务原理分析的基础，交易的商务活动和市场的发展形式有很直接的关系，而市场又与交易的需求信息、媒介及方式有直接的关系。实物交易的市场模式如图 9-1 所示，而电子商务的商务活动却转变成如图 9-2 所示的形式。

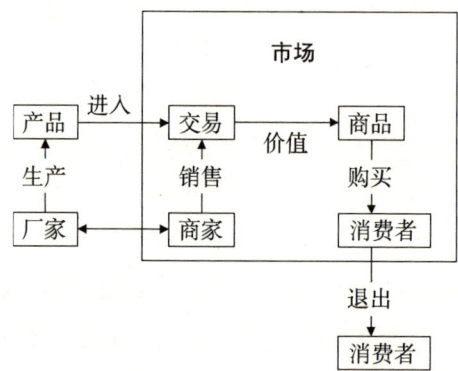

图9-1 实物交易的市场模式

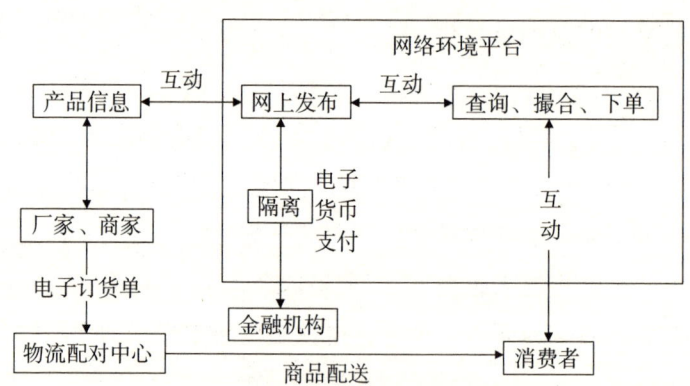

图9-2 电子商务交易的市场模式

2. 网络虚拟市场的发展

电子商务的活动是以电子作为其传递的载体，这是一种高技术的信息载体形式，而网络又是联系交易各方的便捷交易平台，在网上交易虚拟平台进行商务活动交易，将会给参与交易的各方提供广阔的活动场所。在网上小公司甚至个人也能在全球的范围进行电子商务活动，不需要雄厚的资金支持就可以办到，这就给参与者和个人参与商务活动提供了广阔的发展空间，这正是电子商务得以快速发展的无穷魅力所在。

在网上进行电子商务交易，进行交易的各经济主体或自然人有便捷沟通相互需求信息的手段，有不受时间、空间限制的交易中间媒介——电子，有联系交易各方的互联网使交易在地球村内的范围完成的方式，这种手段、媒介和方式使只要在网上进行过电子商务交易的各方对进一步扩大电子商务有强烈的冲动和追求，更能有效地刺激其交易行为的发生。当然，前提是进行交易的主体有使用网上交易手段的能力；同时，他们也是在这种交易不断实现的满足过程中，成倍增强对电子商务的交易冲动，不断加强对电子商务的交易需求，这是一种不断循环和增强的过程。

由于电子商务交易过程是在网上电子媒介的作用下完成的，因此，它具有瞬时和不受地域限制的新特点，这就决定了交易过程的机会成本比任何一种传统交易的机会成本都要小，而且在同一个时间段内比传统交易完成的有效次数成倍数地增长，也导致了交易主体的行为动机的刺激冲动速度在相同时间段内成倍数地增长，如果经营者再辅之以个性化服务的跟踪，则更可以不断刺激消费者网上购物欲望和需求，而这只有利用计算机和通信两种手段的有效结合才可能实现。

第二节　电子商务对经济的影响

一、电子商务对社会生产的影响

1. 电子商务对社会发展的作用

尽管电子商务对微观经济的重要性越来越明显，但它对宏观经济增长，尤其是社会总产出的影响却长期存在着争议，并引发了一系列有关宏观信息技术生产率悖论的讨论。在宏观经济层面上，电子商务经济效用可以被看作一种技术创新，它通过节省生产成本而改善企业层面和产业层面的经济效率，从而提高全社会的总供给水平。

部分经济学家借助可计算的均衡模型来评估电子商务对发展中国家的影

响，认为电子商务可能对发展中国家 GDP 的增长和其他宏观经济变量具有显著的正面影响。高盛公司的两位经济学家 Marin Brookes 和 Zaki Wahhaj（2002）则运用 MULTIMOD（多地区计量经济模型）估算 B2B 电子商务对美国、日本、德国、英国和法国的宏观经济影响。他们首先在部分选定的行业部门中获得 B2B 电子商务所节省的厂商或产业采购成本的数据，并运用投入-产出值推算出其他行业投入价格的下降水平，然后借助 MULTIMOD 模型估算 B2B 电子商务对社会总产出的总体影响。他们认为，在这 5 个国家中，B2B 电子商务使 GDP 增长了 5%。估计在 2001—2010 年期间 B2B 电子商务将使这些国家的 GDP 在原有基础上的增长超过 10%。

澳大利亚政府评估电子商务对澳大利亚宏观经济影响的研究报告认为，到 2007 年电子商务将使澳大利亚的 GDP 提高 2.7%，并同时冲击澳大利亚的进出口贸易，改善贸易条件，提高澳大利亚的社会总产值和劳动者的实际工资水平。

信息技术及电子商务促进了全球经济的发展，给美国、欧洲的发达国家带来了持续稳定的经济增长，同时它也为广大的发展中国家提供了绝好的机会。大力发展信息技术和电子商务，以信息化带动工业化，将成为发展中国家走新型工业化道路的基本技术发展途径。全球不少经济学家通过世界贸易分析计划（GTAP）模型研究表明，电子商务通过削减成本、提高效率，以及缩短产品和服务的移动时间和距离，可以成为发展中国家追赶领先国家的一个有效途径。发展中国家对电子商务的合理利用可以提高它们追赶领先国家的潜力，通过提高社会生产率，电子商务可以为发展中国家提高社会产出以提高社会福利提供可能性。然而，如果电子商务在发达国家得到迅速发展而发展中国家没有获得相应的发展，那么，发展中国家的社会福利将会由于贸易条件的恶化受到损失，它们与领先国家在经济发展水平上的差距将因此可能进一步拉大。

2. 电子商务对经济周期的影响

虽然以上的学者对电子商务为社会总产出所带来的影响持乐观态度，但考虑到电子商务对现今困扰西方社会的经济波动现象的影响时，各专家存在如下意见。

（1）传统经济学认为经济生活中存在一定的周期，按照美国经济学家熊彼特的"创新理论"，由于创新的产生不是连续的、平稳的，而是时高时低的，因此宏观经济在货币冲击、技术冲击或其他外在因素冲击下必然会出现周期性波动，不可能总是繁荣或总是萧条，一个经济周期是指经济由一个波谷运行到下一个波谷的阶段，经过复苏、膨胀到顶峰，然后收缩、萧条到另一个低谷的过程。第一次世界大战前，主要资本主义国家平均间隔 8~10 年爆发一次危机。第二次世界大战后，由于发达国家采取了反危机措施，使经济周期变长，危机持续时间缩短，萧条和复苏之间的界限因经济上升加快而变得不明显，增长时经济发展劲头不强。于是，出现了经济衰退与经济增长交替更迭的简化经济周期说。以美国经济为例，自 1991 年 4 月走出第二次世界大战后第 9 次衰退期以来，经济增长已持续 8 年半了。

进入 2000 年 2 月以后，美国经济进入了自 1991 年起连续增长的第 107 个月，创下了有史以来最长的经济增长期，超过了 1961—1969 年越战时期 106 个月的最长增长纪录。人们注意到此次经济增长期与过去增长期的明显不同，就是低通胀下的低失业率。而通常的周期波动中，低通胀总是伴随着高失业率，高通胀中失业率降低。这次却打破了常规：高增长、低通胀、低失业率成为这个时期新的经济现象。

（2）怎样解释美国经济周期这种新变化呢？传统的经济周期理论已经无法对此作出解释。当然，这是多种原因共同作用的结果。但是，最主要的一个原因是：20 世纪 90 年代以来，美国以信息技术及其产业为代表的高技术及其产业的迅猛发展，导致经济周期进一步变化。就像工业与工业化熨平传统农业生产的季节性波动一样，信息业与信息化熨平了传统工业（汽车业、建筑业等）经济的周期性波动。正如美国联邦储备委员会前主席格林斯潘所说的，"信息技术无疑巩固了企业经营的稳定性"。在美国信息技术等高技术产业已经取代了传统的周期性产业，而成为推动经济增长的主要动力。当美国 1995 年和 1996 年汽车产业和房地产业陷入萧条时，适逢信息技术产业异军突起，结果促进了经济再度高涨。随着网络经济尤其是电子商务的兴起，则会更有利于延缓衰退期的到来，而使经济继续趋向增长。

传统的经济周期理论和西方经济学理论对此现象无法解释，这也引起经济学家和世界各国政治家的广泛关注。对于产生的原因，人们众说纷纭，观点不一，争论很大。但是有一点得到普遍认同，就是以计算机、网络为代表的信息技术的应用和普及对经济的推动作用。

信息技术的特点是如水流般无孔不入。它的渗透性、融合性是任何传统产业所不具备的。随着美国计算机、网络技术的发展和美国 NII 即国家信息基础设施建设的推进，信息技术已经把触角深入到所有产业，使之得到技术改造和升级，推动其经营模式的改变和生产率的提高。据美国商务部的统计，1995—2000年，由于信息技术的应用，美国的劳动生产率年均增长幅度为 2.25%，1998 年达到 2.75%，远远高于 20 世纪 80 年代的 1.4%，研究表明，信息技术起码带来了生产率增长加速度的 50%~73%，这是整个 20 世纪 90 年代末和 2000 年美国经济快速增长的最重要因素。

（3）信息技术对生产率如此巨大的促进作用，在于它与历史上的几次技术革命相比，占有一定的优势。第一，信息技术革命的成果可以广泛地应用于经济的很多部门，包括服务业在内。举例来说，互联网可以提供新的信息系统、新的市场、新的通信方式和新的分销办法，数字分销系统甚至能够创造出某些全新的产品和服务，为经济的进一步增长提供动力。第二，信息技术投入使用后，其产品（如计算机和电信）价格下降的幅度之大、速度之快是前所未有的。这会进一步鼓励企业及早将互联网运用到生产活动之中。任何一种新技术对生产率增长的推动都有一个滞后效应，因为企业在新技术条件下进行组织结构重组需要一定的时间。美国近来生产率的大幅度增长就是 50 年前以晶体管的发明为开端的计算机革命的回报。但是随着互联网以极快的速度在全球范围内扩展，它对生产率增长的贡献也就会在很短的时间内显现出来。

劳动生产率的提高是抵制通货膨胀的有效因素，因而信息技术及其产业化不仅对美国实际经济增长的持续发展有重要贡献，而且对美国经济通货膨胀的波动起到抑制作用。根据 1999 年美国商务部报告，1994—1996 年美国经济在保持 4% 的 GDP 增长率和 10 多年来最低的失业率水平的同时，还能够实现通货膨胀的全面下降，其中一个重要原因就是信息技术产品和服务的发展对控制通货膨胀发挥了重要作用。在 1996 年和 1997 年，信息技术产业的价格下降了 7%，导致美国经济通货膨胀率维持在 1.9%，与经济中非信息技术部门的通货膨胀率相比减少了 0.7%。1996—1997 年，由于信息产业产品及服务价格普遍下降的外部效应的影响，美国经济的总体通货膨胀率下降了 0.4 个百分点，即从 2.3% 下降到 1.9%，与此同时，非信息技术产业的通货膨胀率仅下降了 0.2 个百分点，即从 2.8% 下降到 2.6%。1998 年美国商务部报告则认为，如果没有信息产业部门的贡献，1997 年美国通货膨胀率将不是实际上的 2.0%，而可能是 3.1%，即信息技术产业使美国经济通货膨胀率下降 1 个百分点。

（4）以电子商务为代表的网络经济或者新经济虽然有很多区别于传统经济的规律和特征，但它是在传统经济的母体上生长出来，是在继承传统经济基础上的一种超越和创新，而不是一种简单的否定。新经济的出现并未彻底改变传统的经济学理论，到目前为止，新、旧经济还在一定程度上并存，因此能够使传统经济周期发生改变，而无法摆脱经济周期。新经济为经济周期带来改变的具体原因有以下几点。

①经济的高度成长性、高劳动生产率、低价格等特点有助于延缓周期性经济危机的发生，并使经济周期微波化（即使经济振荡幅度大大缩小）。

②技术创新以及资源在全球范围内进行配置，商品的成本更为低廉，而且市场是全球性的，这可以影响到经济周期，在全球经济发展中占据优势的国家可以取得较长时期的经济增长。

③知识的溢出效应在一定程度上限制了要素报酬递减的作用，新技术革命所推动的资源利用型经济增长周期性特点不明显。

④国际经济协调的加强和高超的宏观经济管理也增强了国际应对内外部冲击的能力，避免经济的大起大落。

（5）新经济的迅速发展使短期经济波动可以延迟或避免，但绝对没有消除经济周期，而是使经济周期长波化，延缓了经济衰退期。

西方长波经济理论者认为，从 18 世纪末以来的 200 年，世界经济的发展经历了 5 个周期，即 50 年左右形成一个起伏周期，每个周期过程中，基础创新是决定经济增长的关键。创新不仅推动技术革新，而且影响整个社会经济的持续进步和发展。在此过程中并不排除繁荣后会出现短暂的衰退，有的创新还可能被新的创新所取代。每经过一个长波周期，经济发展将上一个台阶。他们认为，我们目前处于第 5 个长波周期的高涨期。前 4 个周期的基础创新分别是：蒸汽机的广泛应用；钢铁的增长和铁路的修筑；电子技术和化学工业在工业领域的普遍应用；石油化工和汽车的繁荣。每一周期对生产力出现了划时代的推动，使经济有了较快的发展，并使社会经济生活水平大为提高。目前，第 5 个长波期的基础创新是信息技术。它不仅包括计算机信息技术的应用，也包括社会劳动组织形式和内容的变化。但是，从这 10 多年来看，虽然信息技术和网络经济对人类的影响无处不在，然而进一步创新，产生更新的市场，实现质的飞跃，仍有较大难度。具体来说，要找到一个能维持10年影响经济增长和社会生活方式改变的创新是相当困难的。他们预测，在今后 10~20 年，信息技术对经济增长推动的作用将慢慢淡化。在一定条件下，高技术及其产业也有衰退的可能。何况经济周期波动不仅仅是由技术与产业的状态所决定的。在经济波动与金融波动相互影响加剧、彼此依存更加紧密的环境下，发生经济波动是很难避免的。

此外，世界经济周期的同步现象正在消失。20世纪90年代美国经济持续增长，而日本经济一直停步不前，在全球经济联系日益密切、全球网络加速发展的今天，这种经济周期不同步现象同样引人深思。

人们应该超前思考，在现阶段，我们就要考虑在今后即第6个长波周期时，有哪些基础创新可能出现，可以继续推动经济发展和社会进步。

二、电子商务对社会交易的影响

电子商务对社会交易的影响主要体现在对交易成本的影响上面。根据科斯的论述，可以把交易成本理解为包括事前发生的一项合同而发生的成本和事后发生的监督、贯彻该项合同而发生的成本。具体包括的费用有：进行市场调查，寻找交易对象，获取与买卖有关的各种信息；为确定价格的讨价还价过程；起草、讨论、确定交易合同的过程；对合同的监督和贯彻，保护交易双方的权益等。

1. 电子商务对信息收集的影响

在传统的市场上，厂商和厂商之间，或者是厂商和消费者之间存在着信息不对称的情况，使参加交易的一方具有很大的机会主义倾向，易产生参与者决策的逆向选择和行为的道德风险。交易者需要花费大量的成本来了解市场的各种信息，这就是传统市场上存在的较高的信息搜索成本，使均衡点的价格水平高于生产商的边际成本，也就没有实现古典经济学家所称的"帕累托最优"。

而在电子商务当中，交易双方能够借助功能强大的搜索引擎，很便利地、跨地区地了解市场的信息，了解商品的相关信息，包括价格、质量、售后服务等。因此，电子商务降低信息的搜索成本，也降低了交易双方之间的信息不对称的程度。另外，电子商务也提高了竞争强度，降低了交易的价格。

2. 电子商务对进入成本的影响

由于在传统市场上，存在着地域的局限，企业进入新市场的成本较高，垄断的存在使价格偏高。在电子商务当中，允许更多的企业加入市场竞争，因为进入成本是很低的。当你在网上寻找供应商时，潜在的供应商的数量已经大大增加，因为你不是只针对某个区域的少数几个供应商，而是跟全世界的供应商在洽谈业务。电子商务增大了厂商的参与范围，使市场竞争比传统市场更加激烈，而竞争产生的结果就是价格水平大幅度下降。在完全竞争的市场环境下，价格的长期均衡点在逐步下降，从而对交易成本产生了巨大的影响。

3. 电子商务对企业经营战略的影响

由于电子商务使交易成本大幅度下降，许多企业的经营战略也发生了改变。外包更多地出现了，那些交易费用昂贵的供应和服务留在公司内部完成，而那些容易并且能够可靠地从其他公司购买的东西和服务被一一外包出去。这在汽车行业已经很明显，如通用和福特的零部件供应商已经成为独立的公司。这也反映在业务流程外包上，越来越多的公司外包一些基本的业务活动以及一些专门职能部门，甚至还出现了除基本的管理功能外，其余一切都外包的虚拟工厂。

4. 电子商务对内部交易成本的影响

公司内部交易成本也可以由于互联网或局域网的使用而大大降低，不过常常出现在规模大、地理分散的公司里。正如电报和电话催生了巨型公司，今天的电子邮件和数据通信支撑了日益扩大规模的国内和国际企业集团。

三、电子商务对社会消费的影响

社会消费和消费趋势会受到商品价格的影响和控制，商品的价格就是那只看不见的手，引导着资源在社会的各个部门流动，从而实现资源在全社会范围内的合理配置。而电子商务的出现则从多种渠道影响了市场中商品价格的形成。

1. 电子商务和菜单成本

所谓菜单成本，是指零售商对价格调整时所产生的成本负担。在传统的市场中，价格调整伴随着一系列的物质损耗，如原有价格标签的撤销成本和新价格标签的制作成本。而在电子商务当中，菜单成本非常低，只需要在服务器的数据库中对价格数据进行更改，谈不上有什么物质损耗成本。所以，在传统市场中，零售商在进行价格调整的时候，会考虑其所带来的菜单成本，如果菜单成本过高，零售商就不会经常对价格进行调整。然而在电子商务当中，调整价格的时候无须过多地考虑菜单成本。事实也是如此，Balley 测量了网上市场和传统市场中零售商调整价格的频率，发现网上市场调整价格的频率远远高于传统市场。

2. 电子商务和价格离散

价格离散是衡量市场效率的一个重要指标。那么，什么是价格离散呢？价格离散是指导同一类商品的价格分布相对于某一中心的偏离程度。如果一个市场的效率较高，那么消费者和零售商之间的信息不对称的程度会比较低，商品价格比较低，收敛于厂商的边际成本，价格离散程度比较低。如果一个市场的效率比较低，消费者和零售商之间的信息不对称程度高，市场中存在着市场分隔和垄断，价格离散程度就比较高。

霍特林（Hotelling）模型可以很好地说明这个现象。在这个模型中，产品在物质性能上是相同的，但在空间位置上有差异。因为不同位置上的消费者要支付不同的旅行成本，他们关心的是价格和旅行成本两者，而不是价格。随着旅行成本的上升，不同商店出售的产品之间的替代性下降，每个商店对附近的消费者垄断力加强，商店之间的竞争越来越弱，价格离散度较高。而当旅行成本为零的时候，不同商品之间就具有完全的替代性，没有任何一种商品的价格可以大大高于成本，其价格趋向于成本，价格离散度较低。

我们把旅行成本当成信息搜索成本，就可以很好地理解电子商务的价格离散程度低的原因了。因为价格离散度一般产生于较高的信息搜索成本，或者说是消费者之间存在很强的信息不对称的成本。在电子商务中，信息搜索成本变得非常低，也就降低了零售商和消费者之间的信息不对称程度，这大大降低了价格的离散程度。当价格趋向于厂商的边际成本，也就达到了古典经济学家所认为的资源配置的"帕累托最优"。

3. 电子商务和价格弹性

价格弹性是指消费者对商品价格变动的敏感程度，也是衡量市场效率的一个重要指标。当市场有效率的时候，消费者对商品价格的细微变化十分敏感。电子商务市场的商品价格弹性要比传统市场的商品价格弹性高得多，因为较低的信息搜索成本使消费者可以很快地找到他所需要商品的所有相关信息，包括价格和售后服务等，并且对价格变化作出反应。换句话说，任何一家零售商价格变动的信息，会在第一时间被所有有意在网络上购买此类商品的顾客所获得，并且可以轻松地和其他销售商的价格进行比较，得出结论：新的价格是否对消费者更加有利，从而作出购买决策。

而在传统市场当中，一家零售商的价格变动，只会被当天光临该零售商而且具有此类商品购买意愿的顾客所获得，但这些顾客也无法将其价格和其他的商家进行比较，很有可能其他的商家也在降低，消费者并不能马上作出购买的决策。正是电子商务中较低的信息搜索成本使电子商务的商品价格弹性要远远高于传统的市场。

第三节　电子商务经济学问题

一、电子商务经济学与网络经济学的异同

1. 电子商务经济学的定义

我们沿用谢康先生的定义：电子商务经济学是将电子商务市场或在线市场作为研究对象而形成的一门新兴经济学分支学科，或者说，电子商务经济学就是以电子商务经济现象作为研究对象的经济学。在研究方法上，电子商务经济学依然使用传统的微观经济学和宏观经济学方法。我们认为，传统的经济学分析方法依然适用于分析电子商务市场的运行。

2. 与网络经济学的异同

国内外对于电子商务经济学的看法不同。部分学者把电子商务经济学看成网络经济学的一部分，或者认为网络经济学研究的就是电子商务经济学的一部分内容，但越来越多的经济学专家却认为把电子商务经济学内容置于网络经济学之内的做法是不可取的。

电子商务的根本在于它通过通信网络和传输系统使交易更为便捷，在于其组织市场和开展交易的方式，即通过可视化的市场代理商、数字产品和电子过程进行交易，这样一种经济过程和承载它运作的技术平台没有必然的联系。尽管由于网卡的开放性和用途的广泛性使其目前成为电子商务所选择的使用媒介，使人们认为通过互联网进行的商务活动就等同于电子商务，但是随着技术的发展，任何一种数字通信媒体都将有可能支持电子化市场的运作。

事实上，电子商务经济学研究的是在一种新的市场条件下，市场过程和产品发生的变化，市场参与者在生产、营销和消费过程中应当就产品的选择、市场战略、价格制定等考虑哪些新的因素。这显然和网络经济学甚至信息基础结

构经济学所研究的网络产业的资源配置、市场竞争等大不相同，不能将其混淆。

从电子商务经济学的基本内容来看，它讨论在网络经济时代数字产品和实物产品的经济学含义；应用基础微观经济学的理论，论述电子交易市场上的质量的不确定性，市场信息、市场中介和新的市场效率问题。总的来说，电子商务经济学是对一个买卖双方、产品和交易过程都发生了本质性改变的市场进行的微观经济分析，目的是为一个全新商业模式的发展奠定良好的经济学基础，并对电子商务的战略前景作出预测。

因此，本书侧重电子商务微观经济学的部分，主要从信息经济学视角，突出电子商务市场中影响交易效率的主要因素——信息不对称问题，分析这一市场环境下交易各方的行为区别于传统市场的特征，着重对电子商务环境下的信息不对称问题、市场组织、消费者行为、商务战略与厂商行为、电子商务中介、数字产品、网络金融中介等内容进行分析和阐述。

二、经济学关于消费者行为的假定

1. 追求自身利益最大化

追求自身利益最大化的假定认为，经济活动中的人（在这里我们指消费者）存在尽可能增加自身利益的愿望和行为倾向。在西方传统经济学理论中，这种愿望和行动集中体现在经济人身上。这种经济人追求利益最大化，或者更一般地追求货币收入最大化。对消费者来说，就是以一定量的货币，换取更大的利益和效用。消费者的购买行为，就是想以尽量低的价格，购买品质尽量好以及附加利益尽可能大的商品和服务。

2. 需求偏好多样性（Variety of Demand Preferences）

人类经济活动（包括消费者购买行为）的最终目的是满足自身的需求，这是一个经验范围内的问题，但人类需求偏好的性质和特点，则远非经验所能把握，它们构成了很长一段时期以来经济学分析的前沿课题。人们已经发现，人类需求偏好是非常多样化和复杂化的，影响需求偏好的因素可以说等同于所有影响人类生存和发展的因素。经济学和市场学都主张把需要和需求区别开来。如果说需要是指不受约束的欲望，需求则指能够得到实际满足的需要。经济学和市场学将研究重点放在现状和可预期将来的需求偏好上，缩小了需要的范围。

在收入水平和价格水平既定的条件下，需求偏好对需求结构的形成起着很大甚至主要的作用。例如，同样是吃粮食，南方的张三几乎顿顿离不开大米，而北方的李四则只问津于面食；同样是吃蔬菜，甲喜欢番茄，乙偏爱黄瓜。因此，处于相同收入和价格水平下的不同区域乃至不同家庭的需求结构是有所不同和很不确定的。如果进一步考虑到实际收入增长因素，需求偏好以及需求结构的复杂性和不确定性还会增加。但是，许多经济学家仍然相信，从大量随机表现出的需求偏好中是可以寻觅到某些规律的，消费者需求结构理论部分反映了这方面的努力。

19世纪，德国统计学家恩格尔依据统计资料对消费结构的变化进行分析，提出了恩格尔定律。一个家庭收入越少，家庭收入或家庭总支出中用来购买食物的支出所占比例就越大。随着家庭收入的增加，家庭收入或家庭总支出中用来购买食物的比例会明显下降。恩格尔定律在一定程度上反映了收入水平与人们需求偏好变动趋势的关系。

消费结构理论还揭示了这样的规律：在经济的周期性波动中，食物支出始终稳定增长，而非耐用消费品支出的波动稍大，波动幅度最大的是耐用消费品支出。这个发现说明，较高层次的需求有较强的不稳定性。

3. 有限理性

按照西蒙的定义，"理性是指一种行为方式，它适合实现指定目标，而且在给定条件和约束的限度之内。"使用"理性"一词时，使用者要讲清楚他对目标和条件所作的假定。

理性可以分为完全理性、有限理性（Bounded Rationality）和知觉理性。完全理性是对人类理性能力的乐观主义的看法，它认为决策者总是用敏锐的目光，对面前的一切都深思熟虑，不仅明白自己当前面临的选择范围，而且对未来的选择也了若指掌。他知道所有可能选择策略所导致的后果，并对各种可供选择的策略按照自己对它们的偏好进行排序。

知觉理性是在大众心目中很盛行的一种理性模型。按照这种模型，人类思维和作出正确决策的能力，大都被归功于人类具有很好的直觉和判断能力。直觉和判断能力作为一种技能被认为是与某种再认定过程相联系的。这种技能是人类通过存储经验事实和在适当情况下再认定这一情景时而获得的。例如，你在路上遇到一位朋友，你会立即认出他，因为你头脑中已经有了这位朋友的信息，一遇到刺激，就能够把这个信息释放出来。这个朋友向你借钱，是否借给他,他将来能把钱还回来吗?如果你深知其人,就能凭直觉作出回答。知觉理性经常与情感联系在一起,情感的作用在于能从人们所处的环境中选出一些特殊事物,当作人们某一时期的注意焦点。

西蒙把有限理性定义为"有达到理性的意识,但又是有限的"。人类受所处环境的约束和人类自身计算能力的限制,不可能知道全部备选方案,不可能把所有的价值考虑统一到单一的综合性效用函数中,也无力精确计算出所有备选方案的实施后果,所以,完全理性是不可能的。消费者在作购买决策时,只能根据他所掌握的有限信息进行有限理性的决策。

4. 机会主义倾向(Opportunism)

机会主义倾向指人们借助于不正当手段谋取自身利益的行为倾向。这个假设强调了人追求自身利益的动机是复杂而强烈的,会随机应变、投机取巧,包括:①有目的、有策略地利用信息,按个人目标对信息加以筛选和扭曲,如撒谎、欺骗等;②违背对未来行动的承诺。因此,机会主义倾向实际上是对追求自身利益最大化的补充。

机会主义倾向假设以有限理性假设为前提。由于人的有限理性,不可能对复杂和不确定的环境一览无遗,不可能获得关于环境现在和将来变化的所有信息。在这种情况下,有的交易者就可能利用某种有利的信息条件,如信息不对称环境,向对方说谎或者欺骗,或者利用某种有利的地位进行讨价还价,背信弃义,要挟对方。当然,这并不意味着所有的人在所有的时间都以机会主义方式行事,但总有一些人在有些时候采取这种行为方式使自身的利益最大化。

三、消费者行为理论

1. 效用、边际分析与边际效用递减理论

经济学认为,人们总是有无限的欲望和需求,企业、商家正是在这种动力驱使下提供各种商品和服务去满足人们的需求。消费者在消费这些商品的过程中得到某种程度的满足,所获得满足的大小正是经济学所研究商品的效用。毫无疑问,任何一个理性的消费者,都会追求效用的最大化。虽然效用没有具体的评价标准,但每个消费者又能切切实实感觉到,可以用一些相对的标准来衡量。例如,你在饥饿的时候,吃下第一个面包会令你感到十分享用,因此你的满足感可以打10分;吃下第二个面包,你的需要肯定没有第一个那么迫切了,你可以打 8 分；吃下第三个面包，你不想再吃了，只打了 2 分；给你第四个面包时，你已经吃不下了，如果硬吃下对你反而是一种折磨，效用可能是-5。在这里我们就用到边际分析，边际分析就是要用到某种要素（自变量）每改变一单位导致相应的要素（因变量）发生的变化结果，找出活动的最优解。边际分析是经济学中最常用的分析方法之一，是寻求最优解的最常用的工具之一，近似于数学上的求导过程。边际值为正时，说明因变量随自变量的增加而增加；边际值为负时，说明因变量随自变量的增加而减少；边际值为零时，说明因变量为极大或者极小。由于微观经济学探讨个体行为离不开既定目标的最优化，因而也就离不开边际分析。

从吃面包的例子我们可以看出，随着面包的不断增加，边际效用是在不断递减的，这就是传统经济学普遍认为的边际效用递减规律，如图 9-3 所示。边际效用递减规律是基数效用理论的基本假设。对于总效用，如果我们用曲线来表示，可以看到开始随着面包的不断增加，过了一个临界值之后，总效用反而呈下降趋势。对于同样的消费产品，并不是我们所认为的越多越好。导致边际效用递减的主要原因是随着商品数量的增加，商品对人们的刺激降低，重要程度趋于下降。

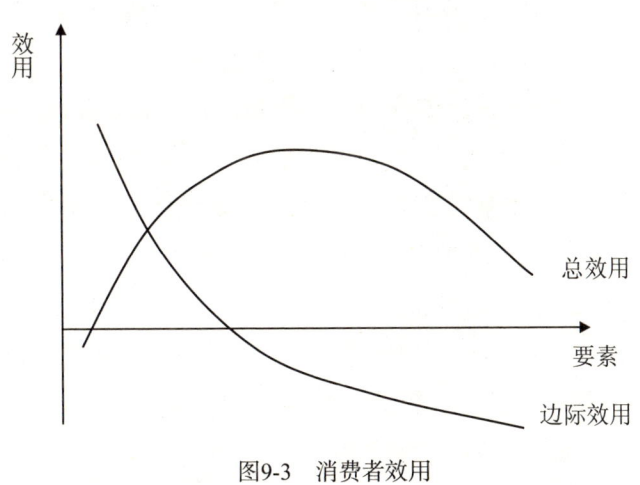

图9-3 消费者效用

2. 电子商务中的边际效用递增规律

如前所述，在传统经济环境中，当某物品的消费量增加时，该物品的边际效用呈递减趋势，服从边际效用递减规律。但是在电子商务中，很多情况下，边际效用却呈现递增趋势。为什么电子商务中的边际效用呈递增趋势呢？

简单地说，这是由电子商务条件下消费的特殊性决定的，它表现在以下三个方面。

一是电子商务消费的锁定性。一旦消费者使用某一品牌的软件产品，该产品又满足了其基本的需要，消费者为了节约消费成本就不会轻易地换用其他产品，而将自己锁定在该品牌上。软件产品存在锁定效用，源自存在转移成本。如长期使用王码五笔的文字工作者，虽然有更方便的输入方法，但只要王码五笔能满足需要，他就不会放弃这一输入法而重新学习新的输入方法，因为学习其他输入方法会增加他的学习成本和因学不会带来的风险。软件产品锁定消费者的特点，又反过来使其使用规模迅速扩大，而消费群体的增加又进一步使通用性增强，当所有的计算机都装有王码五笔输入法时，消费者在其他地方也能顺利地用王码五笔进行工作，实际上锁定性增加了消费者的边际效用。

二是电子商务的网络外部性的特点。在传统的经济条件下，物以稀为贵，但在电子商务经济条件下，恰恰相反，同类软件产品与交易平台越多，其价值越大，这是因为电子商务的效用建立在是否与尽可能多的用户无阻碍沟通的基础上。因此，用户数量的增加，意味着一个用户所能获得的效用在增加。也就是说，新增加的那个用户在使用其他用户增加效用的同时，也同样增加了自己的边际效用。

三是电子商务消费规模正反馈的特点。一旦市场上某种消费模式获得了消费者的广泛认同，这种产品的用户数量就会迅速增加，当某个电子商务网站的用户基数较大时，对该类商务模式的辅助服务的种类会更多、更全，使该商务模式也更方便，消费者获得的产品效用会更大，其他消费者会自发地选择该商务模式，这又进一步加大了规模。规模的加大又引起了电子商务外部性的正反馈的循环，这种不断的循环，使电子商务消费规模呈现自发的扩张态势。最关键的一点是，这种规模的不断扩张并没有增加用户的额外负担，而且可以重复利用且不产生消耗，不受传统商务模式中有效资源的限制。正是电子商务的这种与传统经济完全相反的经济特征，形成了与传统经济完全不同的经济运行规律。

四、厂商理论

厂商也是市场经济行为的基本主体之一，在微观经济学中，主要是对厂商的生产决策行为进行分析，并且在分析过程中，不考虑厂商的具体企业性质、企业管理结构及内部运作措施,而是将厂商看作一个整体来考察其在外部商场中的行为,这样能大大简化对厂商行为的分析。在一般的经济学教材中,厂商行为被抽象为投入生产要素、生产产出、交换等行为,其主要目标是追求利润的最大化,即使是一个不以盈利为目的的公益组织或结构,也必须追求效率的最大化,以便合理地利用社会资源,更好地服务于社会大众。这是一个基本的假设,可能一些厂商为了打败市场中的竞争对手,在短期内并不以盈利为目的,而是不惜一切代价打击对手,提高市场占有率,但从长远来看,不以利润最大化为目标的厂商最终将被市场残酷的竞争淘汰,所以实现利润最大化是每个厂商生存发展的基本准则。

1. 生产要素及生产函数

厂商在进行生产时,必须投入相应的生产要素才能生产出用于消费的产品,投入的生产要素一般分为四类:劳动、资本、土地和企业家才能。当然也有人认为,信息、知识、管理等因素因为近年来在新经济中的突出作用也应该作为基本的生产要素加以讨论。为了分析问题的方便,本部分只从几个传统的重要生产要素着手进行分析,对其他要素不作深入探讨。

在一定时间内,在技术水平不变的情况下,厂商在生产过程中投入的生产要素和产品的产出量之间的关系是固定的,或者说是有限度的,而且这种关系可以用生产函数表示出来:$Q=f(X_1, X_2, L, X_n)$。其中,Q 表示产出量;X_1, X_2, L, X_n 表示生产过程中投入生产要素的数量。有时我们为了能够清楚地说明问题的关键,常常把生产函数当中的生产要素减少为资本和劳动两个变量,如柯布-道格拉斯生产函数:$Q=L_\alpha K_\beta$。生产函数还有很多种,包括里昂惕夫函数、CES 生产函数等,尽管这些函数在形式上各有特点,但都试图尽可能说明同一个问题——在不同技术水平和条件下的投入和产出的关系。

厂商可以通过很多途径达到最优化的投入产出比,有的通过运用新技术提高生产率,有的则通过要素之间的合理组合,主要是根据生产要素之间的关系来确定具体的做法。对于只有一种可变生产要素的生产函数,我们要做的就是在边际成本等于边际收益的点,停止扩大生产要素的继续投入,超过这个点后的投入,将不可避免地出现边际成本大于边际收益的现象,这种情况下就只有提高技术水平,边际成本才有可能得到降低。在具有两种及两种以上的可变生产要素的情况下,首先要考虑它们之间的比例关系是否固定,对于有固定比例关系的生产函数，按照固定的比例对生产要素增加投入，厂商就有可能获得收益。其次，在有些情况下，我们还得考虑要素之间是否存在替代效应，这时问题就变得复杂一些，但我们还是可以根据各自的成本找到最优化的组合，从而实现利润最大化的目标。

2. 传统经济的边际报酬递减规律

西方经济学家认为，在生产中普遍存在一种与边际效用递减规律相类似的现象：在一定的技术水平下，在维持其他生产要素不变的情况下，连续增加一种要素的投入量，最终这种要素的增加会带来边际产量的增加，达到一定点以后，再继续投入这种生产要素，边际产量不仅不会增加，反而会呈现下降的趋势，这就是边际递减报酬率，是经济学中最为基本的规律之一。

对于边际报酬递减规律，使用时要注意几个约束条件。首先，前提条件是技术水平不变，只有在技术水平不变的情况下，连续投入一种生产要素，边际产量才会实现递减的规律；反之，则该规律不一定存在。例如，一个劳动者突然领悟了一种新的技能使他的劳动生产率提高，这时不仅不会引起边际产量递减，而且还可能会递增。所以我们也可以看出，边际报酬递减规律只适用于短期的生产行为，在短期内其他生产要素变化的可能性是微乎其微的。例如，厂房的建设就很难在短期内得到改善。其次，边际报酬是先增加，后减少，最后甚至变为零或负的过程，并不是从开始就呈现出递减的趋势。这个规律就是强调在一定技术水平上，一种要素的投入对于产量的贡献是有限度的，并不能无限地增加。厂商的目标就是要找出这个临界点，以达到利润最大化。最后，边际报酬递减规律只适用于生产要素相互之间的比例关系不固定的生产函数，否则不成立。例如，一个自动化的设备，只需要 1 个人操作就可以了，如果增加到 2 个、3 个或 4 个，对于产量的增加是没有任何作用的，其边际产量相等且为零。

3. 电子商务中的边际报酬递增规律

在电子商务环境下，出现了与传统经济中相反的规律——边际报酬递增规律。它表现在以下四个方面。

一是网络经济边际成本随着网络规模的扩大而呈递减趋势。由于网络产品的投入是一次性的，产品开发出来以后，复制成本几乎是零。也就是说，在生产出第 1 份信息产品以后，此后的产品边际成本几乎可以忽略不计，这样在不断摊薄的边际成本面前，利润呈激增的趋势。

二是网络信息价值具有累积增值和传递效应。对信息的连续投资不仅可以获得正常的投资报酬，还可以获得信息累积的增值报酬。根据网络的价值以用户数量的平方速度增长的梅特卡夫法则，每增加 1 个投入单位，不仅能得到投入者应得的报酬，还能得到超过该投入以外的收益。例如，社会上只装 2 部电话，只有 2 个人相互通话，这样总效用为 2，边际效用为 2；当第 3 个电话用户加入时，总效用增至 6，边际效用为 4；当电话用户增至 4 个时，总效用已达 12，边际效用为 6。依此类推，可以发现，用户的每一次扩大，得到收益的并不仅仅是新加入的用户，而是总效用的增加。网络信息价值呈累积增值和传递的效应。

三是网络信息容量与信息成本呈反向变化的趋势。由于网络系统具有自动记忆的功能，在网络上出现的信息会被自动记录、归纳、整理、存储，当网络记忆的信息达到一定量时，信息在网络中会自动整合，生成新的信息，这些信息对生产者来说具有更大的价值。从信息储存到生成新的信息是一个不断进行的过程，信息容量越大，信息的价值越高，而信息成本越低。

四是边际收益递增的动力是创新。创新产生的新技术不仅会带来成本降低和产量增长，而且会导致新产品的产生乃至新产业的出现，使整个社会经济加快向前发展。由于人类知识的积累以几何级数增长，网络技术创新不断加快，推动整个社会经济快速发展。

因此，在电子商务环境下，边际报酬递增规律是随着经济发展出现的新经济规律，同时也是近几年经济学界的新课题，有待我们进一步地深入探讨。

4. 规模经济理论

规模经济是指在技术水平不变的情况下，当两种生产要素按同样比例增加，即生产规模扩大时，开始时生产规模的扩大会使产量的增加速度大于生产规模的扩大速度，但是当规模扩大超过一个临界点时，产量增长的速度相对减小，甚至小于生产规模增长的速度，这时也就出现了规模不经济的现象。在传统的经济学中，提高经济效益的根本途径是规模经济，通过扩大生产规模达到资源的优化配置，提高固定成本所占的比重，扩大市场占有率，从而降低产品的单位成本，但当市场达到一定规模以后，边际成本则呈现递增的规律。

但是在电子商务环境下，可以通过多种途径来增加厂商的效益，除规模经济以外，还有范围经济、差异经济、成长经济和时效经济等。产品品种和种类可以进一步细分和多样化，满足不同层次消费群体的需求；通过电子商务，提供功能更为强大的服务，如 24 小时全天候的服务响应能力，即时分送，快速反应；快速抓住市场信息响应顾客需求，能够与全球市场的消费者进行不间断的互动等。这些在新经济中出现的新途径不但能够应用于大的企业，而且小的企业一样能够运用自如，甚至有人认为这是突破传统经济中大企业垄断竞争的有效武器。在电子商务中，当市场达到一定的规模以后，边际成本有递减的趋势。例如，IP 电话的成本没有距离远近的差异，市内电话和国际长途的通话成本基本相等；产品的单位成本随着市场占有率的提高而降低，企业投入企业资源计划（ERP）项目时，一次性投入的成本较高，在初期阶段只有少数的大企业能够承受，但是一旦进入运用阶段以后，随着产量不断增加或是联结企业的增加，对于 ERP 来说，在同样的系统下运行并没有额外地增加企业的成本，而且随着运用范围的扩大显得更经济，这就是电子商务的低成本扩张性。

5. 价值链和差别规模经济理论

以个性化需求为特征，电子商务也必然促使厂商的生产模式悄悄地发生变化，这就是价值链和差别规模经济理论在生产中的运用。

（1）电子商务经济价值链的形成。所谓价值链，是指为了满足某种需要，生产者结成的相互联结并使价值增值的经济链条。从使用价值的角度看，企业生产在发展中日益分化，企业从提供整件产品开始转向部件产品生产。例如，计算机生产已经从提供整机转向只生产计算机的某一部分，英特尔公司主要提供芯片，微软公司主要提供操作系统和浏览器。企业产品部件化使产品生产专业化，单个企业不可能满足消费者的需求，只有将各个部件企业整合为完整的产品体系，才能占领市场。从价值角度看，传统产业以资本为依据分配被资本家占有的剩余价值；而在电子商务时代，不能在整个价值链中增值的部门和环节将被淘汰，生产或经营某一产品的各个经济环节所形成的价值链必须增值，这是电子商务的重要特征。在整个价值链的形成中，价值链以产品分化为基础，以满足消费者某种需求并使价值增值为条件。

电子商务经济中的价值链现象已经渗透到软、硬件生产和网络服务的各个方面。在个人计算机生产过程中，国际知名厂商都曾设想生产出拥有完全知识产权的从硬件到软件合二为一的产品，特别是苹果公司，独立生产出 Macintosh 牌计算机，并引以为荣，但是，随着计算机产品的日趋分化，结果在磁盘驱动器、网卡、监视器、CD-ROM 以及操作系统软件等方面开始落伍。与其相反，美国 Navio 通信公司在看到产品生产正在迅速分化，分化的程度比制定企业内部章程的速度还要快的情况下，立即改变了生产经营方向，加入到产品分化行列，只为完整的产品提供系统软件和为开发商提供开发工具，结果在自己的专业上稳稳地站在世界前列。在软件生产方面也是如此，最初许多公司推出整体化的软件包，但是这种整体化的软件包在市场竞争中失败了，其原因在于整体化的软件出现了分化趋势，软件业正朝着单个程序组合软件方向发展。这种趋势与大型的、僵化的程序包距离越来越远，单个程序组合软件成为软件业发展的方向。在网络服务业方面也是如此，美国加利福尼亚州有一家名叫"全球侍者"的网上餐厅，这是电子商务在传统餐饮业中的运用，改变了传统餐厅的运行模式，该餐厅为顾客提供互联网上的预订和外卖服务，通过网络将顾客点菜单传到相应的餐馆，餐馆再按顾客要求提供服务。为了满足消费者的需求，网上餐厅与网下 120 家餐馆形成价值链，网上餐厅的收入来源于 120 家餐馆支付的"寻觅费用"。实际上，网上餐厅这种电子商务模式在整个价值链中所起的只是消费者与餐馆之间的桥梁作用。

电子商务经济中价值链形成的根源在于生产的日益专业化。传统经济下一家企业生产一种或多种产品的生产方式已经不能满足现代经济发展的要求。生产力发展要求生产进一步细分，每家企业只生产整个产品中的一部分，以提高专业化水平，而消费者需求的个性化进一步推动了专业化分工的发展。

电子商务模式进一步适应和刺激了这种生产方式的发展，使其成为可能。以专业化分工为特征的价值链反过来又促进了电子商务经济的发展。表现在：一是促进了企业向高、精、尖方向的发展，社会分工越细，企业越有可能在自己专长的领域进行创新，而创新又进一步推动专业化发展，从而使自己在国际分工中始终处于领先地位；二是推动了企业间的合作和资产重组，从美国电话电报公司、微波通信公司、太平洋贝尔公司和通用电话电子公司与网景公司的合作，到美国在线与时代华纳公司的并购都反映了产品分化与价值链的要求；三是价值链收益分享，各公司价值链的形成表明，由价值链联结在一起的企业休戚与共，一损俱损，一荣俱荣，当价值链中的一个环节利润下降或利润增加过快影响其他环节的利益时，价值链的其他环节将给予补偿或重新进行分配，这已经成为一种惯例；四是价值链在自身的发展中不断地将那些不增值的企业淘汰出局，价值链的形成，意味着价值链的每个环节都必须升值，否则将灭亡，特别是那些中间环节，如仓储、分销、推销。在传统经济中，中间商之所以存在，是由于它们能做制造商不能或不想做的事情，但是，电子商务的出现使寻找、收集信息的成本大为降低，顾客可以在网上发布广告表明自己的需要，也可以直接与产品制造商和服务商发生交易并享受售后服务。这样，在电子商务环境中，一些仅仅提供简单的货物和信息的中间商就失去了存在的意义，同时又会涌现出大量的提供复杂信息服务的中间商，这无疑会减少社会活劳动的支出，提高社会劳动生产率。

（2）差别规模经济的发展。所谓差别规模经济，是指为了满足消费者个性化的需要，在差别产品、灵活制造、小批量生产的基础上形成的规模经济。在传统的规模经济中，企业通过同种产品的大批量生产来降低生产成本，获得规模收益，实现规模经济。电子商务经济则要满足消费者个性化定制的要求，提供差别产品、灵活制造、小批量生产。

首先，差别规模经济的出现是电子商务经济时代人们追求个性化发展的需要。在电子商务经济条件下，企业可以直接面对每个具体的消费者，而每一个消费者的消费欲望和偏好是不同的，在市场上表现为需求的多样性。为了满足这种个性化和多样性的需要，企业必须生产差别产品。当然，传统规模生产不是不存在差别，是将差别定位在不同的消费群体上，而电子商务经济时代的差别规模经济是建立在直接性、多样性和个性化的基础上，建立在电子商务的基础上。

其次，差别规模经济的出现是电子商务发展到一定阶段的产物。人们追求个性化发展并不是现在才有的，但只有到现在才能实现。这是因为现在的生产力水平为个性化需求提供了生产个性产品的可能，这就是在大型计算机控制下运用灵活制造系统，电子商务的出现使这种生产成为可能。没有柔性的制造系统，个性化需求只能是人们的一种奢望。

最后，差别规模经济的出现是企业追求利润最大化的要求。众所周知，规模经济可以获得较高的经济效益，但不能满足消费者个性化需求，在目前供大于求的市场上，这是消费者不可接受的。问题的关键在于厂商采用差别规模经济比单一规模经济可获得较高的经济效益。自从灵活制造系统在生产中运用以来，小批量的产品，使用有差别的设备，虽然成本比大批量生产高，但满足了人们个性化发展的需要，其价格比单一的、无个性的产品高得多，所得的利润比大批量产品更多。在现有生产力条件下，差别规模经济不仅具有商业价值，而且比单一规模经济更胜一筹。

这里要注意的是，在现有生产力条件下，传统规模经济还存在巨大的市场空间，因此还会继续发挥作用，但在电子商务日益发展的条件下，我们应该更多地关注差别规模经济的发展。

6. 电子商务环境下的生产方式

要进行传统工业生产，必须具备必要的生产资料，如机器设备和流动资金。与传统工业生产不同，电子商务环境下进行生产的基本条件是网络，核心的生产要素是知识和信息。与这种生产条件的变化相适应，电子商务环境下的生产有自己不同于以往任何时代的特点。

（1）这种生产是大工业发展到一定阶段的产物。马克思在考察大工业生产时指出："大工业必须掌握它特有的生产资料，即机器本身，必须用机器来生产机器。"❶ 随着工业化生产的进一步发展，生产与消费脱节的矛盾日益严重地显现出来，电子商务的出现把企业和消费者整合在一起，进一步提高了生产的社会化程度；同时，有些厂商还生产出自己特有的数字产品和信息服务。电子商务是人类生产发展史上的一个崭新阶段。正如大工业生产是在协作和工场手工业基础上发展起来的一样，电子商务则是建立在工业化大生产的基础之上，是对大工业生产的扬弃。

（2）电子商务使生产效率成倍提高。传统工业生产受制于资源稀缺、资源配置模式以及资源利用水平三方面的限制。与传统的工业生产相比，电子商务最大限度地解放了生产力，让社会生产更有效地为人服务，突出地表现在以下两个方面。

一是电子商务突破了工业生产资源稀缺限制。众所周知，资源稀缺一直是工业社会需求无限扩张的最大障碍，而电子商务依赖于知识和信息，知识和信息是可以传输、复制、存储、筛选、组合的，可以成为生产的要素，同时又可以成为生产的结果。由于电子商务是知识和信息共享的平台，又使知识和信息开发主体大众化。在知识和信息来源多元化及开发主体大众化的双重作用下，资源趋于无穷大而成为非稀缺资源，从根本上突破了自然资源日渐枯竭的局限。

二是电子商务突破了传统的资源配置方式。在工业化时代，资源配置的方

---

❶ 马克思恩格斯全集（第23卷）.北京：人民出版社，1972：421-422.

式有两种：一种是计划方式，另一种是市场方式，但不管哪种方式都存在自身难以克服的缺陷。计划方式能够兼顾社会生产总体平衡，但在需求个性化、产品多样化、生产分散化上存在先天不足，而市场方式虽然能克服计划方式的不足，但其事后调节性、自私性以及由市场竞争产生的垄断性，造成了资源的极大浪费。与此不同，电子商务既不用中央计划，也不用市场配置，而是在宽带进入家庭、企业和政府之后，个人的需求和社会总需求在计算机中得到了准确的反映。厂商可以及时掌握产品生产、仓储、配送、消费的全过程，企业可以根据消费的情况组织生产，政府可以根据需求进行宏观调控，并能使微观和宏观层次上的供求紧密地结合在一起，达到有效配置资源的目的。

（3）电子商务节约了大量的社会资源。在工业社会，生产与消费之间的中间环节众多，造成实物、资金、信息重复流动，交易成本居高不下。电子商务则从诸多方面节约社会资源：一是消除了信息迂回造成的失真，避免了由此产生的决策失误；二是节约了信息传输成本，减少了不必要的信息传输费用，如微软公司仅此一项每年就节约成本4000万美元；三是加快了信息传输速度，减少了等待成本；四是加快了资金流动速度，提高了资金利用率，如果我国完全实现网上流通，每年因资金周转速度加快就能节约几百亿元的资金滞流费用；五是由于需求对象明确，缩短了物流距离，节约了运输成本，减少了库存成本。

五、市场理论

市场理论是在更广的范围内把厂商作为相互作用的整体进行研究，研究不同市场结构条件下产品价格和产量的决定以及厂商如何根据市场价格和生产成本组织生产，以实现利润最大化（或成本最小化）。在市场经济条件下，消费者通过购买产品和服务来满足他们的需求，厂商则通过提供产品和服务来获取收益，但无论是消费者还是厂商都必须通过市场这个交易的中介达到各自的目标。其中，价格机制对消费者的需求和厂商的供给发挥着至关重要的调节作用。价格理论则是微观经济学的核心。在市场经济中，价格是由供求关系决定的，所以需求和供给就是市场理论中最基本的概念。

1. 需求基本原理

需求和供给理论是经济学最重要的概念，也是整个经济学分析的起点，与消费者行为理论息息相关。经济学意义上的需求是指在一定时期内，消费者在各种可能的价格水平上,愿意购买并且具备支付能力的某种商品的数量,它表明了某种商品的需求量与价格之间的关系。需求的定义包含两层含义:一是不同于人们的主观需要,必须是有支付能力的需要,是消费者能够买得起的需要;二是需求涉及两个变量,即商品的价格及与该价格对应的购买数量。我们可以用整个需求表或需求曲线来表示。在特定的时间内,消费者对一定数量的商品所愿意支付的最高价格称为需求价格。需求分析的对象是个人需求和市场需求。个人需求是指在特定的时间内某个消费者对某一种商品的需求;而市场需求则是指消费者全体对某一种商品的总需求。市场需求为个人需求的总和。

消费者对某种商品的需求,取决于一系列因素。需求除受商品本身的价格影响以外,还受消费者的收入水平、消费偏好、相关商品(包括替代品和互补品)的价格、对未来价格的预期、人口规模等多种因素的影响。在分析需求时,我们往往省略这些因素,利用实证分析的方法,抓住主要的因素——价格。如果用函数关系来表明某种商品的需求与其影响因素之间的关系,就是需求函数。当所有其他影响需求的因素保持不变时,某商品需求量与其价格之间的关系可用一元需求函数 $D=f(P)$ 来表示,其中,D 代表需求量,P 代表价格。

需求定理表明的是某商品的价格与其需求量之间的关系,即在其他条件不变的情况下,某种商品的价格越高,需求量越少;价格越低,需求量越大。我们经常将这一价格与需求关系描述为线性关系,表示为线性需求函数 $D=a-bP$,需求曲线如图9-4所示。图9-4中向右下方倾斜的需求曲线体现了市场上的需求法则,若价格由 P_1 上升到 P_2,需求量则从 D_1 下降到 D_2;反之,价格下降,需求量则增长。当然,需求法则也会出现例外的情况,如炫耀性商品等,价格的上涨有时反而会刺激消费量的增长。

影响消费者需求的因素变动既会引起需求量的变动,也会引起需求的变动,表现在图形上既会是沿着同一条需求曲线上不同点的变动,也会是整个需求曲线的移动。如图9-4所示,由于其他影响需求因素的变动,需求曲线外推,在同一价格水平 P_1 下,需求量由 D_1 增长到 D_3。因此,如果其他影响需求的因素都保持不变,仅由某种商品的价格变动而引起沿着同一条需求曲线上不同点的变动,我们称之为需求量的变动;如果价格保持不变,但影响需求的其他因素变动引起整个需求曲线的上下移动,我们称之为需求的变动。

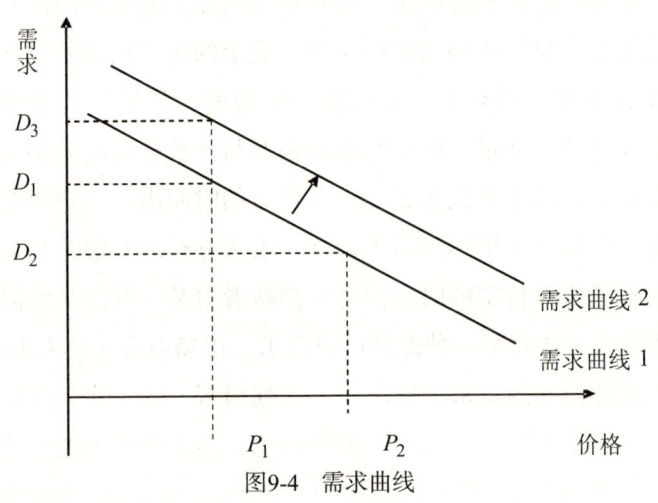

图9-4 需求曲线

2. 供给基本原理

经济学意义上的供给是指在一定时期内，市场上的厂商在所有可能的价格水平上愿意并且能够生产出来提供给消费者的某种商品的数量，它表明了某种商品的供给量与价格之间的关系。供给的定义也包括两层含义：一是供给必须同时具备愿意出售和可供出售两个方面；二是供给涉及两个变量，即商品的价格及与该价格相对应的供给量。也可以用供给曲线来表示，如图 9-5 所示，在特定的时间内，厂商对提供一定数量的商品所愿意接受的最低价格称为供给价格。供给分厂商供给和市场供给。厂商供给是指厂商在一定时期内，在每一价格水平上愿意并且能够提供的某种商品的供给；而市场供给则是指市场上所有厂商在一定时期内，在每一价格水平上愿意并且能够提供的某种商品的供给。市场供给是厂商供给的总和。

厂商对某种商品的供给，取决于一系列因素。供给除受商品本身价格影响以外，还受生产技术和管理水平、生产要素的价格、其他商品（包括替代品和互补品）的价格、厂商对未来的预期等多种因素的影响。如果用函数关系来表明某种商品的供给与其影响因素之间的关系，就是供给函数。当所有其他影响供给的因素保持不变时，某商品供给量与其价格之间的关系可用一元供给函数 $S=f(P)$ 来表示，其中，S 代表供给量；P 代表价格。

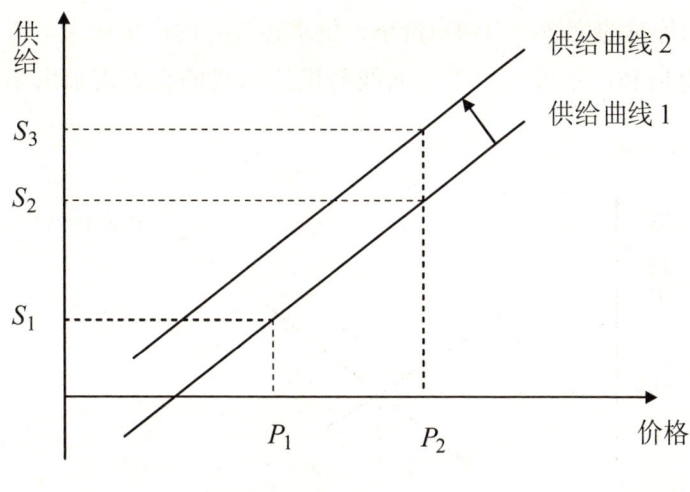

图9-5 供给曲线

供给定理表明的是某商品的价格与供给量之间的关系,即在其他条件不变的情况下,某种商品的价格越高,供给量越多。为了使厂商在成本提高时愿意增加生产,就要以高价格使厂商得到补偿。一般我们将价格与供给的关系描述为线性关系,表示为线性供给函数 $S=c-dP$,供给曲线如图 9-5 所示。向右上方倾斜的供给曲线体现了市场上的供给法则,若价格由 P_1 上升到 P_2,供给量则从 S_1 上升到 S_2;反之,价格下降,供给量则下降。

影响厂商供给的因素变动既会引起供给量的变动,也会引起供给的变动,表现在图形上既会是沿着同一条供给曲线上不同点的变动,也会是整个供给曲线的移动。如图 9-5 所示,由于其他影响供给因素的变动,供给曲线外推,在同一价格水平 P_2,供给量由 S_2 增长到 S_3。如果其他影响供给的因素都保持不变,而仅由某种商品的价格变动引起沿着同一条供给曲线上不同点的变动,我们称之为需求量的变动;如果价格保持不变,但影响供给的其他因素变动引起整个供给曲线的上下移动,我们称之为供给的变动。

3. 均衡价格、局部均衡和一般均衡

"均衡"本是物理学中的一个名词,指的是当一物体同时受到方向相反的两个外力的作用,而这两种力又恰好相等时,该物体由于受力相等而处于静止状态。马歇尔把这一概念引入到经济学中,是指经济中各种对立的、变动着的力量处于一种力量相当、不再变动的状态。市场上某种商品的价格由该商品的需求和供给共同决定。供给等于需求、价格不再变动的状态就是市场的均衡状态。供求相等时的价格称为均衡价格，供求相等时的产量称为均衡产量。市场均衡时的价格和产量可以由需求曲线与供给曲线的交点表示出来，如图 9-6 所示。

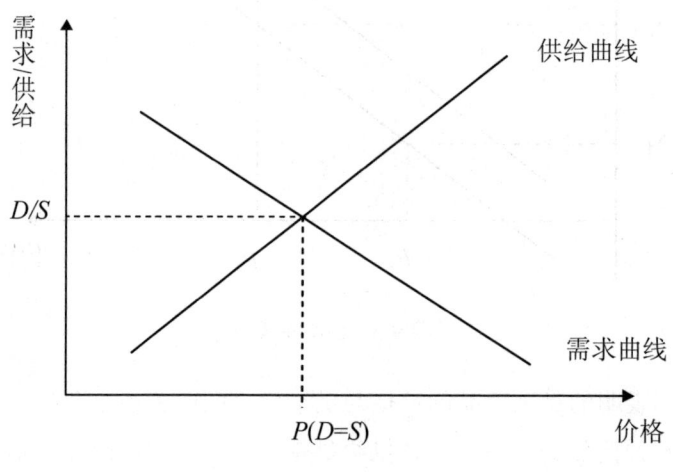

图9-6 市场均衡

当影响需求和供给的因素发生变动时，需求曲线和供给曲线会发生位置的移动或形状的变化，该市场的均衡状态也随之变动，形成新的均衡。一般来说，当供给不变时，需求曲线向左移动会使均衡价格下降和均衡产量减少，需求曲线向右移动会使均衡价格上升和均衡产量增加。当需求不变时，供给曲线向左移动会引起均衡价格的上升和均衡产量减少，供给曲线向右移动会引起均衡价格的下降和均衡产量增加。当需求和供给同时变动时，均衡价格和均衡产量的变动程度和方向，取决于需求和供给各自变动程度的大小和方向。

供求变动对均衡价格和均衡产量的影响，称为供求定理，包括以下四点：第一，当供给不变时，需求增加，使均衡价格上升；需求减少，使均衡价格下降。第二，当供给不变时，需求增加，使均衡产量增加；需求减少，使均衡产量减少，因此，需求的变动引起均衡价格和均衡产量向相同方向变动。第三，当需求不变时，供给增加，使均衡价格下降；供给减少，使均衡价格上升。第四，当需求不变时，供给增加，使均衡产量增加；供给减少，使均衡产量减少，因此，供给的变动与均衡价格呈反方向变动，而与均衡产量呈同方向变动。

均衡价格理论在实际生活中有着广泛的应用。例如，政府可根据市场供求情况对市场价格进行干预，支持价格和限制价格是两种常见的政府管制价格的形式。若政府制定高于均衡价格的支持价格，则造成生产过剩；若政府制定低于均衡价格的限制价格，则造成产品短缺。

局部均衡分析是在假定其他市场条件不变的情况下，孤立地考察单个产品市场和单个要素市场的均衡而不考虑它们之间的相互联系和影响。一般均衡分析则考察每一个产品和每一种要素的供给和需求同时达到均衡状态所需具备的条件及相应的均衡价格和均衡数量。一般均衡理论的创始者是瓦尔拉斯，他认为经济社会是由相互联系的各个局部组成的体系，当消费者偏好、要素供给和生产函数为已知时，就能从数学上论证所有商品市场和要素市场同时达到均衡状态，即整个经济可以处于一般均衡状态。两种均衡分析都是非常有用的，但其应用的方式不同。局部均衡分析适用于一个市场中市场条件的变化对其他市场中的价格影响很小的情况。如果一个市场中市场条件的变化对其他市场中的价格具有较大影响时，就要求进行一般均衡分析。

4. 价格弹性及价格变化的替代效应和收入效应

价格是市场运行的重要信号和指标，价格机制是市场机制的核心，调节着消费者的需求和厂商的供给行为。所以，研究价格弹性有利于我们更清楚地认识价格规律，更好地认识市场运行的机制，也是我们认识市场经济的一个重要环节。

经济学中的弹性概念一般是指价格弹性，就是因为价格（自变量）的变动引起其他经济量（因变量）的变动，后者相应于价格的变动作出反应的程度通常用价格弹性加以衡量。经济分析中的弹性可定义为：一种经济量变动1%时，所引起另一个经济量变动的百分比。

需求弹性是指一种商品的需求量对其影响因素的变动的反应程度，对应于不同的影响因素，需求弹性可区分为价格弹性、收入弹性和交叉弹性等。其弹性系数等于需求量变动的百分比与价格变动的百分比之比。同需求有弹性一样，可以相应于影响厂商供给的各个因素分别定义供给的各种弹性。其中，供给的价格弹性是最基本、最主要的一种类型，通常所讲的供给弹性指供给的价格弹性。供给弹性是指一种商品的供给量对其价格变动的反应程度，其弹性系数等于供给量变动的百分比与价格变动的百分比之比。知道价格弹性的意义在于：通过对价格弹性的研究，可以了解某种商品需求量（或供给量）对于价格的敏感程度，从而能够指导消费者和厂商的行为。

当一种商品的价格发生变化，一方面，会引起相同功能的替代商品的需求量发生反向的变化，即替代效应；另一方面，会引起消费者的相对收入水平发生反向的运动，即当商品的价格降低时，相对收入水平变高，当商品的价格升高时，相对收入水平降低，即收入效应。电子商务的出现没有改变和削弱这种效应，反而由于网络上的报价更为公开和透明化，使消费者轻易就能搜寻到更低的价格，足不出户就可以货比三家，使消费者对商品的价格变得更为敏感，从而进一步增强商品价格变化所引起的替代效应和收入效应。

5. 电子商务市场的外部性

（1）外部性的概念。人们从事经济活动总是为了取得利润或利益，在传统经济理论中，尤其在前工业时代，由于取得资源的相对有限性和自然资源的"无限"性，人们只计算经济活动带来的直接利益，而不顾或很少顾及他人利益，得到的经济利益就是对自然资源索取的数量。与这种生产方式相联系，人们在研究经济活动时，更多地注意生产力与生产关系和经济基础与上层建筑的关系，更注重对生产过程、流通过程、分配过程和消费过程的研究。然而在进入网络经济时代以后，生产方式发生了革命性的变化，网络经济的本质在于市场主体之间的联系，在于一个主体的活动与其他主体之间的互动。也就是说，一个主体利益的取得，不仅影响本人利益，而且也影响其他人的利益。这种给经济主体以外的人带来好处或坏处的行为，就是经济行为的外部性问题。

外部性理论是由马歇尔在其1890年的著作《经济学原理》中提出来的，但在当时，这一理论并没有引起人们的广泛关注。这一理论真正产生广泛影响是在20世纪70年代，发达国家经济开始由传统工业经济向信息经济过渡，社会经济的广泛联结性，使人们重新认识经济的外部性问题。诺贝尔奖获得者、美国经济学家萨缪尔森在对此进行深入研究以后，把外部性定义为：在生产和消费的过程中给他人带来非自愿的成本或收益，即成本或收益被强加于他人身上，而这种成本或收益并未由引起增加成本或接受收益的人加以偿付。更为确切地说，外部性是一个经济主体的行为对另一个经济主体的福利产生影响，而这种影响并没有在货币上或市场交易中反映出来。

从萨缪尔森的定义中可以看出，外部性有积极和消极之分，前者称为外部正效应，后者称为外部负效应。例如，下雪天某人为了自己进出方便，将门前的雪打扫干净，他在给自己带来方便的同时，也给路过此地的人带来方便，这是一种外部正效应。又如，某化工厂在生产中产生了噪声、废气、废水等，直接影响了周围居民的生活环境，但该厂并未对此进行任何补偿，这就是外部负效应。

很显然，外部性的存在使私人成本与社会成本、私人收益与社会收益之间出现了不一致，使私人边际收益与社会边际收益相背离。我们所说的私人成本是指为了生产或消费一件物品，生产者或消费者自己所必须承担的成本费用。社会成本是指厂商、个人在生产或消费一件物品时，整个社会所必须承担的成本费用。私人边际收益是指生产者或消费者在生产或消费一件物品时所获得的回报或效用。社会边际收益是指在生产或消费一件物品后整个社会获得的福利增加。

按照萨缪尔森的观点，在完全竞争的市场机制下，在不存在外部性的条件下，私人成本就是生产或消费一件物品所引起的全部成本，私人收益就是生产或消费一件物品所能获得的全部收益，私人边际成本与社会边际成本相等，私人边际收益与社会边际收益相等，从而保证了社会边际收益等于社会边际成本。但现实社会外部性现象到处存在，特别是网络经济条件下，任何一个人的生产和生活都与别人的生产和生活相联系，这就意味着外部边际成本、外部边际收益的普遍存在。私人边际成本与社会边际成本、私人边际收益与社会边际收益之间不可能完全一致，甚至完全不一致。因而，对具有外部性的产品，市场机制在对其进行资源配置时，必然缺乏效率，难以实现既满足个人利益，又不影响他人利益的资源最优配置。

在电子商务中经济关系的联结性，使每一个人的行为与社会行为的联系更加频繁，并融为一体，已经给传统经济带来外部性问题的经济联系在电子商务中显得更加突出。因此，要研究电子商务经济，就必须研究网络社会公共产品的外部性问题和电子商务经济的外部性问题。

（2）公共产品外部性问题。所谓公共产品，是指这样的产品，不论每个人是否愿意购买它们，但其带来的好处是不可分割地散布到整个社会中。也就是说，公共产品是经济外部性的典型形式，它具有共同消费和非排他性，公共产品一旦提供出来，便在同一时间内使多个个体得到好处且无法将那些不为此产品付费的人排除在消费或使用之外，或者排他消费的代价太高使排他实际上不可能，如国防、道路、广播电视领域等。纯公共产品更具有非竞争特性，即任何一个经济主体对该产品的消费都不会减少其他人对同一产品消费所得到的好处；相反，私人产品则是完全竞争性的，要求任何一个经济主体对它的额外消费都以其他人放弃对该产品消费为代价。介于这两种产品之间的是具有部分竞争性和部分排他性的产品，即当一个人消费某种产品和服务时，随着消费该产品人数的增多，其他人所得的消费利益会受到影响，我们称为非纯公共产品或准公共产品。

在市场经济运行机制中，相关部门通过将那些不愿意付出先行价格的经济主体排除在某一产品消费之外，以保证现有产品分配给市场上那些估价最高的经济主体，从而满足社会边际成本与社会边际收益相等这一条件，实现资源的最优配置。公共产品的消费是非排他性的，使其他消费该公共产品所需的成本为零。例如，某企业为了职工进出方便，修筑了一条马路，这条路在给本单位职工带来方便的同时，也为路过此地的人带来便利，但路过此地的人并不用为此留下"买路钱"。正是公共产品的这种特性使人们不愿为此投资，让别人提供产品、自己免费享用成为市场经济的一种普遍心理。在这种情况下，如果由私人投资公共产品，投资者就难以获得投资回报，从而使那些社会需求较大、市场机制又难以激励私人提供的部门发展迟缓，影响社会经济的正常运行。公共产品的非排他性和非竞争性特点，使市场价格机制配置资源的手段失效。为了解决这一问题，唯一的出路是由政府出面协调，或由政府提供公共产品，以满足社会的需要。

另外，即使某些公共产品能够由私人提供，但由于公共产品的提供者没有得到应有的补偿，其生产水平只能以满足自身的边际收益等于边际成本为准，最终造成公共产品的产量和水平下降，导致公共产品供给不足。

（3）电子商务的外部性问题。人类社会从工业经济进入到信息经济时代以后，外部性问题进一步突显出来。外部性不仅出现在国防、交通、广播、电视等领域，而且还出现在网络领域。由于信息产品的兼容性，用户加入到某个网络会使该网络中的其他用户效用增加，进而整个网络的总效用也增加。例如，互联网用户的不断增长使其功能不断增强，网站上信息量呈几何级数增长，使互联网的功能进一步得到了加强，网络的外部性在这里呈正效应。由于组成网络的各个端点无论如何扩展、延伸，始终与原网络连成一体，任何一个端点不可能排斥其他端点与之相连，而网络的价值也正在于网络的任意两个端点之间能进行信息流的相互传递，任何一个端点如果不与其他端点相连，相互传递信息也就失去了存在的意义。从这一点上说，电子商务具有一定的非排他性和非竞争性特点。但是，电子商务不是纯公共产品，因为人们使用网络不是免费的，企业搭建适合自己的电子商务系统也必须投入一笔不小的资金。任何一个想加入电子商务的用户都必须支付一定的费用和成本，多一个人参与到电子商务中，其成本会相应增加（虽然极小），因此，电子商务具有部分的排他性特点。

另外，电子商务外部性意味着电子商务中每一个用户所得到的消费利益取决于该电子商务模式用户的数量，也就是说随着使用电子商务人数的增多，原有电子商务的用户效用会随之增加。因此，电子商务中的某些服务产品是部分竞争性的准公共产品。同时，从电子商务产品的特点看，也同样具有准公共产品的属性。因为有些产品本身就属于数字产品（如网上的 MP3 音乐、铃声），可以被多次消费，因此，具有电子商务外部性特点。数字产品同时又具有部分的竞争性特点，特别是软件开发和芯片设计需要投入高额成本，但一旦被开发出来，并投入市场以后，被一个消费者使用与多个消费者使用在成本上不会有多少变化，复制成本在信息产品的成本中几乎可以忽略不计，这和公共产品一旦提供被多个消费者共同使用而不会增加额外消费成本的非排他性特点相似。因此，电子商务中的数字产品又具有非排他性特点，这一特征对电子商务中数字产品的开发与营销策略具有重要的影响。

第十章　企业电子商务应用

在电子商务进入以互联网为依托的快速发展与应用阶段后，伴随着信息技术的突飞猛进和企业本身信息量的不断膨胀，企业电子商务的应用逐渐渗透到生产、经营管理和商务交易的每个细微环节，企业对电子商务的认识和应用策略也随着相关技术、外部市场、企业状况的变化逐步升华，某些企业在应用过程中从使用者的角色转而成为应用与开发创新的双重角色。

第一节　企业电子商务应用战略

一、企业电子商务应用的构成

电子商务在企业的应用打破了传统企业的经营管理模式。从其对企业综合竞争力（产品竞争力、管理能力和技术创新能力）带来的影响看，电子商务对提高企业竞争力具有战略性意义，这些意义表现在上述三种能力的提升上。基于这样的角度，企业电子商务应用由如下几部分构成。图10-1所示为一个企业电子商务应用框架。

1. 电子化生产

把握企业生产的各个环节，在产品设计、计划、生产、检验等环节融入信息手段，目的在于整合企业生产过程的数据资源，生产符合市场动态的有竞争力的产品。这其中包括了计算机辅助设计、制造、管理等具体手段。在此基础上达到信息集成分析，作为电子商务其他应用系统的参考。

2. 电子化市场

通过电子方式实现在线销售、在线购物、在线服务，从而达到扩大市场、增加销售和降低成本的目的。

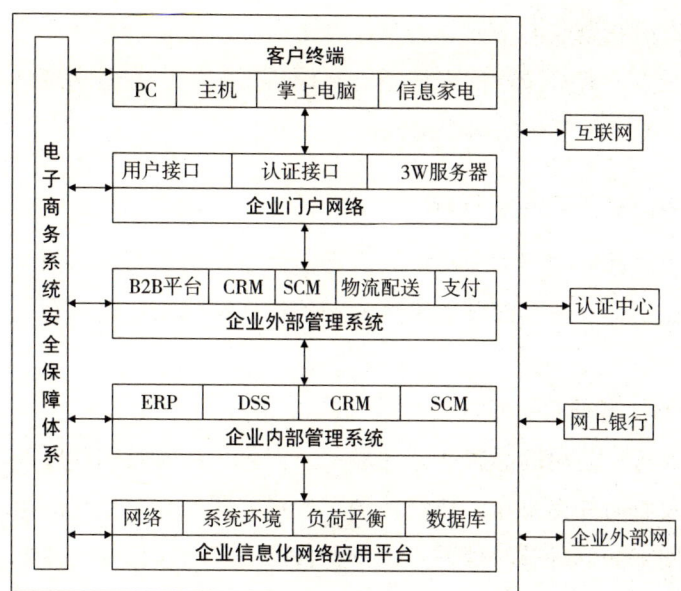

图10-1　企业电子商务应用框架

3. 有效的客户关系管理

把有关市场和客户的信息进行统一管理及分享，并能进行有效分析，从而为企业内部的销售、营销、客户服务等提供全面的支持。

4. 电子贸易

传统的企业间的交易往往要耗费企业的大量资源和时间，无论是销售、分销还是采购都要占用产品成本。通过电子交易方式，买卖双方能够在网上完成整个业务流程，使企业之间的交易减少了许多事务性的工作流程和管理费用，降低了企业的经营成本。

5. 供应链管理

供应链管理即对企业供应链的管理，是对供应、需求、原材料采购、市场、生产、库存、订单、分销发货等的管理。供应链是企业赖以生存的商业循环系统，是企业电子商务管理最重要的课题。统计数据表明，企业供应链可以耗费高达25%的运营成本。

6. 业务流程再造

业务流程再造是指企业为了提高绩效，对企业内部以及企业之间的业务流程重新进行设立和建立。

上述六方面在企业电子商务的具体应用中可以包含很多细微的分支，鉴于企业本身的特点，有些应用的内容还需要作适当的调整，但从总体上来说这些应用构成是企业电子商务的基本构成。

二、企业电子商务应用战略分析

企业电子商务应用应当强调市场需求与产业发展相结合，强调信息技术对产业的促进作用，支持和鼓励各个行业和各种规模的企业健康有序地发展其电子商务。

1. 企业发展电子商务的意义

（1）有效树立公司的品牌和企业形象。把公司经营范围和服务承诺放到公司网站上，及时向外界发布，使潜在的客户对公司有一个直观的第一印象；可对各种反馈回来的信息及时处理，以调整自己的产品及公司的经营策略，使企业能及时对市场变化作出反应；可以在第一时间将自己的最新产品介绍给广大客户，以达到推销产品的目的。对于推广自己和发现需求，电子商务应用是最廉价、最快捷的，这些都是企业传统模式所无法比拟的。

（2）降低企业运作成本。这主要体现在以下两方面：①电子商务直接在网上进行交易，从而降低了传统贸易过程中的单据费用，提高了效率；②电子商务深入到产品的订购、销售和广告宣传等中间环节，从而减少了企业在这方面的费用。在美国，企业在进货成本方面，使用电子商务的公司一般能节省5%~10%的成本。

（3）提高工作效率并促使企业取得竞争优势。电子商务使信息能够以最快的速度接收、处理和传输，这不仅简化了信息处理的一些程序，而且提高了信息处理的准确性。企业通过电子商务，可以用最快的速度获得更多的信息资料，从而在竞争中赢得优势。

（4）提供更有成效的售后服务。利用互联网进行售后服务，可以在公司已有的网站上登出产品介绍、技术支持等信息。这样做不仅可以节省费用，还可以节省大量的劳动力支出，使企业能够用更多的时间来处理更为复杂的问题，搞好与客户间的关系。

2. 企业电子商务战略的发展阶段

企业要实现电子商务并不是一蹴而就的，在信息化程度较低和相关配套体制落后时需要循序渐进。在企业电子化的过程中，可把企业电子商务开发和应用分为四个相互关联的阶段，即打基础阶段、信息孤岛整合阶段、企业内部信息化阶段及电子商务集成阶段。

（1）打基础阶段。这个阶段主要是加强基础管理，即推动企业标准化工作，整理基础数据，改善业务流程，甚至进行必要的体制变革，为企业信息化提供一个良好环境。企业信息化有"三分技术、七分管理、十二分数据"之说，可见基础之重要。实践也证明，很多企业应用电子商务系统，从而降低实际应用的风险。

（2）信息孤岛整合阶段。现在不少企业做了大量电子化的工作，也有很多的投资和资源。但由于各方面的原因，这些资源都分散在各个部门、数据格式不统一，价值没有发挥出来。这种组织和技术决策上的原因，形成了信息孤岛，促成了信息私有化，使资源不能共享。要解决这一问题，必须成立权威的信息化决策机构和管理机构，统一规划，统一平台，解决各自为政的问题，使新增投资不走老路。对已形成的信息孤岛要进行整合，在充分利用已有资源的条件下，打破壁垒。

整合阶段可细分为实现企业信息发布、建立企业自己的门户网站、通过网络来解决企业的内部管理几个阶段。

（3）企业内部信息化阶段。在前两个阶段的基础上，要在企业关键部门，如产、供、销、技术部门，建立起相互连通、相互共享，能进行信息交换的系统。企业内部信息化要统一规划，根据企业条件分阶段实施。没有存量的企业，在结构上要与电子商务接轨，采用 B/S 模式；对于老企业，要在整合阶段逐步把 C/S 模式改造成 B/S 模式或混合模式。

（4）电子商务集成阶段。这一阶段可以分为两步，第一步借助互联网建设企业内部网，即供内部使用的企业信息门户；第二步整合互联网/内部网，通过代理和反向代理进行内外部的相互访问，从而形成完整的企业电子商务环境，开展网上订购和网上销售。

总之，电子商务的战略部署是一个循序渐进的过程，对电子商务狭义的理解或对电子商务盲目随从，都可能忽略电子商务潜在的战略意义。随着信息技术的发展和扩散，电子商务竞争程度将会加剧。企业已经开始意识到电子商务是保持竞争力的一个重要手段。对于拥有大量顾客的企业，如零售业、制造业、服务业等，电子商务技术正逐渐成为业务经营中至关重要的部分。

三、企业电子商务战略的选择

在电子商务时代，企业与企业之间的竞争变得越来越激烈。与此同时，电子商务要做到高效运作，每个企业与供应商、经销商和竞争者的相互依赖变得十分重要，特别是建立与各级供货商之间的基于互联网的商务关系——供应链管理，已成为衡量企业竞争力的一个重要标志。所以，企业与供应商之间、企业与经销商之间以及企业与竞争者之间建立各种形式的基于供应链的合作联盟，变过去的单赢竞争为双赢、群赢竞争显得十分必要。网络把生产商、供应商和竞争者连成一体，为彼此之间的合作创造了有利条件。本部分主要是对企业在实施电子商务时应该具有的战略指导思想进行研究，应用最新的供应链管理和价值链方法对企业实施电子商务进行指导，以发展适合企业目标和战略需要的电子商务。

1. 基于供应链管理的企业电子商务应用战略思想

供应链管理（Supply Chain Management，SCM）是在全球制造业出现企业经营集团化、国际化的形势下提出的新型管理模式。SCM 是通过前馈的信息流（需方向供方流动，如订货合同、加工单、采购单等）和反馈的物料流及信息流（供方向需方的物料流及伴随的供给信息流，如提货单、入库单、完工报告等），将供应商、制造商、分销商、零售商直到最终用户连成一个整体的模式，是对整个供应链系统进行计划、协调、操作、控制和优化各种活动的过程。供应链管理的实践已扩展到了一种所有加盟企业之间的长期合作关系，超越了供应链出现初期的那种短期的、基于某些业务活动的经济关系，使供应链从一种作业性的管理工具上升为管理性的方法体系。

供应链管理对传统企业管理产生了一定程度的冲击，对传统企业管理提出了新的要求。SCM 是一种集成化管理模式，它追求的最终目标是整体结构优化条件下最大限度地满足顾客需要。SCM 模式要求企业转变思维方法，从纵向思维向纵横一体化的多维空间思维模式转变；从小而全、大而全的封闭经济管理模式向与供应链相关企业建立战略伙伴关系为纽带的优势互补、合作关系转变；要求企业有较通畅的信息沟通渠道和快速捕捉市场信息的能力；要求企业（特别是核心企业）有较高的柔性，包括组织市场柔性、计划与决策柔性、企业间界面柔性以及资金合作柔性等；要求所有的人都对任务有共同的了解和认识，去除各部门间的障碍，理解全部需求并协同工作，实行并行化管理。

面向供应链管理是先进的管理理念、管理方法和信息技术相结合的产物，是当前国际企业管理的重要内容，也是我国企业管理的发展方向。

2. 基于价值链的企业电子商务应用战略思想

（1）价值链的概念与特征。1985年Michael E.Porter在其所著的《竞争优势》一书中首次提出了价值链的概念。基于制造业的观点，Porter视价值链为一系列连续完成的活动，是原材料转换成一系列最终产品并不断实现价值增值的过程。他将价值链分为基本价值活动和辅助价值活动。基本价值活动包括内部后勤、外部后勤、市场营销和服务；辅助价值活动包括企业基础设施建设、人力资源管理、技术开发和采购。

后来，Peter Hines把Porter的价值链重新定义为"集成物料价值的运输线"，将顾客对产品的需求作为生产过程的终点，将原材料和顾客均纳入价值链当中。这样，一个完整的价值链始于原材料的供应商，止于终端用户。价值链中存在着三个流，即物流、资金流和信息流。

电子商务环境下，传统价值链发生了新的变化，出现了以下几个新的特征。①价值链缩短并虚拟化。电子商务下的价值链不再是二级或三级的复杂网络，它缩短并且虚拟化了（某产品制造商通过网络与某供应商结成战略伙伴，交易完成，伙伴关系也随着结束），交易成本降低且厂家生产的产品更加趋于个性化。②价值链内部呈扁平的网络式结构。在电子商务中信息交流不再受制于时空，企业内部的销售、设计、制造和采购部门之间沟通顺畅，界限模糊，管理跨度得以延伸。因此，企业集团领导体制从过去的多层金字塔式变成基于信息的扁平的网络式——以事业部为经线，以制造平台、市场平台、行政平台为纬线进行管理。这种基于信息的扁平网络式结构使企业管理成本下降，对客户需求及市场变化反应更为迅速。③信息可以创造新的价值。在电子商务价值链中，信息不再只是起辅助性的支撑作用，而是通过聚合、组织、选择、合成和分配后产生新的价值。企业可在三个阶段利用信息增加价值。第一阶段是可视化管理；第二阶段是反应能力；第三阶段是企业利用信息技术建立新型顾客关系。工业经济时代，价值增值体现在物质产品中的价值增值；而到了信息时代，价值增值则越来越多地建立在信息和知识的基础上。

（2）电子商务模式对价值链的冲击与变革。

①B2B 电子商务模式冲击价值链上游。B2B 电子商务模式对价值链的冲击主要是上游阶段，即产品制造商与供应商之间的相互联系。在传统的价值链中，一个新产品制造商往往连接几层供应商结点，但在电子商务环境下，通过在线市场或采购服务网站，产品制造商可以以最快捷的方式在全球范围内选择最佳的产品和最佳的合作伙伴，当价值链发展到高级阶段时，企业间传统价值链的重组将衍生出代表网络经济里企业高度专业化、网络化的虚拟企业形式。如今，通用、福特、克莱斯勒、丰田、雷诺等公司与日产汽车结成联盟，组建了全世界最大的虚拟汽车零备件市场，每年向上万家供应商采购 2400 亿美元的汽车零备件。B2B 模式使产品制造商与供应商之间由讨价的关系变成双赢的伙伴关系。网上交易节约了时间，加快了资金、物流周转，促使企业进行有效的采购和成本控制，最终提高了市场竞争能力。

②B2C 电子商务模式重塑价值链下游。B2C 电子商务模式基本上等同于网上商店或在线零售商店，它对价值链的冲击主要表现在下游阶段，即商家与最终客户之间的联系。在传统的价值链中，产品到达最终客户之前往往要经过几层批发商和零售商结点，但在电子商务环境下，价值链下游的众多迂回环节将迅速削减，产品制造商与客户之间的距离将迅速拉近。B2C 模式节约了店面成本、库存成本（如 Dell 公司目前的库存只有 6 天，而其竞争对手的库存是 60 天），而且客户通过互联网可迅速地将自己的需求反馈给厂家。厂家对消费者的习惯、偏好能够快速地给予满足，即提供个性化的服务。

3. 企业电子商务应用战略的选择

在企业电子商务架构中，企业电子商务战略的选择包括三个方面，即 B2B 战略选择、企业内部信息化战略选择以及 B2C 战略选择。

企业电子商务应用战略的选择应该结合企业实力、企业性质、经济规模、经营管理情况以及企业战略目标与战略规划，综合考虑电子商务的模式、层次水平来进行。在电子商务模式上，企业必须明确定位其电子商务是 B2B、B2C 还是 B2B+B2C；在电子商务内容上，企业必须明确和熟悉不同企业类型的不同模式，即生产型企业还是非生产型企业；在电子商务应用技术上，企业应该充分清楚是何种技术，是先应用互联网/内部网，还是应用 EDI，或是首先实现企业内部的 ERP，或者实施客户关系管理系统 CRM。

企业电子商务应用的核心是依托互联网提高企业信息化水平，与上游供应商、下游销售商或顾客合作，建立快捷灵活的供应链管理系统。企业在进行电子商务战略选择时，需要从以下三个方面进行综合衡量。

（1）考虑电子商务市场能否节约交易成本。更有效率地处理交易并降低成本是当前企业参与电子商务活动的首要原因。所以，企业应该详细分析其整个业务处理过程，特别是销售过程，以便发现能通过电子商务市场节约成本的环节。

（2）该产品的电子商务市场是否发展得很快。当一个企业关键新产品的电子商务市场发展得很快时，该企业和它的竞争对手就有动力迅速建立起一个电子商务市场，以便获得先动优势（First Mover Advantage）或建立进入壁垒（Entry Barrier）。这对买方、卖方和中介商都适用。对于那些快速变化的产品，购买者的战略应该是尽量多地利用电子商务市场，以便节约成本；而供应者的战略则应是利用电子市场以获得更多的消费者，并阻止或推迟买方控制型市场的形成；中介商的战略则应是集中精力，吸引市场买卖双方中的关键群体参加到它的电子市场中来。

（3）企业是否具有较高的市场份额和市场势力。为了确定什么样的市场战略对卖方最有效，需要考虑卖方的市场势力及其产品的品牌知名度两个因素。如果一个厂商是这个行业的主导厂商，并且其产品具有明显的品牌知名度，那么它应该考虑建立自己的 Internet 站点销售产品。例如，思科公司是路由器市场的主导厂商，它利用品牌知名度在其 Internet 站点上获得了大量客户。而那些缺乏足够的市场势力和品牌知名度的厂商，则应该进入多个电子商务市场，以便扩大它的销售范围。

第二节 客户关系管理

一、客户关系管理的概念

客户关系管理（Customer Relationship Management，CRM）是由 Gartnet Group 提出的，产生于 1990 年前后。当时许多美国企业为了满足市场的需要，开始开发销售队伍自动化系统（SFA），随后又着力于客户服务系统（CSS）的开发和推广。到了 1996 年，一些公司把 SFA 和 CSS 两个系统合并起来，并加上市场营销（Marketing）、现场服务（Field Service），在此基础上再结合 CTI（计算机电话集成技术），形成集销售（Sales）与服务（Service）为一体的呼叫中心（Call

Center)。这样就形成了今天的 CRM 系统。

根据国际著名公司的趋势分析,全球的 CRM 市场正在以每年 50%的速度增长。分析、咨询和系统集成服务将成为 CRM 市场中的生力军,其年增长率将达到惊人的 82%,并会对企业造成冲击。

CRM 定义为在企业与顾客之间建立的管理双方接触活动的信息系统。网络时代的客户关系管理应该是利用现代信息技术手段,在企业与顾客之间建立的一种数字的、实时的、互动的交流管理系统。CRM 是对供应链中的各种一线活动,如销售、市场情报收集和客户服务等的集成和协调。在前拉式的供应链管理战略中,顾客处于核心的地位,起到驱动的作用。CRM 不是一个纯粹的概念,也不单纯是一种技术,而是一套体系。在这个体系中,企业把客户看成企业最有价值的资产,与客户的每次交互都很重要,而且能够增加价值。CRM 战略的目的在于以下几点。

(1)帮助企业市场人员发现重要客户。

(2)以清晰的目标策划管理市场营销。

(3)通过雇员之间的信息共享,帮助企业更好地进行电话销售和销售管理,促进当前业务流程的流水线化。

(4)与客户之间形成紧密的关系,改善客户服务,最大化企业收益。

(5)使员工能够遵循科学的流程来了解客户需求。

CRM 战略对于客户信息系统提出了新的要求。以前独立的系统形成多个信息孤岛,现在需要集成的软件包。传统的销售自动化系统只能用于销售阶段,而客户关系管理系统则是在整个客户生命周期的各个阶段跟踪客户,一般 CRM 主要包括以下几个功能。

(1)在线销售自动化:联系管理、活动管理、机会管理、电话报告、销售线索跟踪、订单输入和支持、客户联系和远程推销。

(2)在线客户服务和支持:客户管理、维护/服务台和现场服务。

(3)市场情报:客户情报、趋势分析、供应商管理。

(4)营销管理:业绩分析、营销计划、销售预测和人力资源管理。

二、建立客户关系管理体系的主要内容

1.构建客户智能平台

客户智能平台，也称客户支持平台，是客户关系管理体系的核心部分，着重于客户数据的采集和分析。通过对各个渠道的客户历史数据以及在线数据的采集和分析，协助企业更好地了解客户并将获得的客户知识运用到客户服务、市场营销、生产计划等各个方面。企业的客户支持平台主要包括客户信息采集、客户知识获取和客户知识运用三个方面。

众多企业在客户关系管理智能平台上存在的主要问题有：①客户终端数据采集不全，导致客户信息不充分，影响为客户提供准确及时的服务；②数据信息传输手段落后，仍以电话、传真为主，不能利用互联网这一信息传输的新手段；③最终用户数据严重丢失，主要原因是对本企业的销售部门、异地分销机构、代理商、经销商、零售商的考核管理不够；④客户数据的深度分析和挖掘不够。

2. 构建客户交互平台

客户交互平台，是为企业运用客户知识提供个性化服务，提高客户满意度，增加市场营销机会，提高管理水平的平台。具体包括销售自动化、市场营销自动化、智能电话服务中心、呼叫中心、智能化管理监控、个性化服务等。

3. 构建企业生产平台

企业生产平台是实现以客户为中心的客户关系管理体系的物质基础，具体包括研发、采购、库存、生产、分销、财务和人力资源。这些业务环节均以满足客户为中心，其体制与内容以对市场和客户变化快速反应为核心和出发点，如Nokia的市场快速反应小组、IBM的客户管理中心、海尔的"快速反应，马上行动"的市场链机制和中国一汽集团的"客户链"理念。

三、客户关系管理系统的构成

作为软件系统，CRM 主要由销售管理、市场营销管理、服务与技术支持管理、现场服务管理、呼叫中心管理模块组成。这些模块可以集成在一起，也可以单独存在。

1. 销售管理

在 CRM 系统中，销售管理（Sales Management）子系统主要管理商业机遇

(Opportunity)、客户账号(Account)以及销售渠道等方面,异地销售部门之间以及销售与市场之间建立了一条以客户为引导的工作流程。它缩短了企业的销售周期,同时提高了销售的成功率。随着销售周期的缩短,销售人员将有更多的时间与客户进行面对面的销售活动。

销售管理模块确保企业的每一个销售代表(包括移动和固定销售代表)都能及时地获得企业当前的最新信息,包括企业的最新动态、客户信息、账号信息、产品和价格信息以及同行业竞争对手的信息等。这样,销售代表同客户面对面的交流将更有效,成功率也将更高。

2. 市场营销管理

市场营销管理(Marketing Management)系统帮助市场专家对客户和市场信息进行全面的分析,从而对市场进行细分,产生高质量的市场策划活动,指导销售队伍更有效地进行工作。在市场营销子系统中,可以对市场、客户、产品和地理区域信息进行复杂的分析,帮助市场专家开发、实施、管理和优化他们的策略。

市场营销管理系统为销售、服务和呼叫中心提供关键性的信息。产品信息、报价信息、企业宣传资料等都将在市场营销管理模块中提供;呼叫中心的智能化呼叫脚本的制作也在市场营销管理模块中编制。市场营销管理系统通过数据分析工具,帮助市场人员识别、选择和产生目标客户列表。市场营销管理系统能和其他的应用模块相集成,确保新的市场活动能自动发布给合适的销售、服务人员,使活动得到快速的执行。

3. 服务与技术支持管理

服务与技术支持管理(Service Management)系统使客户服务代表(CSRs)能够有效地提高服务效率、增强服务能力,从而捕捉和跟踪服务中出现的问题,迅速准确地根据客户需求分析调研、销售扩展、销售提升各个步骤中出现的问题,增长每一个客户在企业中的生命周期。服务专家通过分解客户服务的需求,并向客户建议其他的产品和服务,来增强和完善每一个专门的客户解决方案。服务与技术支持管理系统可以采用不同的方式(包括互联网、电子邮件、传真、交互式语音应答和电话)与客户进行交流。

基于客户、话务员、服务渠道和服务许可等广泛的信息,客户咨询通过合适的渠道被发送给合适的话务员进行处理。服务与技术支持管理系统可以从空闲的话务员中选择最称职的来解决客户咨询。通过对服务许可管理的全面支持，采用自动的工作流并增强对每一个咨询的路由、监控和解决，服务与技术支持管理系统可以确保客户的要求能及时满意地得到解决。

4. 现场服务管理

现场服务管理（Field Service Management）系统提供了一个移动解决方案，允许公司有效地管理其服务领域的方方面面。现场服务组织依赖系统来管理可预防维护计划、中断/安装服务事件、返回物料许可（RMA）、高级的区域资源调配，提供确保客户问题在第一次访问过程中就得到解决所需的资源（包括工具、部件和技能等相关的全面信息）等。

现场服务管理系统支持多种渠道，包括移动现场服务专家使用掌上或膝上计算机装置，连接呼叫中心的话务员，与包括第三方服务提供商、商业伙伴和客户在内的互联网客户的间断性连接，提供机构的扩展。

5. 呼叫中心管理

呼叫中心管理（Call Center Management）系统通过将销售管理子系统与服务子系统的功能集成为一个单独的应用，使一般的业务代表能够向客户提供实时的销售和服务支持。业务代表通常处理客户、账户、产品、历史订单、当前机会、突出的应用、服务记录、服务级别许可。业务代表能够动态地推荐产品和服务，他们还可以遵循基于智能脚本的工作流来解决服务咨询，进而向客户提供其他产品和服务。

呼叫中心的业务代表通常频繁地接到发往内部的销售和服务电话，及外拨与市场活动和市场扩展相关的电话。业务代表在客户的联系中提供简单的观点，以保障准确有效地响应每一位客户的需要。在业务代表迅速解决客户的服务咨询后，他们还可以扩展销售或提升销售其他附加的产品和服务。

四、客户关系管理的实施

客户关系管理作为新兴的管理理念，和软件同样重要的是实施。实施是利用 CRM 软件中蕴含的管理思想、流程和方法为企业进行管理规划，将通用的 CRM 管理软件按照企业特点进行个性化应用，是一个协助企业从现有管理模式逐步接近，最后达到目标模式的过程。

1. 认识误区

客户关系管理体系是一种新的经营模式,目前中国企业对其认识的狭隘性影响了它的有效建立。这些认识误区可以概括为以下几点。

(1) 客户关系管理能取代一切。这种观点认为,企业只要关注客户关系管理就行了,无须在研发、生产等其他环节花费力气,将客户关系管理体系神化。其实在客户关系管理体系中,是企业供应链以客户关系为核心和出发点,这并不是说其他环节不重要。

(2) 客户关系管理只是销售部门的事。从以上分析看,只靠销售部门是难以建立企业客户关系管理体系的。CRM 实质是一种整合营销,它要求企业各部门的支持和配合。

(3) 将客户关系管理等同于"客户第一、服务第一"。客户关系管理是新的企业经营理念和运营模式,它不同于"客户第一、服务第一"。后者是"点"式经营,专注于销售的某个具体环节;前者是"体"式经营,专注于企业供应链的整个过程。企业引入客户关系管理将改造原有的流程,一切以客户需求为出发点,客户关系管理将拉动整个企业运营模式和流程的变革。规划、研发、生产、财务等所有部门必须变革原有的运作思维和模式。

2. 实施 CRM 的步骤

通过对大量成功案例的研究与分析可以发现,以下九个步骤是决定企业最终能成功实施 CRM 的关键。

(1) 获得企业所有人员的认同。实施 CRM 需要企业各方面专业人才的参与。由于 CRM 涉及企业内多个不同的领域,因此获得销售、营销、客户支持、财务、制造、货运等各个部门的支持十分重要。通过相关部门成员的参与,企业在正式实施 CRM 之前就能获得必要的资源支持,并推动相关部门的合作,帮助他们接受 CRM。

(2) 建立 CRM 项目实施团队。这个团队是项目实施的核心,负责作出重要决策和建议,并将 CRM 实施过程的细节和好处介绍给企业所有人员。CRM 项目实施团队应包括来自销售、信息服务/技术部门、财务部门的相关人员和企业高层管理人员,以及最终系统用户的代表。团队各成员代表企业内不同部门提出对 CRM 的具体业务需求,CRM 的实施应充分考虑这些需求。

(3) 商业需求分析。在每一个部门内部确认 CRM 的主要目标,然后向他们进一步说明 CRM 将如何影响整个企业及相关部门。基于调查结果的商业需求分析将最终保证企业能更好地制定实施 CRM 的蓝图。

（4）制订 CRM 实施计划。有了较完善的 CRM 蓝图后，还必须制订具体的实施计划。该计划应包括将 CRM 构想变成现实所需的具体程序，并充分考虑以下要素。①从哪里开始寻求 CRM 解决方案；②如何判断 CRM 解决方案是否适合企业需求；③在可能适合的几个 CRM 解决方案中，怎样进一步缩小选择范围；④在最终选定 CRM 解决方案之前，还应该考虑什么。

（5）CRM 软件选择。软件的选择应考虑到企业当前的技术基础和实际需求。CRM 软件至少要能提供以下主要功能：联系与账户管理；销售管理；远程营销/销售管理；客户服务管理；营销管理；商业智能；领导管理；电子商务。

（6）注意技术的灵活性。适合所有公司的 CRM 解决方案是不存在的。选择的所有技术都必须是开放的并可以进行定制，同时能与企业现有的 IT 基础设施进行整合。

（7）挑选供应商。最好将复杂的 CRM 计划委托给一个拥有丰富 CRM 和行业经验的咨询服务商，以帮助选择一个可信赖的、拥有强大技术能力的、便于沟通并且对你的需要和要求有所反应的供应商。

（8）CRM 系统的实施与安装。CRM 的成功取决于实施 CRM 战略的决心。要成功实施 CRM，第一，应确定综合性的需求分析，确定项目范围和系统规范；第二，制订项目实施计划，组建和培训项目工作组；第三，重新配置和定制 CRM 软件系统，以适应企业的具体商业需求；第四，进行兼容测试和系统重复运行；第五，进行主导系统和质量保证测试；第六，实施和推广 CRM 系统。

（9）CRM 系统的持续管理。CRM 系统的基础设施一定要能提供业绩衡量标准。该系统必须有效地获取适当的数据，并为接触的每个个体提供途径。为保证系统带来所希望的益处，在将其推广到所有用户之前一定要加以测试。如果它的表现无法让您满意，那么应花点儿时间对其进行修改，直到满意为止。最后，CRM 系统还应为监管指导委员会和项目工作组提供反馈信息。

客户关系管理是一项复杂的工程。规划一项成功的 CRM 计划，必须同样重视整个 CRM 项目的计划、实施和管理等所有阶段。向 CRM 项目每一阶段充分地投入所需的时间和资源，将很快能感受到 CRM 实施成功所带来的种种好处。

第三节　企业信息化与业务流程再造

一、企业信息化的含义

随着信息技术的进一步深入与发展，以及加入 WTO 后的要求，摆在中国众多经营管理者面前的，是企业信息化的挑战。高层管理者面临的主要挑战不在于设计一种更高效的数据处理系统，而在于创造一种能使人们更有效地利用信息资源的管理环境。

一般来说，为了充分地实现信息技术在企业应用中的价值，顺利地实现企业信息化，企业需要经历以下三个转型过程。

（1）重新组织企业的经营活动。应研究企业的采购、技术、生产、财务、销售和服务等过程，使企业转变为一个协作的机构和开放的网络化企业，顾客、供应商、销售渠道以及各种合作伙伴都是网络的参与者，企业电子商务的一切活动都是以这样的一个网络为基础的。

（2）构建信息技术结构。信息技术结构是指信息技术在企业中的布置以及颁布。在信息时代，信息技术的构造和设计对于企业组织获得成功的决定意义，就像在工业时代工厂的组建和设计所具有的决定意义一样。结构决定功能是适合任何系统的基本法则。近年来，随着计算机网络技术的快速发展，企业可以通过局域网（LAN）、广域网（WAN）或互联网/内部网等把整个企业连为一体，创建开放的网络化组织。这种转型为企业各个部门应用信息技术创造了基础条件。

（3）将信息系统的功能与整个企业组织的经营管理活动结合起来。随着信息技术应用在整个企业组织中，企业有必要重新思考企业的经营管理过程，包括计划、组织、协调、控制以及资源配置等。在计算机应用的早期阶段，信息技术的控制权掌握在信息系统部门的专业人员手中，随着人们对信息技术商业应用认识的深入，信息系统管理人员以及信息系统的内部顾客们正在重新思考信息系统的功能、结构和管理。

以上三个转型过程并不是按严格的逻辑顺序进行的，而是相互交错、曲折向前发展的。

企业电子商务的实现与推进首先要求进行企业信息化建设，企业信息化是信息化概念与技术在企业中的应用,是指企业不断应用信息技术,深入开发和应用信息资源的过程。具体地说,企业信息化是信息技术应用和信息资源开发由局部到全局、由内部到外部、由战术层次到战略层次不断深化的过程。企业信息化的本质就是利用信息技术获取、处理、传输知识和信息资源,使企业的竞争力更强且收益更多的一个动态过程。企业信息化的核心是信息资源的开发利用。企业可以开发的信息资源非常多,比较常见的是有关顾客的信息资源、有关供应商和销售商的信息资源、政府及宏观环境的信息资源、技术信息、财务信息、生产信息、人力资源信息等。

我国企业的信息化建设始于 20 世纪 80 年代中期,从初期计算机应用面向单一职能部门的管理信息系统和面向多业务部门的管理信息系统,发展到面向企业全局的管理信息系统(如 MRP/ERP 等)。但是就整体而言,我国的信息系统应用水平不高。据有关部门调查,我国应用信息系统的企业 80%是不太成功的。从信息技术应用的广度和深度来看,企业信息化经历了电子数据处理—管理信息系统—决策支持系统—战略和终端用户支持四个阶段。从计算机技术应用的视角来看,企业信息化经历了单机管理—系统管理—网络管理三个阶段,它们的更替体现了企业管理手段的发展和完善。

二、企业信息化建设的重要性

从网络经济的特点来看,速度和知识是网络经济的两大支柱。企业只有首先借助于网络才能占尽发展的先机,这已经成为业界的共识。但是在大小企业先后触网之后,新的加速度来自何方,这就要看谁能够以最迅捷的动作联系客户、供应商和代理商,组织生产销售。毫无疑问,企业信息化建设就是产生新加速度的原动力。

在国外,特别是在美国,实施企业信息化建设战略不只是空谈,它已经被列入许多大企业的日程表中。与国外的热闹场面相比,国内了解企业信息化建设概念的企业十分少,而计划建立企业信息化建设的企业就更加微乎其微。但是应该看到,互联网在国内的发展相当迅速,其中,大多数网民上网时首选网站当然是 Sina、Yahoo、Sohu 和 Netease 等几个信息门户。有如此多网民的眷顾,对上述网站当然意味着商机无限,但对于其他企业则是一大损失。由此,中国企业建立自己的门户网站,为自己的客户、员工和代理商提供综合性服务的重要性不言而喻。

1. 节约资源

从资源利用的角度来看，企业信息化建设是以最小可能成本，实现最大限度开发利用现有资源目标的最可行途径。企业信息化建设将本需要占用多台不同硬件系统的应用集成到较少的系统设备上，从而节约硬件的投入。Computer Technology Associates, Inc.（CTA）是美国一家全国性的电子商务供应商，它通过实施企业信息化建设将已有的采购系统集成到唯一的、安全的和个性化的门户中，有效地连接了拥有 8 万多政府顾客和 2000 个厂商的近 100 万个产品，结果极大地提高了效率，而且比传统解决办法——设立多个处理系统节约了设备投入和运行成本。当然，这种集成也有一定的规模限制。

2. 降低成本

减少了对多种未经集成的应用软件的总体维护成本。除了新设立的企业，其他实施企业信息化建设的企业都已拥有各种应用系统和以数据库、文档等形式存储的信息资源。这些资源往往条块分割，分散维护成本高昂。新的企业信息化建设将现有的资源加以整合，并经过一定的处理，最后集成到企业信息化建设这样一个统一的平台上，提供给更多的用户。由于它的继承和集成，企业可以实现集中维护，从而降低维护成本。

3. 节省人力

企业信息化建设采用高效的互联网作为信息传输的工具，相比建设或租用线路价格低廉。同时，个性化的企业信息化建设能够相当大程度地满足客户需求，可以大量地节省人员投入。

4. 减少库存

企业信息化建设的实施可以改进企业的供应链管理，因为通过企业信息化建设，配送企业可以及时地获得任何时刻准确的客户需求信息。它能够随时回答这样的一些问题：什么产品正被销往何方？什么样的配送时间表更符合客户需求？什么销售配送渠道最有效率？所以，企业信息化建设能够帮助企业实现真正意义上的零库存。

企业信息化建设是一项系统工程，牵涉到方方面面，任务相当艰巨。必须坚持立足应用、讲求实效的原则，统筹规划，突出重点，有步骤地实施。要始终围绕企业改革和发展两大主题，以全面提高企业管理水平和国际竞争力为目的，从解决企业生产经营管理中的突出问题和薄弱环节入手。企业信息化建设同时也是直接为企业服务并发挥效益的，有必要针对人员素质和管理水平进行提升，才能确保达到其内在目的。

三、企业信息化建设的内容

企业信息系统是企业信息化的物质基础，企业信息系统建设的好与坏，对于提高企业的经济效益有至关重要的作用。建立企业信息系统，在企业的各个层次和各个职能领域对企业的经营决策活动进行管理，是提高企业竞争力的重要方式。各级各类企业信息系统的建设，特别是面向管理工作的管理信息系统建设，已成为企业信息化进程的主要部分。

企业信息系统的建立主要是在管理信息系统（MIS）的基础上，采用计算机辅助设计与制造（CAD/CAM），建立计算机集成制造系统（CIMS）；在开发决策支持系统（DSS）的基础上，通过人机实施计划与控制，从物料需求计划（MRP）发展到制造资源计划（MRP-II）和企业资源计划（ERP）；还有集开发、生产和实物分销于一体的准时生产（JIT），不断消除浪费的精细生产（LP），供应链管理中的快速响应和敏捷制造（AM），无污染的清洁生产和绿色制造，以及通过网络协调设计与生产的并行工程（CE）等。这些信息社会新的生产方式把信息技术革命和管理进步融为一体，使企业生产、企业数据、企业决策者三个层次上实现信息化。下面介绍几种主要的企业信息系统。

1. 管理信息系统

管理信息系统（Management Information System，MIS）是一个以人为主导，利用计算机的硬件、软件、网络通信这些设备和其他的办公设备进行信息的收集、传输、加工、储存、更新和维护以达到企业战略竞优、提高效益和效率的目的，来支持企业的高层决策、中层控制和基层运作的集成化的人机系统。MIS 为管理业内部，为管理层的计划、控制和决策等功能服务，一般由下层的业务处理系统提供数据。MIS 能够实测企业的各种运行情况并利用过去的历史数据预测未来，从企业全局的角度出发辅助企业进行决策，利用信息控制企业的行为，帮助企业实现其规划目标。

2. 决策支持系统

决策支持系统（Decision Supporting System，DSS）是以管理科学、运筹学、

控制论和行为科学为基础,以计算机技术、仿真技术和信息技术为手段,针对半结构化的决策问题,支持决策活动的具有智能作用的人机系统。该系统能够为决策者提供决策所需的数据、信息和背景材料,帮助明确决策目标和进行问题的识别,建立或修改决策模型,提供各种备选方案,并且对各种方案进行评价和优选,通过人机交互功能进行分析、比较和判断,为正确决策提供必要的支持。

3. 群体决策支持系统

群体决策支持系统（Group Decision Supporting System, GDSS）是指在系统环境中,多个决策参与者共同进行思想和信息的交流,群策群力,寻找一个令人满意和可行的方案,但在决策过程中只由某个特定的人作出最终决策,并对决策结果负责。群体决策支持系统从 DSS 发展而来,通过决策过程中参与者的增加,使信息的来源更加广泛;通过大家的交流、磋商、讲座而有效地避免了个体决策的片面性和可能出现的独断专行等弊端。

4. 智能决策支持系统

智能决策支持系统（Intelligence Decision Supporting System, IDSS）是人工智能（Artificial Intelligence, AI）和 DSS 相结合,应用专家系统（Expert System, ES）技术,使 DSS 能够更充分地应用人类的知识,如关于决策问题的描述性知识、决策过程中的过程性知识、求解问题的推理性知识,通过逻辑推理来帮助解决复杂的决策问题的辅助决策系统。IDSS 的概念最早由 Bonczek 等人于 20 世纪 80 年代提出,它的功能是,既能处理定量问题,又能处理定性问题。IDSS 的核心思想是将 AI 与其他相关科学成果相结合,使 DSS 具有人工智能。

5. 办公自动化系统

所谓办公自动化（Office Automation, OA）是指通过先进技术的应用,将人们的部分办公业务物化于人以外的各种设备,并由这些设备和办公人员共同完成办公业务的人机信息系统。

办公自动化是 20 世纪 70 年代中期发达国家为解决办公业务量急剧增加对企业生产率产生巨大影响的背景下,发展起来的一门综合性技术。它的基本任务是利用先进的科学技术,使人们借助各种设备解决对一部分办公业务的处理,达到提高生产率、工作效率和质量,方便管理和决策的目的。OA 的知识领域覆盖了行为科学、管理科学、社会学、系统工程学等学科,并且 OA 体现了多学科的相互交叉、相互渗透性,所以 OA 的应用是企业管理现代化的标志之一。由于 OA 的出现,传统的机关事务型办公业务中的劳动力就业比率结构发生了变化,据美国劳动统计局 1980 年的统计数据,美国四大产业的劳动力比率约为:信息产业占 50%以上,服务业占 30%,工业占 13%,农业占 2%。因此,OA 的应用将会进一步得到发展。

与 MIS、DSS 相比较,OA 较少应用管理模型,而强调技术的应用和以自动化的办公设备的使用为主。办公自动化还可以形象地理解为,办公人员运用现代科学技术,如通过局域网或远程网络,采用各种媒体形式,管理和传输信息,改变传统办公的面貌,实现无纸办公。

6. 计算机集成制造系统

计算机集成制造系统(Computer Integrated Manufacturing System,CLMS)是计算机应用技术在工业生产领域的主要分支技术之一。对 CLMS 的认识,一般包括以下两个基本要点:企业生产经营的各个环节,如市场分析预测、产品设计、加工制造、经营管理、产品销售等一切的生产经营活动,是一个不可分割的整体;企业整个生产经营过程从本质上看,是一个数据的采集、传递、加工处理的过程,而形成的最终产品也可看成数据的物质表现形式,因此对 CLMS 通俗的解释可以是"用计算机通过信息集成实现现代化的生产制造,以求得企业的总体效益"。

7. 客户关系管理

客户关系管理(Customer Relationship Management,CRM)是一种旨在改善企业与客户之间关系的新型管理机制,它实施于企业的市场营销、销售、服务与技术支持等与客户相关的领域。CRM 的目标是,一方面通过提供更快速和周到的优质服务吸引和保持更多的客户;另一方面通过对业务流程的全面管理来降低企业的成本。CRM 既是一种概念,也是一套管理软件和技术,利用 CRM 系统,企业能搜集、跟踪和分析每个客户的信息,从而知道什么样的客户需要什么东西,同时还能观察和分析客户行为对企业收益的影响,使企业与客户的关系及企业利润得到最优化。

CRM 的主要内容包括三个方面:营销自动化(MA)、销售人员自动化(SFA)和客户服务。这三个方面是影响商业流通的重要因素,并对 CRM 项目的成功起着至关重要的作用。

8. 供应链管理

供应链管理（Supply Chain Management，SCM）是当前国际企业管理的重要内容，也是我国企业管理的发展方向。最初它起源于企业资源规划（ERP），是基于企业内部范围的管理。它将企业内部经营所有的业务单元如订单、采购、库存、计划、生产、质量、运输、市场、销售、服务等以及相应的财务活动、人事管理均纳入一条供应链内进行统筹管理。当时企业重视的是物流和企业内部资源的管理，即如何更快更好地生产出产品并把其推向市场，这是一种"推式"的供应链管理。管理的出发点是从原材料推到产品、市场，一直推至客户端。随着市场竞争的加剧，生产出的产品必须要转化成利润，企业才能得以生存和发展，为了赢得客户、赢得市场，企业管理进入了以客户及客户满意度为中心的管理，因而企业的供应链运营规则随即由"推式"转变为以客户需求为原动力的"拉式"供应链管理。这种供应企业各个业务环节的信息化孤岛联结在一起，使各种业务和信息能够实现集成和共享。

在全球网络供应链中，企业的形态和边界将产生根本性改变，整个供应链的协同运作将取代传统的电子订单，供应商与客户间信息交流层次的沟通与协调将是一种交互式、透明的协同工作。

一些新型的、有益于供应链运作的代理服务商将替代传统的经销商，并成为新兴业务，如交易代理、信息检索服务等，将会有更多的商业机会等待着人们去发现。这种全球网络供应链将广泛和彻底地影响并改变所有企业的经营运作方式。

四、企业信息化建设的方法和进程

企业如何构筑企业信息系统？如何从管理、决策和信息的交流等方面来适应快速多变的一切？如何使企业面对市场经济的严峻挑战？如何解决产品积压，进行成本控制，提高用户满意度？要想有效地解决这些问题，根本出路是在企业与市场之间建立起有效的闭环系统，建立现代化的企业管理模式。

我国企业信息系统建设至今已二十几年了，其间，有让人振奋的亮点，也有不尽如人意的地方。综观全国企业信息系统建设，成功者或比较成功者仅占20%左右。如何在企业中确立正确的信息系统建设方法和策略尤为重要。

1. 企业资源计划应用的关键

在信息技术（IT）的推动下，企业资源计划系统（ERP）已经成为近年来企业界和IT界的一个热点。应用ERP能够有效改善管理，全面提升企业竞争能力已是不争的事实。然而，作为大型企业，如何在众多的ERP产品中选择适合自身特点和管理要求的ERP软件？同时，ERP的应用和实施是一个系统工程，有其固有的规律和完善的流程，企业唯有充分认识这些因素，才能做到科学决策和有效控制、规避风险，保障ERP系统的成功应用。企业ERP应用的关键在于，建立符合现代管理的组织模式，建立先进适用的管理模式。

2. 建立符合现代管理的组织模式

要解决企业的种种弊端，只在原有框架下修修补补是难以达到预想效果的。在应用现代化计算机手段后，需要考虑计算机化管理的特点对传统的管理模式进行改造，最终建立先进的企业管理模式，首要的是实施业务流程重组（Business Process Reengineering，BPR）。

在现今的现实世界里，顾客需求、产品生命周期、市场增长、技术更新速度、竞争规律或性质等，几乎没有一样是可以预料或保持不变的。影响我们时代企业的三股力量就是顾客（Customer）、竞争（Competition）和变化（Change），简称为"3C"。因此，专家提出了面向顾客需要的流程主导型企业组织形式。流程主导型企业的优点在于，企业将组织内部的非增值活动压缩到最少，使企业活动是为满足顾客的需要而存在。当越来越多的企业认识到，根本性的再造业务流程是树立企业核心竞争力和保持竞争优势的出路之一时，这一信念在世界范围内导致了几乎疯狂的业务流程再造热。

BPR追求的是一种彻底的重构，而不是追加式的改进，它包含了四个关键特征：显著的（Dramatic）、根本的（Radical）、流程（Process）和重新设计（Redesign）。它要求在实施BPR前作这样的思考：我们为什么要做现在的事？为什么要以现在的方式做事？

BPR思想是一种着眼于长远和全局、突出发展与合作的变革理念。它强调以业务流程为改造对象和中心，以关心客户的需求和满意度为目标，对现有的业务流程进行根本的再思考和彻底的再设计，利用先进的制造技术、信息技术以及现代化的管理手段，最大限度地实现技术上的功能集成和管理上的职能集成，打破传统的职能型组织结构（Function-organization），建立全新的过程型组织结构（Process-oriented Organization），从而实现企业经营在成本、质量、服务和速度等方面的迅速改善。

3. 建立先进适用的管理模式

在企业全面走向市场经济的今天，全面提高企业的竞争力已是企业管理的核心。企业更加关注实时控制整个体系，养活中间环节，提高应变能力，向虚拟型企业和敏捷型企业转变，实现扁平式、整体化、分布式的管理模式。相应地，在管理信息化方面企业关注以下几方面。

（1）分布式应用和体系化管理。企业既需要分布式的具体应用，更需要集中式的体系管理。ERP 软件必须从应用模型和技术手段两方面完善解决分布式应用和体系化管理要求，突破时空"瓶颈"，实现总部与分支机构及分支机构之间实时、动态的信息交换，使集团内财务、销售、库存信息得到及时准确的传递。

（2）需要企业级的财务管理。企业资金流动量大，资金形态复杂，集团总部多作为投资中心，对下属机构进行管理。在集团内部，各分、子公司的性质可能大相径庭，业务范围可能涉及多个行业，相应地在财务管理上会有如下要求：以集团为中心，对各地分支机构进行集中式、一体化的管理，能够对异地分支机构进行实时监控和管理，多会计主体并存，采用多级管理模式。

企业生产规模大，产品品种多，外协件、外购件多，供应商和客户分散，流通环节较多，流通成本普遍过高，市场信息传递容易滞后。供应链管理使多个企业能够在一个整体的 ERP 管理下实现协作经营和协同运作，把这些企业的分散计划纳入整个供应链计划中，实现信息和资源的共享，从而大大提高该供应链在大市场环境中的整体优势。

（3）客户关系管理（CRM）。这是供应链的核心部分和关键功能，贯穿于售前、售中和售后，要求对客户作出快速准确的响应，提高客户满意度并降低服务成本。主要功能有客户订单追踪、客户档案、服务合同管理、绩效分析、售后服务（包括安装/诊断/维护）、服务跟踪、来电管理、退货管理等。

（4）制造系统重在易用。在传统工业时代，企业强调集中内部资源，满足生产需要，以产品为导向的生产管理是企业管理的核心。在当今，"大众市场"（Mass Marketing）已不复存在，生产过剩已呈现出全球化的趋势，企业越来越强调向客户迅捷地提供产品和服务，提高客户满意度，以保持良好的声誉。这对大型的流程型企业的生产经营、管理带来了巨大的挑战。企业管理的核心也转移到供应链的管理上来。相应地，供应链管理软件（SCM）也成为企业管理软件或 ERP 软件的核心。

（5）实现动态决策支持。面对大型企业浩如烟海的信息，怎样对数据进行有效采集、加工并准确快速传递给企业的决策层，以实现科学、动态决策，是 WRP 应用的关键环节。决策支持系统（DSS）建立在财务、供应链、制造以及人力资源系统之上，利用数据仓库技术（Data Warehouse）和在线分析工具（OLAP）为企业决策人员提供强有力的依据。

（6）人力资源面向效能。传统的人事档案管理已不能满足企业的要求，企业关注如何增强学习能力、最大限度地提升人员能力和工作绩效。人力资源和知识资源结合形成了企业的智力资本，这是知识经济时代企业可持续发展的重要资本。

4. 企业信息化建设的方向和趋势

今后几年内，我国将继续筹集更多资金用于企业数字化建设，从而实现由制造业大国向制造业强国的转变。

以传统产业改造和企业信息化为重点，加快信息技术推广应用的步伐，是我国企业的必由之路。所以，用信息化提升企业的竞争力，把管理创新与企业信息化有机地结合在一起，这是一项十分艰巨的工程。

五、业务流程再造

著名管理学家、业务流程再造（BPR）的倡导者 Michael Hammer 曾经说过，"进入 20 世纪 90 年代时，有两个新的工具可用来改变企业。一个是信息技术，由计算机、应用软件与通信技术所提供的能力；另一个是企业流程再造（Business Process Redesign），对企业的工作流程与程序进行分析和设计，或称再造工程（Reengineering）。"

1. 业务流程再造的概念

业务流程再造是 20 世纪 90 年代美国学术界提出的企业管理新概念。它是指企业针对市场环境和顾客需要，对其业务流程进行根本的重新思考和彻底的重新设计，以求在产品和服务质量、顾客满意度、成本、员工工作效率等各项绩效考核的关键指标上取得显著的改善。

电子商务再造是指为满足顾客的需求和市场竞争的需求，充分利用互联网/

内部网技术,对企业内部以及企业间的商务流程进行重新设计与建立,以达到资源及时正确共享的目的,从而降低成本,提高效率和质量。

业务流程再造的提出和实施,与信息技术应用有着密切的关系。根据流程范围和重组特征,可将业务流程再造分为以下三类。

(1) 功能内的 BPR,通常是指对职能内部的流程进行重组。在旧体制下,各职能管理机构重叠、中间层次多,这些中间管理层一般只执行一些非创造性的统计、汇总、填表等工作,计算机完全可以取代这些业务而将中间层取消,使每项职能从头至尾只有一个职能机构管理。例如,财务核算系统将原始数据输入计算机,全部核算工作由计算机完成,变多级核算为一级核算。

(2) 功能间的 BPR,指在企业范围内,跨越多个职能部门边界的业务流程再造。例如,上海宝山钢铁有限公司在横向组织结构方面实行一贯管理原则,不设多个部门或多个人去管。在管理方式上,利用信息技术实现了各种物流、业务流连贯起来的全过程管理,克服了传统管理中存在的机构设置分工过细及业务分段管理的情况。

(3) 企业间的 BPR,指发生在多个企业之间的业务流程再造。通用汽车公司与 SATURN 轿车配件供应商之间的购销协作关系就是其典型例子。通用汽车公司采用共享数据库、EDI 等信息技术,将公司的经营活动与配件供应商的经营活动连接起来。配件供应商通过通用汽车的数据库了解其生产进度,拟订自己的生产计划、采购计划和发货计划,同时通过计算机将发货信息传给通用汽车公司。通用汽车公司的收货员在扫描条形码确认收到货物的同时,通过 EDI 自动向供应商付款。企业间的业务流程再造实现了对整个供应链的有效管理,缩短了生产周期、销售周期和订货周期,减少了非生产性成本,简化了工作流程。

以上三种类型的业务流程再造都需要数据库、计算机网络等信息技术的支持。信息技术能够促进企业业务流程再造,从而使企业的经营活动发生由量到质的改善成为可能。业务流程再造往往是企业信息化进行到一定阶段时必不可少的步骤。

2. 业务流程再造实施体系

根据 BPR 的思想精髓,我们可以将 BPR 在企业信息化中的实施过程设想成一种多层次的立体模型,整个实施体系由观念重建、流程重建和组织重建三个层次构成,其中以流程重建为主导,每个层次内部又有各自相应的步骤过程,各层次交织着彼此作用的关联关系。

（1）BPR 的观念重建。这一层次所要解决的是有关 BPR 的观念问题，即要在整个企业内部树立实施 BPR 的正确观念，使企业的员工理解 BPR 对于企业管理、应用 ERP 的重要性。它主要涉及以下三个方面的工作：①组建 BPR 小组。由于 BPR 要求大幅度地变革基本信念，转变经营机制，重建组织文化，重塑行为方式和重构组织形式，这就需要有很好的领导和组织的保证。所以，在企业内部要成立专门的领导小组负责 ERP 应用中的业务流程再造。②前期的宣传准备工作。它可以帮助企业的员工从客观的和整个企业发展的角度，来看待并理解业务流程再造及其给本企业带来的重要意义，以避免由于员工的不理解，造成的企业内部的恐慌和对 BPR 的抵触情绪。③设置合理目标。这是为了给业务流程再造活动设置一个明确的要达到的目标，以便做到心中有数。常见的目标有降低成本、缩短时间、增加产量、提高质量、提高顾客满意度等。

（2）BPR 的流程重建。流程重建是指对企业的现有流程进行调研分析、诊断和再设计，然后重新构建新的流程的过程。它主要包括以下三个环节：①业务流程分析与诊断。这是对企业现有的业务流程进行描述，分析其中存在的问题，进而给予诊断。②业务流程的再设计。针对前面分析诊断的结果，重新设计现有流程，使其趋于合理化。流程再设计可以表现为：经多道工序合并，归于一人完成；将完成多道工序的人员组合或团队共同工作；将串行式流程改为同步工程等。③业务流程再造的实施。这一阶段是将重新设计的流程真正落实到企业的经营管理中。

（3）BPR 的组织重建。组织重建的目的，是要给业务流程再造提供制度上的维护和保证，并追求不断改进。企业为了更好地面向市场，加快对市场变化的反应速度，必须改变传统的组织结构，建立一种面向市场的、扁平化的组织结构。扁平化结构的优点是通过减少管理层次，减少了决策与行动之间的时间延滞，加快了企业对市场和竞争动态变化的反应，从而使组织的能力变得柔性化，反应更加灵敏。

3. 实施业务流程再造应重视的问题

内部网技术的优越性为 BPR 实施创造了便利的条件，特别是对于中小型企业意义更加重要。以往因为无法负担 BPR 需要的巨额投资，BPR 的应用主要集中于大型企业，内部网的廉价易用性使中小企业实施 BPR 成为可能。BPR 作为一种先进的管理理念必须以先进的信息技术为依托，而内部网的特点满足了 BPR 的要求，能解决 BPR 当前面临的技术难题，正是 BPR 需要的技术。

以内部网为网络基础构建企业营运模式，克服了传统网络应用技术的制约，为 BPR 的顺利实施奠定了基础，但是我们必须认识到，内部网对于 BPR 的意义不仅限于解决信息技术的难题，在员工素质、组织结构和企业文化等方面都有深远的影响。

管理的本质，在于对企业的资源作最有效的利用，以维持企业的生存与发展。企业流程再造观念的产生，是因为现有资源的使用方式已不再是最有效的方式。信息技术的突飞猛进，不断冲击到人们的生活与思考方式，也影响到与其息息相关的组织（企业）活动。因此，随着信息技术的不断进步，BPR 与信息的结合也必然随之更新。应用内部网为 BPR 的基础，不但使处境尴尬的 BPR 看到了新的希望，也利于信息技术的进一步完善发展。

我国的企业基础管理较弱，人员素质不高，冗余人员较多，在建立现代企业制度过程中，必须夯实企业的管理基础，将业务处理流程清晰化，这是企业改革的基础。在现阶段，应从以下几方面着手进行这项工作。①企业业务流程重建应重视专家和咨询机构的意见。②从业务流程优化的角度来规划企业的信息化，将信息化工作与业务流程再造相结合。这才是真正的信息化建设之路，对信息化的实施和效果具有重大意义。③对企业变革特别是企业管理组织结构变革带来的利益冲突要有心理准备。④重视对现有先进软件的使用、集成等。信息化工作要重视对现有技术的利用，无论以前基础如何，都没有必要从头做起。直接采用现有的先进软件技术，重视对系统集成，是一条经济可行的发展道路。⑤加强对管理人员进行现代计算机技术的教育，特别是计算机网络的教育。

第四节 企业电子商务实施策略与步骤

中国企业发展电子商务是时代发展的必然趋势。这是中国企业在信息时代参与世界竞争的必经之路，是适应"地球村"发展趋势的必然。如今，越来越多的传统企业认识到，以网络化、知识管理、全球化为主要特征的新经济是不可逆转的，传统企业信息化是企业发展电子商务的必由之路。

一、企业实施电子商务的准备工作

1. 企业实施电子商务应遵循的原则

企业实施电子商务首先要进行一系列环境分析,并遵循一定的原则。

(1)围绕企业目标和战略进行分析。企业实施电子商务,首先必须理解企业自己的目标和战略,因为它们是一个企业上网和电子商务应用的基础和支持的目标。必须搞清以下几个问题:①企业当前销售或提供什么新的产品,其中有哪些产品能立即上网;②企业当前提供什么服务和新增服务,其中有哪些服务可以上网或者发展在线服务;③企业当前目标市场的特征,其中有哪些是有利于上网的特征;④企业当前采用什么方式实现其目标、成本,企业上网是否有利于实现目标和降低成本;⑤企业当前采用什么方式保证其产品和服务的质量,企业上网是否有利于提高产品和服务的质量;⑥企业当前采用什么方法树立企业形象,企业上网是否能明显提高企业形象。

(2)企业内部环境分析原则。企业实施电子商务成功与否主要取决于内部环境和内部因素。通过广泛深入地进行企业的内部环境分析和内部因素分析,确定企业上网和开展电子商务活动的有利因素和条件。企业电子商务的主要内部环境因素分析内容如下:①第一把手原则。企业实施电子商务是企业的重大变革,企业的高层领导对企业电子商务的态度非常重要,第一把手必须挂帅,对首席信息主管要坚决给予支持。他的决心是否坚定,是企业实施电子商务的内部环境因素中的第一因素。②首席信息主管(CIO)原则。当前企业信息技术利用的深度和广度取决于人,主要就是取决于首席信息主管。CIO 是企业电子商务实施的总指挥和技术总监,CIO 如果不能从企业内部确定,就应该尽快聘请。③利用高新技术经验原则。④重视内部用户原则。要深入分析企业上网和电子商务应用的内部用户(企业雇员)的特征。了解他们的年龄和资历,掌握他们的受教育程度、文化水平、专业技术程度和对高新技术的接受能力等。⑤重视发掘内部潜能的原则。要围绕企业电子商务的总目标,努力挖掘企业内部的专业技术人才、知识和才能,尽量从内部获得更多的技术和技能。⑥重视发掘内部资源的原则。互联网站点尽量与企业内部网密切结合,能够协调和统一利用企业内部的信息系统和电子化硬件及软件系统,保护企业资源。⑦重视业务流程再造的原则。基于互联网、Web 和电子商务(EC 或 EB)的业务流程再造是使企业成为环球企业（Global Enterprise）的手段。

企业实施电子商务必然要涉及整个企业的各个方面，全面深入地进行各个部门和具体专业分析、技术分析、组织机构分析和思想习惯分析等都很重要，使网络成为整个企业运营和管理的核心。

（3）企业外部环境分析原则。通过企业外部环境分析和影响因素的分析，确定企业上网和开展电子商务活动对于企业能够获得哪些机遇以及面临哪些挑战。企业实施电子商务的主要外部环境分析内容如下：①重视竞争对手的原则。企业处于激烈的竞争环境之中，要注意分析同行业企业上网和电子商务的应用情况。②重视从外部获得的必要的技术和技能的原则。要围绕企业电子商务的总目标，努力学习企业外部的专业技术知识和才能，尽量从外部环境获得更多的必要的技术和技能。③重视外部用户的原则。要深入分析企业上网和电子商务应用的外部用户（当前的客户和潜在的客户、供应商）的特征（受教育程度、技术程度、联入 Internet 的情况）。④重视利用企业外联网的原则。建立互联网站点尽量与企业外联网密切结合，做到企业内联网、外联网和互联网的全面协调和统一，使网络成为对外联系与运营的核心。

2. 企业实施电子商务的主要负责人

企业信息化及企业发展电子商务是企业本身的重大革新，必将使企业的组织结构发生重大变化。CIO 在企业中特别重要。CIO 和 CEO（首席执行官或最高行政主管）、CKO（首席知识主管）、CFO（首席财务主管）类似，是商家企业或公司的最高层管理人员。他是负责制定公司的信息政策、标准、程序和方法，并对全公司进行管理和控制的高级行政管理人员。CIO 是一种新型的信息管理主管，其权力仅比 CEO 稍小，是最高决策层的重要人员。CIO 具有雄厚的信息技术知识、管理知识、法律法规和政策知识，对所在的企业信息化起到引导和推动作用。信息、管理、政策等素质是 CIO 拥有权力的基础。企业要上网并发展电子商务必须事先选定首席信息主管。

企业实施电子商务是企业决策者必须重视和认真研究的问题。每个企业决策者都必须清醒地认识到互联网的机会就在眼前，必须抓住和利用这些机会。在企业实施电子商务的过程中，企业的领导者具有重要的位置。决策是由领导来实施的，企业对于网络的重视程度通常都和一个企业的领导者对企业的理解和重视有很大关系。因此，企业的领导对于网络的理解和对于网络的认识与重视，往往决定这个企业将来在网络时代和信息时代能否获得竞争的优势。企业的信息主管能够起到承上启下的作用，因为他们懂得互联网网络，懂得计算机技术，他们能够对企业发展电子商务进行科学的组织和领导，同时能够培训普通工作人员应用网络。在企业的信息主管的领导下，使整个企业的经济、管理和运营人员都能够真正懂得和应用网络，整个企业上网及发展电子商务的工程才能真正落实和逐步具体实现。

二、企业实施电子商务的步骤

企业应实施电子商务以创造商机，并提升竞争力，一般须完成以下 12 个步骤。

1. 制定策略

由于互联网的商业应用相当广泛，因此公司的企划部门必须事先评估可行的商业应用，将提案呈交给高级主管，并说明电子商务的优点，获得主管的支持及承诺；接着召开会议制定明确的策略及目标，组成电子商务发展团队，以追求最大的企业营运效益。

2. 寻找合适的合作伙伴

要成功地经营电子商务，企业还要具有合适的合作伙伴，以利于电子商务的发展及推动。对企业而言，具备电子商务基本知识、高度配合能力，肯长期一起打拼的客户或供应商，是最好的合作伙伴。

3. 调查客户和合作厂商的需求

所谓知彼知己，百战百胜，企业可经由一般的业务收集客户、合作厂商对电子商务的看法、需求与期望，以对企业间商务往来作全盘的规划。

4. 内部人员教育培训

新兴的技术及工作环境，往往使员工望而生畏，因此经内部员工提供有关电子商务的教育是势在必行的。

5. 变更作业流程

电子商务的最大效益是企业自动化、计算机化，因此旧的专业流程必须有所变更，以适应新的作业环境。

6. 实体设备与技术评估

企业必须事先调查所要选用的软硬件及技术，以便提供一个完善的电子商务环境。企业在进行实体设备及技术评估时，需要考虑软硬件厂商是否为永久经营厂商；软硬件厂商是否提供良好的售后服务；软件硬件的价格是否合理，符不符合公司的成本效益；软硬件所具有的功能是否符合公司的需求等因素。

7. 建置电子商务系统

企业开始建置电子商务系统。在建置过程中，必须考虑到使用者的便利性、流程控制点及可否产生不同报表等因素。

8. 系统测试与修正

建置电子商务系统完毕后，企业必须开始规划一个完善的系统测试计划，包括单元测试、功能测试、事例测试等，并根据测试结果加以改进，以符合企业的电子商务营运目标及成本考虑。

9. 使用者教育培训

为了提升电子商务系统的接受度及使用率，使用者的教育培训是重要的一环。当系统测试完毕，且上网使用前，应按照系统操作手册对使用者进行教育培训。

10. 系统上网使用

系统上网使用前，必须安排人员将系统以阶段性的方式，逐一上网，以降低系统发生状况的概率。

11. 电子商务推广

和一般的产品一样，企业建立电子商务要看到具体的成果，除了须加强其附加值，提供及时的信息之外，还须将系统推广至各交易伙伴，方可发挥最大的电子商务效益。

12. 实施成果的分析及改进

企业必须定期对电子商务实施情形进行评估，并给予适时的改进，以维持企业的电子商务效益。

三、电子商务运行的管理

企业建立电子商务网站的目的是宣传企业形象，利用网络传输的优势带来更多效益。因此，需要网站管理员和企业业务人员时刻维护网站，或者说经营、管理网站。

电子商务网站管理的内容主要包括电子商务网站的宣传、监测，内容定期或不定期的更新,应答与复函。这需要企业在电子商务运作过程中同时做好以下几项相关的工作。

1. 强化核心部门的角色

对经营者而言,电子商务的最终价值将是核心商务价值、新型网上商务价值和合作经营价值的综合价值。公司要有一个由高级经理领导的精干的核心部门,该经理负责为公司全体利益斡旋,负责排除障碍及协调较难处理的关系。当这样一个核心的角色得到强化,他们将不仅能阻止传统商务削弱电子商务的努力,也能利用经营核心创立新的网上价值。

2. 加强知识管理

企业快速、高效地响应顾客个性化需求的最关键环节可能不在于物质资源,而在于企业获取、处理、传递、利用信息和知识的能力。加强知识管理,通过建立完善的知识仓库(包括顾客数据库、合作伙伴数据库、产品数据库等)提高企业信息化水平,加快企业共享、交流和利用知识的速度,提高企业的反应能力。知识管理主要以市场为核心,围绕市场来组织管理智力资源,使之与企业其他各种资源完美结合,更加重视企业所处的整体环境,强调企业内外资源的充分利用,促进企业发展。

3. 建立广泛的业务伙伴网络

另一个对电子商务尤为重要的流程是伙伴管理。许多反映较快的商家和企业,对自己的工厂基础结构进行重组和扩建,早已经突破了传统的企业边界,覆盖到了公司所有业务合作伙伴和顾客。在互联网上,建立了企业外联网,使各个商家和企业之间更加便于合作,并建立了良好的伙伴关系。电子商务需要生产过程中的各个环节能够更紧密地联系起来。在网络经济时代,靠散兵游勇作战的方式难以快速、高效地满足不断变化的市场需求,广泛结网将成为企业谋求持续发展的重要手段。

建立广泛的业务伙伴网络,在促进企业与企业之间的电子商务时,主要表现在以下几个方面。

(1)信息共享。企业外联网可以将企业最新的产品信息以各种形式发送到遍布在世界各地的销售商、代理商和客户手中,企来外联网的授权用户也可以通过浏览器对所有的共享信息进行访问、更新和维护,通过企业外联网能够促进企业与其贸易伙伴的双向互动式的信息交流。

（2）业务合作。企业外联网可以更有效、更经济地开展企业之间的业务合作，通过它进行协同生产、协同贸易，能够大规模地降低企业之间合作的复杂程度，从而降低生产和贸易成本。

（3）项目管理。随着现代科技的发展，有许多新产品、新技术的开发和研究是跨地区、跨行业进行的，一个项目往往涉及几十个甚至上百个单位。这些大型项目不仅存在大量的信息交流，对项目管理者也是一个挑战。如果采用企业外联网，项目管理的效率则会大大提高。项目管理人员可以迅速地通过企业外联网收集到所有项目参与单位的信息，包括项目进度、项目计划、项目难点等，并能及时地发布项目的有关消息，并根据实际情况调整项目计划和安排。项目组的成员也能够通过企业外联网与项目组的其他成员进行交流，共享文件资料和研究成果，还可以在网上建立的虚拟实验室进行跨地区的协作。

（4）客户服务。随着全球化市场竞争的日益加剧，几乎所有行业的市场都已经成为买方市场。在这种环境下，只有能够正确分析客户需求，以最快速适应市场的企业才能获得发展。企业开发电子商务，其中最重要的目的是利用互联网技术，最大限度地满足客户的需求，利用先进的信息技术，正确分析客户的需求，为客户提供服务，提高客户的忠诚度。企业通过构建客户关系管理系统，能够改善与客户关系有关的商业流程，提供个性化的服务，缩短销售周期，降低销售成本，增加收入，开拓市场。

（5）企业联合。在应用企业外联网初期，与一些企业和客户可能还只是一些生意或业务上的来往，是临时性的，但是随着企业外联网应用的不断深入，将会形成许多优势互补的合作型经营的企业，形成企业联合体，这将有利于企业参与国内外的市场竞争。企业联合体可以是技术上的联合、贸易上的联合、生产上的联合，也可以是服务上的联合。

参考文献

[1] 王丽芳，蒋泽军，吴健.电子商务安全.北京：电子工业出版社，2010.
[2] 黄京华，闻中.电子商务教程.北京：清华大学出版社，2010.
[3] 李琪，彭丽芳，孟卫东.电子商务导论.北京：电子工业出版社，2010.
[4] 覃征等.电子商务概论（第三版）.北京：高等教育出版社，2012.
[5] 张波，刘鹤.电子商务安全（第二版）.上海：华东理工大学出版社，2009.
[6] 刘业政，何建民.电子商务概论（第二版）.北京：高等教育出版社，2012.
[7] 赵礼强，荆浩.电子商务理论与实务.北京：清华大学出版社，2010.
[8] 周曙东.电子商务概论（第二版）.南京：东南大学出版社，2008.
[9] 张润彤.电子商务（第二版）.北京：科学出版社，2009.
[10] 李莉.电子商务经济学.北京：机械工业出版社，2007.